LA REAPARICIÓN DEL CRISTO Y LOS MAESTROS DE SABIDURÍA

BENJAMIN CREME

Título del original inglés: The Reappearance of the Christ and the Masters of Wisdom

Primera edición inglesa: Tara Center, California y The Tara Press, Londres – 1980

Segunda Edición inglesa: Share International Foundation – 2007

Primera Edición en castellano, febrero 1989

Segunda Edición en castellano, octubre 1994

Tercera Edición en castellano, 2020

Traducido de la primera edición en inglés por Juan Alonso y Patricia Pitchon

Traducción adaptada a la segunda edición inglesa por el equipo de edición de Share Ediciones

Copyright © Share Ediciones

Apartado 149, 08190 Sant Cugat Vallés, Barcelona, España

ISBN papel: 978-84-89147-56-0

ISBN mobi: 978-84-89147-22-5

ISBN epub: 978-84-89147-21-8

*La pintura reproducida en la portada fue pintada por Benjamin Creme en 1973-1974. Titulada **"Cáliz"**, representa el Centro del Corazón Espiritual Cósmico cuya naturaleza es Fuego y del cual fluye la energía que llamamos Amor.*

A mi Venerado Maestro,

sin Cuya Presencia Adumbrante

no se hubiese podido escribir este libro.

Reconocimiento

El nombre del autor está en la tapa de este libro y su contenido fue escrito o hablado por él, pero este libro es, en pleno sentido, el resultado de un esfuerzo de grupo. La larga y ardua tarea de escuchar cantidades de cintas y de transcribir centenares de preguntas y respuestas de las cuales fue hecha la selección final, de pasarlas a máquina y fotocopiarlas, fue llevada a cabo alegre y eficientemente por el grupo con el cual trabaja. El autor quiere agradecer a los siguientes: Dick Benson; Roy Bowden; Tony Cartwright; Phyllis Creme, su mujer; Julian Creme, su hijo; Michael D'Addio, cuya idea era que existía un libro en estas cintas; Felicity Eliot; Joan Foubister; Cy Laurie; Pat Maitland, secretaria; Judith y Robert Noble-Warren; Maarten van Rossum, por su inestimable ayuda como editor del material; Valerie y Jennie Stock y Caroline Tosh.

[N. del T. – El adumbramiento (en inglés overshadowing) es el proceso por el cual un Ser más evolucionado puede manifestar parte (o toda) su conciencia a través de un Ser menos evolucionado. Puede ser parcial y temporal o más o menos total y duradero. Cuando es utilizado por la Jerarquía Espiritual de éste y otros planetas, siempre se realiza con la cooperación y aceptación conscientes del discípulo. Su libre albedrío nunca se infringe. (No es el caso de la Logia Negra, que utiliza a menudo un método de total obsesión). El adumbramiento es una parte de la Ciencia de la Impresión, una compleja ciencia en la que los Maestros son expertos. Tiene lugar en el plano Monádico o en el plano del alma en el caso de un discípulo. Es el método que utilizó el Cristo para trabajar a través de su discípulo Jesús – ahora el Maestro Jesús – en Palestina.]

Nota del editor: La práctica de conservar mayúsculas para algunos sustantivos, adjetivos y pronombres en la versión original se ha conservado fielmente en la traducción, no como novedad ortográfica sino para señalar la importancia y la interrelación de los conceptos esotéricos.

Índice

Prólogo

Mucha gente me ha pedido que relate algo sobre los pasos que me han conducido al trabajo que desempeño actualmente. No será un relato completo: hay leyes no escritas de discreción sobre algunos aspectos de la relación entre Maestro y discípulo, y he prometido guardar silencio sobre cierto trabajo que hago para los Hombres del Espacio; pero por el interés que pueda tener, y con la esperanza de que pueda hacer más real y creíble el hecho de los Maestros y el hecho del retorno del Cristo a la cabeza de Ellos, pongo por escrito lo siguiente:

De niño, a los cuatro o cinco años, uno de mis pasatiempos preferidos era sentarme en la ventana y observar el viento; no el efecto del viento sobre los árboles y las hojas, sino el viento mismo. Miraba los movimientos del aire y trataba de adivinar si soplaba del norte, del sur, del este o del oeste. Cuando ingresé en la escuela aprendí que el aire era invisible, asimismo el viento, y olvidé, no sé si gradual o repentinamente, mi habilidad para ver lo que era, por supuesto, algún nivel de los planos etéricos de la materia.

Por encima del plano físico denso – sólido, líquido y gaseoso – existen cuatro planos materiales aún más sutiles que conforman la envoltura etérica de este planeta, de la cual los planos físicos densos son una precipitación. No fue sino hasta veinte años después, a través de la construcción y el uso del acumulador orgónico de Wilhelm Reich, que me percaté nuevamente de este océano de energía del cual nosotros mismos somos parte, y me demostró definitivamente la existencia de los planos etéricos.

A la edad de catorce años leí lo que fue para mí un libro extraordinario: *Los Magos y Místicos del Tibet*, de Alexandra David-Neel. Esta mujer polaca de incansable ánimo, determinación y recursos logró penetrar, disfrazada de Lama, las barreras prohibidas alrededor de ese misterioso país, logrando un permiso para residir allí y colocándose bajo la tutela de un verdadero Lama. Ella describe varias prácticas esotéricas, algunas de las cuales aprendió, incluyendo la creación por medio del pensamiento de un "familiar"; en su caso un monje gordo y jovial que muy pronto evadió su control y tuvo que ser desmaterializado. Estas prácticas exigían obviamente una concentración y un control mental considerables, mas yo alcancé algún éxito con algunas, incluyendo el Tumo, un sistema para crear calor interior en épocas de frío.

A finales de los años cuarenta, a través de un estudio de la obra de Wilhelm Reich y del empleo del acumulador orgónico, me hice consciente de las corrientes de energía a las cuales me volví extremadamente sensitivo; tanto así que finalmente podía determinar la explosión de una bomba atómica en el Pacífico o donde fuera. A través de miles de millas, registraba el cambio de las corrientes etéricas causadas por las explosiones. Inevitablemente, uno o dos días después, venía la información de que los Estados Unidos, Rusia o la Gran Bretaña había realizado una prueba nuclear de tal o cual potencia.

A principios de los años cincuenta encontré un libro de Rolf Alexander: *El Poder de la Mente*. El artículo de la revista que me había llamada la atención había él resaltaba, por supuesto, el aspecto más sensacional del libro – "la fragmentación de nubes", desgarrar las nubes a través del poder mental únicamente. Rolf Alexander, un canadiense, fue llamado al Tíbet y entrenado por un maestro tibetano de Yoga, y su libro describe una práctica para someter la mente instintiva, subconsciente, al control de la mente directiva consciente. Esta última a menudo se halla fragmentada y parcialmente sumergida en la actividad de computadora subconsciente de la anterior, y se pierde una gran parte de su energía disponible. El método empleado es auto-hipnosis. Liberar el principio directivo consciente de su involucración en la actividad de la mente subconsciente (que debe proceder en forma automática) libera grandes acumulaciones de energía mental y lleva directamente al enfoque y a la concentración que preceden a la meditación. Y así empecé a meditar.

También empecé a leer. Leí, entre muchos otros, los trabajos teosóficos de H.P. Blavatsky y de Leadbeater; Gurdjieff, Ouspensky y Nicoll; Paul Brunton, Patanjali; las enseñanzas del Agni Yoga y de Alice Bailey; los Swamis Vivekananda, Sivananda, Yogananda; Sri Ramana Maharshi, cuyo Camino de Auto-Conocimiento intenté seguir. A través de Su meditación sobre "¿Quién soy yo?" (y lo sé ahora, a través de la Gracia de mi Maestro) me sentí inmerso en un sentimiento de identidad con todo el mundo fenoménico: la tierra, el cielo, las casas y la gente; los árboles y los pájaros y las nubes eran mi proprio ser. Desaparecí como un ser aparte, mas retuve plena conciencia, una conciencia expandida para incluir todo. Vi que ésta era la verdadera Realidad, que nuestra conciencia normal simplemente la cubre, la mantiene escondida, a través de la errónea identificación de uno mismo con el cuerpo. También vi este mundo fenoménico como una especie de ritual, un juego de sombras ritualizado, representando un sueño o deseo de sólo Aquello que existe, que es Real, y que también era yo.

Alrededor de 1953 leí el libro de Desmond Leslie y George Adamski, *Los Platillos Voladores han aterrizado*, y *Dentro de los Platillos Voladores*, de Adamski, los cuales me causaron una profunda impresión y tuvieron, para mí, indicios de verdad. Hasta entonces, había considerado los informes sobre platillos voladores como referidos probablemente a nuevos tipos de aviones secretos construidos por los Estados Unidos y Rusia. Creo que mi reacción a estos libros se puede resumir así: los Hombres del Espacio obviamente están aquí; sería maravilloso conocerlos, pero si me necesitan estoy seguro que sabrán dónde encontrarme; mientras tanto, eso no me preocupa.

A mediados de 1957, empecé a trabajar con una sociedad involucrada con el fenómeno de los ovnis y que afirmaba tener contacto con los Hermanos del Espacio. Con este grupo di mi primera conferencia pública, pero aún más importante, descubrí mi capacidad para transmitir las energías cósmicas espirituales provenientes de los Hombres del Espacio, lo cual era una labor destacada del grupo. También descubrí que podía curar.

A finales de 1958 me retiré de esta sociedad y entré en contacto íntimo con los Hermanos del Espacio para trabajar con ellos. Lamento no poder revelar la naturaleza de este trabajo, pero muchos conceptos erróneos que sostenía acerca de ellos y de sus actividades se rectificaron en ese momento. Trabajé brevemente con George Adamski durante una visita que hizo a este país, y puedo constatar la autenticidad de sus contactos a través de mi propia experiencia.

¿Cómo empecé este trabajo? A finales de 1958, me dijo un condiscípulo que tenía la "conexión", que yo estaba recibiendo "mensajes." Esto me sorprendió y no sentía que fuera cierto. Se me dijo que los mensajes me "rebotaban", pero que si hacía determinada cosa, en el curso del tiempo recibiría los mensajes correctamente.

Debí de hacer lo correcto, porque una noche a principios de enero de 1959, tan claramente que no podía equivocarme, escuché interiormente las instrucciones: Ve a tal lugar (en Londres), a tal hora y en tal fecha (unas tres semanas más adelante). Esa noche, había gente esperándome allí para conocerme.

Ese fue el principio de una serie de mensajes que venían con creciente impulso. Algunos, aparentemente, no los captaba (se me indicaba después cuando eso ocurría). Y temí tanto no captarlos, que me los daba a mí mismo. Me envié a mi mismo varias veces a diversas citas, donde nada ocurría ni nadie venía; pero gradualmente me tranquilicé; no los perdía y dejé de inventarlos.

Se me pidió que consiguiese una grabadora y recibí numerosos y extensos dictados de diversas clases. Algunos contenían consejo o instrucción espiritual. No se me reveló la identidad del Maestro (o Maestros) Quien así me hablaba, telepáticamente, y creo que erai demasiado tímido para preguntar, aunque se me dijo que podía hacer preguntas. No fue hasta años después que me enteré de Su nombre y también de que me lo habría dicho si hubiese preguntado mucho antes.

Una noche, a principios de 1959, durante una transmisión, se me dijo que apagase la grabadora. Inmediatamente siguieron las palabras de Maitreya, el Cristo, Líder de nuestra Jerarquía planetaria, acerca de Su Reaparición. Él dijo que yo tendría parte en el Plan. En esa época yo creía que el Instructor del Mundo vendría de algún planeta más avanzado, probablemente de Venus, y esta información de Maitreya causó un gran desconcierto en el campo de mis ideas. En una transmisión poco después de este acontecimiento, mi Maestro, refiriéndose a esta nueva información, añadió: *"Se avecina el momento en que esperamos que actúes de acuerdo a esta nueva información."* Y en otra transmisión: *"¡Afirma Su venida!"*

No puedo afirmar que tomé a pecho estas exhortaciones y que por ello me he comprometido en este trabajo de preparación para el Cristo. Siguiendo instrucciones, guardé estas cintas durante diecisiete años y me temo que necesité un fuerte empujón por parte del Maestro para lanzarme a este trabajo.

A finales de 1972, cuando estaba un poco desalentado y cuando menos lo esperaba, Aquél que es Sabio y Perspicaz y a Quien tengo el privilegio de llamar Maestro, irrumpió súbita e inesperadamente. Se hizo cargo de mi instrucción y me sometió al más intenso período de liberación de espejismos e ilusiones, de entrenamiento y preparación. Durante meses trabajamos juntos, veinte horas al día, ahondando y fortaleciendo la conexión telepática hasta que fluyó en ambas direcciones con igual facilidad, requiriendo el mínimo de su Su atención y energía. Él forjó en este período un instrumento a través del cual Él podía trabajar y que podría responder a Su más mínima impresión (naturalmente, con mi completa cooperación y sin la menor infracción de mi libre albedrío). Todo lo que veo y oigo, Él lo oye y ve. Cuando Él lo desea, una mirada mía puede ser una mirada Suya; mi tacto, el Suyo. Así, con un mínimo desgaste de energía Él tiene una ventana al mundo, un puesto avanzado de Su conciencia; Él puede curar y enseñar. Él mismo permanece, en pleno cuerpo físico, a miles de kilómetros de distancia. No quiero sugerir que soy Su única "ventana al mundo". No sé cuán raro es esto, pero estoy seguro que éste no es algo único. Constituye una etapa definitiva en la relación entre Maestro y discípulo. Él me ha pedido que no revele Su identidad de momento – ni siquiera a los miembros del grupo con el cual trabajo y a través del cual Él trabaja. Su petición se debe a dos razones que conozco y respeto (habrá otras), pero puedo decir que Él es uno de los Más Antiguos Miembros de la Jerarquía, un Maestro de Sabiduría, Cuyo nombre es bien conocido entre los esoteristas de Occidente. Su inspiración ha aumentado tremendamente el poder conceptual y la intensidad de mis pinturas.

Dos pequeños episodios, entre muchos – que ilustran la amorosa preocupación de los Grandes, Su vivo sentido del humor y la capacidad de emplear Sus poderes a larga distancia:

El primero ocurrió a principios de 1973, durante el período de la más intensa preparación y del más intenso entrenamiento. Yo había estado fumando pequeños cigarros durante algún tiempo y el Maestro frecuentemente me animaba a dejar de fumar estas "asquerosas hierbas", como Él las llamaba. Su técnica para disuadirme era asignarme alguna meditación o ejercicio cada vez que yo iba a encender algún cigarro.

Un día, preparándome para asistir a una cita en algún lado, dejé la pequeña caja de cigarros en la esquina de mi cama mientras me cambiaba de ropa. Cuando estaba listo, la caja había literalmente desaparecido. Le pregunté al Maestro, por supuesto, si Él había hecho algo con la caja. Afirmó una completa ignorancia y desinterés por las "asquerosas hierbas". Yo estaba seguro del sitio en que dejé la caja, y sin embargo busqué con diligencia sin resultado. "¿Está seguro de que usted no la escondió?" repetí. Juró Su inocencia: Él tenía mejores cosas que hacer con Su tiempo y energía. Finalmente dije, "Bueno, compraré otra caja al salir." Inmediatamente, allí estaba la caja en la esquina de la cama donde yo la había dejado.

El segundo episodio tiene que ver con un pájaro y ocurrió hace dos años y medio. Cada año, nos visitan un gran número de vencejos que revolotean cerca de nuestras ventanas todo el día y anidan bajo el alero del tejado.

Temprano una mañana calurosa de verano, uno de estos pájaros maravillosos tropezó, a través de una ventana abierta, contra una persiana
cerrada. Cayó de golpe sobre una gran lata de barniz para suelos que se
hallaba bajo la ventana, doblando la manilla y la tapa de la lata con su
impacto. Yacía allí, palpitando, sus ojos mirando con fijeza y sus enormes alas torcidas, una sobre la lata y la otra colgando en el costado. El
Maestro me pidió que mirase de cerca y cuidadosamente al pájaro y sentí
Su energía fluyendo a través de mis ojos. Inmediatamente, el pájaro se
relajó y cerró los ojos.

El Maestro me aseguró que no tenía huesos rotos, pero que estaba muy
golpeado y asustado. Me pidió que abriese la parte inferior de la ventana
y que bajase a desayunar. Media hora más tarde, volví para hallar que el
pájaro había volado, curado y restablecido, al aire matinal.

Estos dos pequeños episodios pueden sorprender a aquellos estudiantes
que recuerdan la declaración del Maestro Djwhal Khul, que a los Maestros no Les interesa ni Les concierne la vida personal de sus discípulos.
Aunque estoy seguro que en general es cierto, estoy igualmente seguro
de que hay excepciones a esta regla. Depende enteramente del tipo de
relación que el Maestro quiere forjar, el grado de confianza que Él busca
crear, y la relación kármica entre Él y su discípulo.

En marzo de 1974, Él me dio una lista de catorce nombres de personas
para invitarlas a una charla en mi casa sobre "la meditación y temas afi-
nes." Todas las personas vinieron.

Hablé de la Jerarquía de Maestros, de la meditación, de su papel en producir un contacto con el alma. Siguiendo instrucciones, les propuse la
siguiente oferta: les invité a tomar parte en un trabajo de grupo en el
cual su meditación oculta procedería bajo la guía de un Maestro de la
Sabiduría, a cambio de lo cual podrían actuar como transmisores de las
energías jerárquicas, formando así un grupo puente entre la Jerarquía y
los discípulos en el campo de acción.

El Maestro organizó una corta transmisión para mostrarles de qué se
trataba. Doce de los catorce invitados estaban de acuerdo y dos de ellos
sintieron que no estaban listos para este tipo de trabajo.

El grupo se formó en marzo de 1974 para canalizar las potencias espirituales. Al principio nos reuníamos dos veces por semana, por hora y
media o dos horas. La cuestión de un nombre para el grupo surgió, pero

la indicación del Maestro fue, y sigue siendo, que ningún nombre debe ser empleado; ninguna organización establecida; ningún cargo oficial creado; ninguna barrera erigida en torno a nosotros y a nuestras ideas; y mantener la máxima sinceridad.

Al mismo tiempo, el Maestro me dio el diseño para construir el instrumento transmisor-transformador que empleamos en este trabajo, y que también uso para curar. Tiene la forma de un tetraedro (o pirámide de base triangular), está basado en el principio de que ciertas formas tienen propiedades energéticas inherentes.

Un gran estudio se está desarrollando hoy día sobre la naturaleza y las propiedades energéticas de la pirámide. La Gran Pirámide de Giza es realmente un instrumento de la civilización atlante, basada en el poder de la forma. La meta del hombre atlante era perfeccionar el vehículo o cuerpo astral-emocional. Simplemente por tener la forma que tiene, la pirámide, cuando está alineada con los polos norte y sur, atrae energía de los planos llamados etérico y astral. Esta energía se transmitía en beneficio a la población de la gran ciudad que se halla sepultada bajo las arenas alrededor de la Pirámide y la Esfinge.

La meta de nuestra actual quinta raza raíz, la Aria (que no tiene nada que ver con la noción de Hitler del hombre ario), es perfeccionar el vehículo mental. Cuando está alineado de norte a sur, el Tetraedro automáticamente atrae y transmite energía de los planos mentales. En este principio se basa nuestro uso del instrumento. Sus materiales – cristal de cuarzo, imanes, discos y alambres de oro y plata – enfocan y dan potencia a todas las energías canalizadas a través de nosotros por la Jerarquía; su forma las transforma, reduciéndolas hasta los planos mentales inferiores, donde pueden ser absorbidas con mayor facilidad por muchas personas. Sin este trabajo de transformación, que el Tetraedro acentúa, las energías de la Jerarquía, fluyendo como lo hacen en general desde el nivel Búddhico (el nivel de la Intuición Espiritual), "rebotarían" en la mayoría de las personas y su efecto sería limitado. Por esta razón tiene necesidad la Jerarquía de grupos de transmisión, que utilicen alguna forma de meditación o de oración.

Siguiendo la instrucción del Maestro, también construí una Batería de Energía Espiritual que puede ser conectada al transmisor. Hasta ahora solamente la hemos empleado una vez, para demostrar, supongo, este principio.

Los miembros que componen el grupo han cambiado muchas veces, y permanecen sólo cuatro personas del grupo original. El número de personas ha aumentado y ha disminuido, pero parece siempre estabilizarse alrededor de doce miembros plenamente activos, con participantes menos activos o regulares, y muchas ramas aquí y en el extranjero. Hoy en día nos reunimos regularmente tres veces por semana para transmitir las energías de la Jerarquía por períodos de cuatro, o hasta siete u ocho horas seguidas. Sólo las personas más dedicadas y comprometidas, por supuesto, pueden mantener esa intensidad de ritmo, así que necesariamente el número es reducido. Además, mantuvimos durante varios años reuniones semanales (y hoy día mensuales) regulares para el público en Friends Meeting House, Euston Road, Londres, en las cuales el público es invitado a compartir la transmisión de energías que son enviadas en ese momento.

En junio de 1974 Maitreya inició una serie de mensajes y adumbramientos, inspirándonos y manteniéndonos informados del progreso de Su exteriorización. Fue para nosotros también un privilegio el poder tomar conciencia de la creación gradual y perfeccionamiento de Su cuerpo de manifestación – el Mayavirupa. En el período de marzo de 1976 a septiembre de 1977, estas comunicaciones de Maitreya se volvieron muy frecuentes.

Durante el primer año de vida del grupo, manteníamos una reunión abierta, cada luna llena, en la que los amigos interesados de los miembros del grupo podían unirse a la transmisión. En estas reuniones yo daba una charla corta, normalmente sobre la reaparición del Cristo y de la Jerarquía de Maestros, o en alguna ocasión, sobre el significado, desde un punto de vista esotérico astrológico, de las energías particulares del plenilunio. Hacia finales de 1974, el Maestro dijo varias veces, "Sabes, debes dar a conocer todo esto al público. Sirve de poco dar esta información a la veintena de personas que están aquí." Entonces comenzó la pantomima: Yo ponía objeciones, rogaba no tener que dirigirme al público. Él me aseguraba que solamente bromeaba. "Tengo otros planes para ti," decía, y yo me relajaba. Pero en enero de 1975, Él dijo finalmente, "Lo digo en serio. Da esta información (Él había dictado bastante información sobre cómo se desarrollaría el Plan) a los grupos, sean cuales fueren sus enseñanzas u orígenes. Diles lo que sabes. La esperanza es que de las mentes más enfocadas de los grupos surja una interacción telepática con el público en general, de modo que cuando te acerques a ese público, estará de alguna manera preparado."

No me gustó. No me gustó nada. Me gustaba lo que estaba haciendo. Me gustaba trabajar callada, esotéricamente, sabiendo que hacía algo útil, pero ni demasiado esforzado ni demasiado exigente psicológicamente para mí. No hice nada acerca de los demás grupos, hasta que varios empujones fuertes del Maestro finalmente me pusieron en acción. En marzo o abril escribí, con optimismo, a cuarenta grupos o más que trabajaban en la línea espiritual, ofreciendo mis servicios para dar una conferencia sobre "La Reaparición del Cristo y los Maestros de la Sabiduría." La respuesta, no era de sorprender, puesto que yo era un desconocido, no fue del todo abrumadora. Creo que tuve seis o siete respuestas. Tres de estos grupos se interesaban en saber algo más – todos eran grupos nuevos dirigidos por gente joven – Centre House, Gentle Ghost y el Franklin School, y di una charla en cada sitio, el primero en Centre House el 30 de mayo de 1975.

Estaba muy nervioso. Aunque conocía bien mi material, no lo tenía claramente ordenado. El Maestro, en Su Bondad, me dictó una lista de puntos a los que podía echar un vistazo y, de hecho, Él me adumbró hasta tal punto durante la charla, que fue Él prácticamente Quien la dio. Justo antes de concluir, de repente el mismo Maitreya me adumbró, mi corazón se derritió y tuve la mayor dificultad en controlar mi voz. Las siguientes palabras fueron puestas en mi mente.

"Cuando el Cristo regrese, no revelará al principio Su Presencia, ni lo harán tampoco los Maestros que Le preceden; mas gradualmente, se tomarán medidas que revelarán a los hombres que vive entre ellos un hombre de destacado y extraordinario poder y capacidad para amar y servir, y con una amplitud de visión muy por encima de lo común. Hombres y mujeres, en todo el mundo, se hallarán atraídos a la conciencia despierta del punto en el mundo moderno donde vivirá este hombre; y de ese centro de fuerza fluirá el Verdadero Espíritu del Cristo, que revelará gradualmente a los hombres que Él está con nosotros. Aquellos que pueden responder a Su Presencia y a Su Enseñanza se hallarán reflejando algo de este amor, esta potencia, esta amplitud de visión, y entrarán en el mundo y difundirán el hecho de que Cristo está en el mundo, y que los hombres deberán mirar hacia ese país del cual proviene cierta Enseñanza. Esto tendrá lugar en un período de tiempo relativamente corto y conducirá a la prueba conclusiva de que Cristo está entre nosotros.

"De ese momento en adelante, los cambios que ocurrirán en el mundo proseguirán con una rapidez sin precedente en toda la historia de nuestro planeta. Los próximos veinticinco años mostrarán tales cambios, cambios tan radicales, tan fundamentales, que el mundo se hallará enteramente cambiado para bien."

A nadie le sorprendió más que a mí esta declaración. No fue hasta que la volví a escuchar en la cinta donde se había grabado que pude asegurarme de que tenía sentido. El 7 de julio de 1977 Maitreya, Él mismo, nos informó que Su cuerpo de manifestación – el Mayavirupa – estaba ya terminado y con el cual Él se había "revestido", y que Su Cuerpo de Luz (Su Cuerpo Ascendido) reposaba ya en Su Centro en el Himalaya. El 8 de julio se nos avisó que el Descenso había comenzado. El martes, 19 de julio, mi Maestro me dijo que Maitreya había llegado ya a Su "punto de enfoque", un país moderno bien conocido. Tenía una conferencia esa noche en Friends House, pero se me pidió que guardara silencio al respecto, de momento. Durante nuestra sesión de transmisión del viernes, el Maestro me dijo que Maitreya había estado reposando, aclimatándose, durante tres días y que ese día, el 22 de julio, Su Misión se había iniciado. Podía compartir esta información con el grupo.

Alrededor de la medianoche, la transmisión se terminó y nos reunimos como de costumbre para tomar el té antes de retirarnos. Mi mujer puso la televisión; daban una película sobre algún drama familiar con Bette Davis desempeñando el papel principal. Algunos del grupo la miraban, pero comprensiblemente mis pensamientos estaban en otro lugar. Hice algunos comentarios sarcásticos sobre la película y sus actores (normalmente admiro mucho como actriz a Bette Davis). Cuando ya no pude aguantar más, dije que tenía noticias algo más importantes que contarles – que el Cristo estaba ya en el mundo en completa Presencia física y que iniciaba Su Misión.

He anunciado esto muchas, muchas veces desde entonces, ante muchos públicos, pero nunca más con la sensación de haber compartido, aunque de manera modesta, un gran acontecimiento planetario. Las lágrimas de alegría en los ojos de aquéllos alrededor de la mesa mostraban que ellos también compartían esta sensación.

A principios de septiembre de 1977, se me preguntó si deseaba recibir los mensajes de Maitreya públicamente. El 6 de septiembre de 1977, fue dado el primer mensaje público en Friends House, Euston Road, "experimentalmente", para averiguar, supongo, cómo podía soportar una demostración de este tipo de telepatía y de adumbramiento en público – algo muy distinto de la privacidad del grupo propio. Han continuado hasta ahora. En el momento de imprisión hemos recibido 85 mensajes

(N.T. estos mensajes continuaron hasta fines de mayo de 1982. Fueron ciento cuarenta mensajes en total). Estos mensajes fueron dados por mí al público; no a través de ningún proceso mediumnístico ni de trance, y la voz es mía, muy obviamente fortalecida en su poder y alterado el tono de voz por la energía encubridora de Maitreya. Fueron transmitidos simultáneamente en todos los planos astrales y mentales, mientras yo suministraba la vibración etérico-física para que esto pudiese suceder. Desde estos niveles sutiles, los mensajes impresionan las mentes y los corazones de incontables personas, quienes toman conciencia gradualmente de los pensamientos y de la Presencia del Cristo. Él libera de esta manera fragmentos de Su Enseñanza, para preparar el clima de esperanza y la expectativa que asegurarán el que Él sea aceptado y seguido, con prontitud y alegría.

Que el Cristo transmita mensajes a través mío es una afirmación enorme y embarazosa de hacer. Mas si la gente puede liberar su mente de la idea del Cristo como una especie de espíritu, sentado en el "cielo" a la derecha de Dios; si pueden empezar a verlo como Él es en verdad, como un hombre real y viviente (si bien un hombre Divino) que nunca se ha marchado del mundo; que descendió, no del "cielo", sino de Su antiguo retiro en el Himalaya, para completar la tarea que Él comenzó en Palestina; como un gran Maestro; como Adepto y Yogi; como actor principal del Evangelio, que es esencialmente cierto pero más sencillo que como hasta ahora ha sido presentado; si la gente puede aceptar esa posibilidad, entonces afirmar el recibir comunicaciones telepáticas de un Ser mucho más cercano y conocible es, quizás, más aceptable. En todo caso, lo dejo a un estudio de la calidad de los Mensajes mismos para convencer o no. Para muchos, las energías que fluyen, durante el adumbramiento, convencen. Muchos que acuden a estas reuniones son clarividentes en varios grados y sus visiones del adumbramiento mientras acontece, es para ellos la evidencia más convincente de todas.

Quizás lo dicho ayudará a explicar por qué hablo de los Maestros y del Cristo y de Su Reaparición con convicción. Para mí, Su existencia es un hecho, conocido a través de mi experiencia y contacto directos. Es con la esperanza de despertar a otros a la realidad de ese hecho, y del otro importantísimo hecho del retorno de Ellos ahora al mundo cotidiano para guiarnos a la Era de Acuario, que se ha escrito este libro.

BENJAMIN CREME

Londres 1979

Introducción

Nota del autor: Este ensayo introductorio, algo revisado para ponerlo al día, fue dado en la conferencia Nuevos Temas para la Educación en abril de 1977, en Dartington Hall, Totnes, Devonshire, Inglaterra, y se publica aquí con el gentil permiso de la Sociedad Dartington.

Sigue una selección de Preguntas y Respuestas grabadas en conferencias públicas regulares desde mayo de 1975. En estas conferencias, desde el 6 de septiembre de 1977 hasta fines de mayo de 1982, Maitreya, el Cristo, dio un Mensaje al público en cada ocasión. Varios de estos Mensajes están incluidos. El método empleado fue el adumbramiento mental (sin trance) y la concordancia telepática que lo facilita.

Escribiendo desde el ámbito de las Enseñanzas de Alice Bailey con material adicional adquirido a través de mis propios contactos interiores y experiencias, hago varias afirmaciones proféticas que por su naturaleza no pueden tener prueba inmediata. Aunque estoy convencido de la verdad de ellas, no las hago con espíritu dogmático.

El tema del Avatar que va llegando, o del Instructor del Mundo o del Cristo, es uno que ha cautivado a los hombres de todos los orígenes y de todas las tradiciones durante siglos. Hasta el más escéptico expresa a menudo su deseo de que un acontecimiento tan anhelado fuese posible, por más improbable que fuera. Para éstos, este trabajo es presentado como hipótesis interesante. Para los que creen en la posibilidad de Su emerger, lo ofrezco con la esperanza de que encontrarán en él una convicción más profunda y de hecho una base definitiva en los hechos para su jubilosa expectación.

El Cristo, el Instructor del Mundo, está ya en el mundo, para inaugurar una Nueva Era de Síntesis

Nos estamos dirigiendo a un período de culminación, conducente a acontecimientos que cambiarán fundamentalmente la vida tal como la conocemos. Cambios tremendos se están produciendo en todos los aspectos de la vida, como preparación al establecimiento de modos de vida social y de relación enteramente nuevos, basados en el compartir y la cooperación.

Para algunos, esto indica la Segunda Venida del Cristo. Para otros es la realización de que sólo a través de un profundo cambio interior y disposición a una nueva dirección en nuestra vida política, social y económica puede sobrevivir la humanidad. ¿No será posible que ambos puntos de vista sean correctos?

Hay conciencia creciente de que alborea una nueva era espiritual, bajo la guía de la Jerarquía Espiritual de los Maestros de la Sabiduría. Ellos son hombres que Se han adelantado en la evolución; que Se han perfeccionado; Cuyas energías e ideas han sido factores estimulantes de nuestra evolución; y que comienzan a emerger de sus antiguos retiros para guiarnos a la Era Acuariana.

No vienen solos. Bajo ley cíclica y como respuesta a la necesidad humana, Ellos retornan al trabajo exterior en el mundo encabezados por el Instructor del Mundo, Aquél que nosotros en occidente llamamos el Cristo.

Dentro de poco sabremos que vive entre nosotros un hombre que incorpora en Sí mismo la esperanza y las aspiraciones de los grupos religiosos, y también las aspiraciones prácticas hacia una vida mejor, para todos, de los pensadores políticos y económicos.

El 19 de julio de 1977, este Grande, Maitreya, el Cristo, el Señor del Amor Mismo, ingresó en Su "punto de enfoque" como es llamado, un cierto país del mundo moderno.

Él le indicará a la humanidad los pasos que debe tomar para regenerarse, y para crear una civilización basada en el compartir, la cooperación y la buena voluntad, lo que conducirá inevitablemente a la fraternidad humana.

Pronto veremos a este hombre de cualidades extraordinarias. Reconózcanlo por Su potencia espiritual, Su sagacidad y amplitud de visión, Su inclusividad y amor, Su comprensión de los problemas humanos y Su habilidad para indicar las soluciones al dilema del hombre – político y económico, religioso y social.

Él es Divino, habiéndose perfeccionado Él mismo, manifestando así la Divinidad en potencia en cada uno de nosotros. Él es un hombre también y viene como hermano, instructor y amigo, para inspirar a la humanidad a crear para sí misma un mundo más feliz y mejor. A los que puedan responder Él mostrará el camino a ese estado del Ser en el cual la Realidad, o Dios, es una experiencia siempre presente, y de la cual el amor y la dicha son la expresión.

La Jerarquía Espiritual y el nuevo orden mundial

Muchas personas han abandonado las iglesias porque éstas han presentado una imagen del Cristo imposible de aceptar para la mayor parte de la gente pensante hoy día – en calidad de Único Hijo de Dios, sacrificado por Su Bondadoso Padre para salvar a la Humanidad del resultado de sus pecados; como un Sacrificio de Sangre que proviene directamente de la antigua y ya gastada dispensación judía; como revelador único de la naturaleza de Dios, de una vez y para siempre, para jamás ampliar y expandir esta revelación en la medida en que el hombre mismo crece en conciencia y capacidad de recibir otras revelaciones de esa naturaleza Divina; y como el que espera en un Cielo mítico y poco atractivo hasta el final del mundo, cuando Él retornará en una nube de gloria al sonido de trompetas angelicales y, descendiendo de estas nubes, heredará Su Reino.

La mayoría de la gente pensante de hoy ha rechazado este punto de vista, pero se queda sin respuestas al significado de la vida y de la evolución y sin ninguna idea clara del camino a seguir, sin ninguna fe segura en el *hecho* de Dios o de Su continuo contacto con la humanidad y Su amor por ella. El punto de vista del esoterismo es seguramente más racional y aceptable y más concordante con el conocimiento que tiene el hombre moderno de la historia y la ciencia y de otras religiones aparte del cristianismo.

El esoterismo se puede describir como la filosofía del proceso evolutivo tanto en el hombre como en los reinos naturales inferiores; no es sólo arte, ni ciencia, ni religión, pero comparte algo de todas éstas. Es la ciencia de la Sabiduría acumulada de todas las edades, más bien dinámica que académica en su aplicación a nuestras vidas de día en día. Presenta un cuadro sistemático y comprensivo de la estructura energética del Universo y del lugar del hombre en él, y describe las fuerzas e influencias que sostienen al mundo fenoménico. Es también el proceso de tomar conciencia y de dominar gradualmente estas fuerzas.

Un creciente número de personas ya no están dispuestas a aceptar un punto de vista puramente material del mundo cuando toda su experiencia señala lo contrario. Estados de conciencia superiores y el control sobre la materia, que es el resultado, se han comprobado una y otra vez, de muchas maneras y en muchos niveles, desde los grandes yoguis de la India hasta Uri Geller.

El creciente interés en la filosofía y la religión orientales, en la reencarnación o la ley de renacimiento, en el poder de la mente sobre la materia, en los planos etéricos de la materia, testimoniados por el trabajo de Wilhelm Reich y por la fotografía llamada Kirlian, en la homeopatía, la acupuntura, la curación espiritual y la radiónica: todo ello es evidencia directa de nuestra creciente toma de conciencia de los niveles del ser y del saber por encima del cuerpo físico y de la mente concreta. Es parte de un gran cambio de conciencia que está ocurriendo en todas partes, y el resultado directo de sentir que los viejos modos de pensar y sentir ya no son adecuados para expresar nuestra creciente conciencia de la Realidad, revelando así nuestra disposición a una nueva Revelación.

No cabe duda de que un nuevo despertar espiritual está desarrollándose en todas partes, el cual debe conducir finalmente a una era de fraternidad mundial – la nota clave de la venidera era de Acuario. Lo que está ocurriendo ahora es el resultado de fuerzas interiores que están efectuando grandes cambios en el pensamiento y en la conciencia humana. Ello resultará en la reorganización completa de las instituciones y de las estructuras sociales del mundo que ya no responden a las verdaderas necesidades del hombre.

En todo el mundo los nuevos caminos de acceso a la realidad están surgiendo, y los nuevos valores que deben gobernar nuestra vida en la era venidera comienzan a definirse. Este proceso exigirá la reorganización de nuestros sistemas políticos, económicos y financieros por vías más racionales y justas.

En el campo económico, la puesta en práctica del principio de compartir el producto mundial debe ser entendido como prioridad principal, poniendo fin al abismo que existe entre el nivel de vida de Occidente y el que existe en gran parte del Tercer Mundo, reemplazándolo con una situación más estable y equitativa. Un efecto directo de la conciencia despierta creciente de esta necesidad es la preocupación que cada día aumenta por las gentes sin privilegios del mundo y la creciente determinación de éstas de rectificar su situación.

Los cambios financieros requeridos deben seguir la lógica de esta distribución más equitativa de los recursos mundiales. Una forma sofisticada de trueque basada en un valor acordado del producto de cada país debe sustituir el sistema actual, en el cual un valor equívoco es otorgado a las manufacturas en desventaja de los países cuyos productos principales son naturales. Tal sistema abriría el camino a una relación económica más sana entre naciones en diversas etapas de desarrollo.

Se verá dentro de poco que los sistemas políticos actuales están, cada uno de ellos, en etapa de transición, y por ende no son tan mutuamente exclusivos como parecen de momento. Una armonía mundial mayor resultará de esta apreciación.

El interés actual y creciente por los problemas ambientales y ecológicos puede ser entendido como resultado lógico de la gradual realización de que la humanidad no es una parte separada del planeta sino una parte integrada del gran Todo, que incluye todos los reinos de la naturaleza.

Hoy día, para muchos, esta realización incluye el reconocimiento de estados de conciencia superiores logrados por aquéllos que componen el reino espiritual que emerge, los Maestros e Iniciados del mundo. Su existencia fue revelada en tiempos modernos por H.P. Blavatsky, co-fundadora de la Sociedad Teosófica, en 1875. Una descripción más detallada acerca de los Maestros y de Su trabajo fue dada por Alice A. Bailey entre 1919 y 1949. En su libro, *La exteriorización de la Jerarquía*, ella reveló la existencia de un retorno planificado al trabajo en el plano físico de este grupo de hombres iluminados, Cuyo retorno, digo, ya se ha iniciado.

Es evidente que el hombre ha hecho un gran avance desde los orígenes primitivos. Cada civilización y cultura ha impulsado a la humanidad un poco más en la expresión de su potencial. Muchos creen que este proceso evolutivo ha sido guiado durante milenios de acuerdo a un Plan de estos hombres más evolucionados, conocidos por los esoteristas como la Jerarquía Espiritual de Maestros. La historia de la humanidad se puede considerar como la respuesta a las ideas canalizadas hacia el mundo en orden de secuencia por los Maestros para lograr los avances en el conocimiento y en la sabiduría, de los cuales las artes creativas, las ciencias, la política y la religión son la expresión.

Todas las grandes religiones le presentan a la humanidad la idea de una revelación adicional que vendrá de un futuro Instructor o Avatar. Los cristianos esperan el retorno del Cristo; los budistas esperan otro Buddha, el Señor Maitreya; mientras que los musulmanes esperan la venida del Imán Mahdi; los hindúes, el Boddhisatva o Krishna; y los judíos, el Mesías. Cada uno espera El Que Ha de Venir, un Revelador de nuevas Verdades y el Guía del futuro.

Los esoteristas los conocen a todos éstos como a un solo Ser, el Instructor del Mundo, Líder Supremo de la Jerarquía Espiritual de Maestros, y esperan Su retorno inminente ahora que entramos en la Era de Acuario.

En cada edad han surgido Instructores de este centro espiritual para capacitar a la humanidad en sus próximos pasos evolutivos; Los conocemos, entre otros, como Hércules, Hermes, Rama, Mitra, Vyasa, Sankaracharya, Krishna, Buddha y el Cristo: todos Ellos hombres perfectos en su época, todos Ellos hijos del hombre que se convirtieron en Hijos de Dios, por haber revelado Su divinidad innata.

Ellos custodian un Plan para la evolución de la Humanidad y de los reinos de la naturaleza. Este Plan se desarrolla a través de la acción de la Jerarquía esotérica de Maestros que considera todo acontecimiento mundial y constituye el invisible (ya que desconocido) gobierno del planeta. Los Maestros de la Sabiduría son aquellos miembros de la familia humana Que han realizado el viaje evolutivo antes que nosotros y Quienes, habiéndose perfeccionado, han aceptado la responsabilidad de guiarnos a ese mismo logro. Ellos (o Sus precursores) han estado detrás de todo el proceso evolutivo, guiando y ayudando a los hombres, a través de una paulatina expansión de conciencia, a revelar consecutivamente su Divinidad innata y a venir a ser como Ellos, divinos, Seres perfectos e iluminados.

El proceso esotérico conocido como Iniciación es el camino científico a este perfeccionamiento, por el cual el hombre se une, se aúna, con su Fuente. Este camino de perfeccionamiento es marcado por cinco pasos importantes o puntos críticos y de tensión. Cada iniciación resulta en una enorme expansión de consciencia que conlleva una visión y un conocimiento más profundos e inclusivos de la verdadera naturaleza de la Realidad.

Ningún Maestro de la quinta Iniciación necesita más experiencia en encarnación en la Tierra. Su decisión de permanecer en la Tierra es condicionada por Su deseo de servir al Plan y no por karma personal.

Hay razón para creer que muchas (si no todas) de las grandes figuras de la historia humana fueron iniciados conscientes de algún grado – por ejemplo: Pitágoras, Sócrates y Platón; Shakespeare, Dante y Bacon; Leonardo, Paracelso y Mozart; Asoka, Benjamin Franklin y Abraham Lincoln. Todos demuestran en sus vidas o en sus escritos conocimiento de estados de conciencia superiores, una conciencia despierta del mundo de significados y un sentido de síntesis interior.

La misteriosa figura del Conde de Saint Germain, reconocido abiertamente como maestro y adepto por todas las cortes de Europa en el siglo XVIII, es uno de los pocos Maestros de la Sabiduría que vivió abiertamente en el mundo cotidiano, pero existen cartas de aquellos Maestros responsables de la formación de la Sociedad Teosófica, las cuales se hallan en el Museo Británico. Algunas fueron expuestas en noviembre de 1975 al celebrarse el centenario de esa sociedad.

La inmensa mayoría de hombres iluminados vive en las remotas montañas y las áreas desérticas del mundo, haciendo contacto con el mundo infrecuentemente, llevando a cabo Su labor a través de Sus discípulos, con los cuales se comunican telepáticamente.

En la tradición esotérica, el Cristo no es el nombre de un individuo, sino el de un cargo en la Jerarquía. El que desempeña ese cargo en el presente, el Señor Maitreya, lo ha desempeñado durante 2.600 años y se manifestó en Palestina a través de Su Discípulo Jesús, a través del método oculto de adumbramiento, siendo éste el método más frecuente que se emplea para la manifestación de los Avatares. Él no ha abandonado nunca el mundo, mas durante 2000 años ha esperado y ha planificado este futuro que se aproxima, entrenando a Sus Discípulos y preparándose Él para la tremenda tarea que Le espera. Él ha hecho saber que, esta vez, vendrá Él mismo.

El resurgimiento de la Jerarquía

En este momento, cuando alborea la Era de Acuario, los Maestros de la Jerarquía se preparan para el retorno, por primera vez en incontables miles de años, al mundo cotidiano, para inaugurar la nueva era de Síntesis y Fraternidad. Encabezados por Su gran líder, el Maestro de los Maestros, el Instructor del Mundo, Aquél que conocemos en occidente como el Cristo, los Maestros de la Jerarquía esotérica caminarán abiertamente entre nosotros y nos conducirán a la experiencia acuariana. Se hallan ahora a la expectativa de que tomemos, de nuestra libre voluntad, los primeros pasos requeridos en dirección a la unidad, la cooperación y la fusión. Entonces emergerán Ellos con el Cristo a Su Cabeza, y Su Presencia en el mundo será un hecho establecido.

Al hablar del resurgimiento de la Jerarquía uno se refiere a un hecho que debe tener lugar en el curso de unos treinta años. No es un hecho repentino y no acontece sin la debida preparación. De hecho, las preparaciones para este acontecimiento comenzaron en el año 1425, y desde ese entonces todas las otras actividades de la Jerarquía se han visto como relacionadas a este importantísimo acontecimiento sin precedente.

Esto significa que la Jerarquía Planetaria de Maestros, Quienes han trabajado en los planos mentales superiores durante todos estos miles de años, han alcanzado un punto en Su propio desarrollo evolutivo que requiere una re-ejecución, esta vez en formación grupal, de la experiencia en el plano físico. Esta es la razón fundamental tras el resurgimiento planificado e inminente. Los beneficios que este resurgimiento conferirán a la Humanidad no son incidentales, mas son de importancia secundaria. La Jerarquía de Maestros debe una vez más, sólo que ahora como Grupo, demostrar simbólicamente Su capacidad para funcionar en todos los planos simultáneamente. Esto será para Ellos el perfeccionamiento de Su experiencia en la Tierra, preparatorio a encaminarse en uno u otro de los siete senderos de la Evolución Superior. Estos son:

1. El Sendero del Servicio en la Tierra.

2. El Sendero del Trabajo Magnético.

3. El Sendero de entrenamiento para los Logos Planetarios.

4. El Sendero hacia Sirio.

5. El Sendero de los Rayos.

6. El Sendero del Logos Mismo.

7. El Sendero de la Filiación Absoluta.

Nada podemos saber aún de este Sendero Superior, pero la lista ya mencionada puede presentar a nuestra imaginación la gama de desarrollo evolutivo que espera al hombre.

La decisión del Cristo

Hay tres festivales espirituales que se celebran cada año por la Jerarquía. Está el festival de la Pascua, durante el plenilunio de Aries, normalmente en abril; el festival de Wesak, del Buddha, durante el plenilunio en Tauro, en mayo; y el festival del Cristo como Representante de la Humanidad durante el plenilunio en junio.

En este festival en junio de 1945, el Instructor del Mundo, Aquél que llamamos el Cristo, anunció Su intención de retornar al mundo, si la humanidad, de su propia y libre voluntad, tomaba medidas para poner su casa en orden. Las condiciones que Él puso fueron éstas:

1. Que una disposición hacia la paz fuese restablecida en el mundo;

2. Que el principio de Compartir estuviese en proceso de controlar los asuntos económicos;

3. Que la energía de la Buena Voluntad estuviese manifestándose, conduciendo a la puesta en práctica de relaciones humanas correctas;

4. Que las organizaciones políticas y religiosas del mundo estuviesen liberando a sus seguidores de una supervisión autoritaria de su pensamiento y de sus creencias.

Y cuando las mentes de los hombres se estuviesen encaminando en estas direcciones, Él retornaría, de seguro, tan pronto como fuese posible. Sostengo que este momento ya ha llegado.

La decisión del Cristo de retornar en manifestación *abierta* resultó en ciertos acontecimientos importantes:

1. Él empleó por primera vez un antiguo gran Mantram, o rezo, y lo dio al mundo. En una forma en que podemos emplear y comprenderlo, es conocido hoy como la Gran Invocación. Es dada a la humanidad como técnica potente para invocar las energías de la Jerarquía para lograr los cambios necesarios. Es empleada actualmente por millones de personas en todo el mundo.

2. Dos grandes Entidades Cósmicas añaden ahora Sus formidables energías a la del Cristo: el Espíritu de Paz o Equilibrio ha descendido sobre

Él y le adumbró de manera similar a la del Cristo cuando adumbró y trabajó a través del Discípulo Jesús en Palestina.

El Avatar de Síntesis, invocado por la Jerarquía, trae al mundo una gran energía en cuatro aspectos, produciendo gradualmente fusión y unidad, de la separación actual. Ellos Lo apoyan y aumentan Su poder inmensamente.

El Nuevo Grupo de Servidores del Mundo

Para preparar el camino del Cristo, un nuevo grupo se ha formado en el mundo. Subjetivamente ligado a la Jerarquía, forman una vanguardia a través de la cual Él puede trabajar. Ellos no tienen organización externa pero pueden hallarse en todo país sin excepción.

En cualquier momento el mundo verá emerger a hombres y mujeres de capacidad y percepción interior que tienen las respuestas a los problemas que acosan hoy al mundo. En sus corazones también les desean el bien a todos. Se hallan listos a comprometerse en la tarea de reorganización de la estructura social del mundo por vías más espirituales cuando sean llamados a esta tarea. Esto sucederá dentro de poco.

Los Maestros los entrenarán en sus tareas específicas y les proporcionarán el estímulo energético necesario.

Pocos conocen sus nombres pero su influencia venidera en los asuntos del mundo será grande. Ellos iniciarán cambios que al adquirir ímpetu transformarán al mundo.

Para estas fechas ciertos Maestros están efectuando salidas al mundo desde Sus retiros, para cortos períodos de aclimatación. Durante 1976, en cinco centros espirituales o puntos de salida – Nueva York, Londres, Ginebra, Darjeeling y Tokío – apareció un Maestro. El Maestro está reuniendo Sus colaboradores en los varios grupos; Él coordina y estimula las actividades de estos grupos, y en círculos que van ampliándose cada vez más, el resplandor de estos centros se extenderá por el mundo, preparando a los hombres en todas partes para la Presencia del Cristo. Una gran ola de expectativa espiritual cubrirá al planeta, y en ella el Cristo hará Su aparición.

De los grupos existentes en todos los campos de trabajo – político, religioso, social, científico, educativo y cultural – se formará un núcleo entrenado directamente por el Maestro mismo. Gradualmente las agencias gubernamentales les pedirán ayuda y consejo y su poder efectivo para influenciar decisiones gubernamentales aumentará. Así podrán directamente poner las bases del nuevo orden mundial.

Los próximos años verán el crecimiento de su poder y efectividad en el mundo. Posiciones administrativas y gubernamentales serán ofrecidas a ciertos miembros del grupo interior, el cual podrá entonces poner en práctica directamente los cambios requeridos. De esta manera, una transformación gradual de la sociedad se llevará a cabo sin el desorden y los efectos traumáticos de las revoluciones políticas usuales, como por ejemplo, en la Revolución Cultural en la China, y sus contrapartes en Africa y Suramérica. Cambios de gran alcance se harán con el mínimo desorden de la trama social existente, de modo lógico y ordenado, de común acuerdo y a través de la legislación. El principio democrático continuará en vigencia y se constatará su efectividad cuando sea dirigido realmente al bien común. La participación de todos los sectores de la sociedad en la construcción del nuevo orden social asegurará la rápida adopción de las medidas necesarias para su puesta en práctica.

No cabe duda que habrá oposición por parte de aquellos miembros más privilegiados de la sociedad, que verán, en los cambios que deben ocurrir, una pérdida de su status y poderes tradicionales; sin embargo, la necesidad de cambio se tornará tan abrumadoramente obvia que ellos se encontrarán cada vez más impotentes al intentar frenar el ímpetu. El sistema de castas actual tiene que desaparecer, a favor de los intereses de la Humanidad Una.

Se comprobará que las instituciones bancarias y financieras increíblemente poderosas se hallarán entre las últimas en aceptar el hecho de un cambio completo en el orden financiero y económico mundial, que es imperativo. Para enfrentar este obstáculo, la Jerarquía ya tiene planes preparados y listos para ponerse en vigor. Estos involucran la reconstrucción del orden financiero y económico mundial. Un grupo de Altos Iniciados, que son economistas, industriales y expertos financieros de gran experiencia y logro están trabajando con la Jerarquía y han desarrollado una serie de proyectos, de planes alternativos interrelacionados, que solventarán los problemas de redistribución que forman la base de la crisis mundial actual. Estos pueden ser rápidamente puestos en práctica cuando la necesidad sea percibida y aceptada. Las naciones unidas del mundo se hallarán obligadas a aceptar esta necesidad por el peso de una opinión pública ya informada. El grito de auxilio y de justicia de las naciones pobres y oprimidas será demasiado fuerte y dramático para poder ignorarlo. En esta disposición de escenario el Cristo revelará Su Presencia y conducirá al hombre a la experiencia acuariana.

Todo esto puede parecer imposiblemente visionario e irreal; mas aquéllos entre nosotros cuya tarea es lograr este primer acceso al público serán seguidos por otros con especial conocimiento y entrenamiento en organización y administración en los campos de las finanzas, la economía, la industria y la ciencia; dentro de poco se hallarán en posiciones de poder, elegidos democráticamente en razón de su obvia sabiduría y preocupación desinteresada por el bien de todos. Desde estas posiciones de poder responsable construirán el marco de las estructuras sociales de la nueva era.

Los pueblos del mundo están empezando a darse cuenta de que la necesidad que han sentido de una vida más plena y mejor puede ahora, por primera vez en la historia, convertirse en realidad, si hacen el esfuerzo requerido para vencer la inercia que los ha tenido sometidos durante siglos. En todas partes hay movimientos en esta dirección. Para la mayoría, ésta es una época de crisis e incertidumbre, mas detrás del caos aparente emerge un esquema nuevo, una nueva vía de acceso a la vida, que contiene las semillas de la civilización de la nueva era, cuyas notas claves serán la cooperación y el compartir, la tolerancia y la buena voluntad. Estas cualidades ya están firmemente sembradas en las mentes y en los corazones de millones de personas y se manifestarán gradualmente más y más.

Esta época de prueba dará lugar lentamente al logro de una integración. La Humanidad, el Discípulo Mundial, se halla en el umbral de un nuevo conocimiento de sí misma y de su verdadero propósito, que es el de actuar como canal distribuidor de las energías que entran en el planeta, y de transmitir estas energías de modo científico a los reinos naturales inferiores. Al hacer esto, el hombre se convierte en colaborador de esa Fuente de toda manifestación que llamamos Dios.

Por un acto de voluntad, el hombre creará un día un conjunto de fuerzas y formas a través de las cuales puede manifestarse su inteligencia superior. Estos instrumentos y estas máquinas le quitarán al hombre el cargo de producir los artefactos necesarios de la vida comunitaria, liberando así al hombre para esa más profunda exploración de su naturaleza interior y de su potencial, que es su destino revelar.

De este modo el hombre se conocerá como el Ser Divino que es.

La aparición física en el mundo

Hay quienes creen que el Cristo no aparecerá en plena Presencia física, sino que únicamente saturará al mundo con Su Espíritu y Energía.

Su energía y Presencia espiritual han penetrado ya en todo el mundo. Este es sólo uno de Sus tres modos o fases de aparición.

Con el adumbramiento de las mentes de los discípulos, influenciándolos telepáticamente, Su trabajo primordial en el plano mental se está llevando a cabo.

Por la emanación del Principio Crístico o de la Conciencia Crística – la energía del Cristo Cósmico que Él personifica y ancla en la Tierra para nosotros – Su segundo modo de aparición se ha iniciado hace tiempo, despertando al hombre por doquier a la nueva vida Espiritual que le espera a la humanidad.

El 19 de julio de 1977 Él llevó a cabo la tercera fase: Su Presencia directa y física en el mundo.

Él será visto y conocido por todos cuando revele esa Presencia al mundo que espera. Este suceso tendrá lugar cuando un número suficiente de personas estén respondiendo a la Enseñanza y a las energías que emanan de Su punto de enfoque en el mundo moderno; y cuando la nueva dirección que la humanidad debe tomar haya empezado a establecerse. Los hombres deben desear estos cambios por sí mismos y deben comenzar a ponerlos en práctica por su propia y libre voluntad – demostrando así que están listos para la nueva Revelación y Enseñanza que Él trae.

El descubrimiento del Cristo

Gradualmente, los hombres tomarán conciencia de que existe entre ellos un hombre Cuya sabiduría, amor, amplia inclusividad y mente penetrante que va al meollo de cada problema, está más allá de lo corriente. Se juntarán alrededor de Él aquéllos que pueden responder, y empezarán a esparcir algo de ese amor y de esa sabiduría. A través de ellos, Él puede trabajar. *Ellos* cambiarán al mundo gracias a Su influencia. Poco a poco, tantos habrán respondido a esta influencia, que Él puede con seguridad revelar Su verdadera naturaleza y Su elevada condición. Entonces *sabrá* el mundo que el Cristo está entre nosotros.

Él no viene principalmente como líder religioso, mas apelará a hombres y mujeres de buena voluntad en todos los campos de la vida humana. Les hablará a todos los hombres, como Instructor del Mundo, y demostrará que la vida espiritual es normal y natural para el hombre, y puede ser vivida en todos los campos de la actividad humana, y no sólo en el campo religioso. Él subrayará nuestra conexión interior como almas, idénticas al alma única.

Pronto se reunirán hombres y mujeres en todo el mundo alrededor de sus radios y de sus televisores para escuchar y ver al Cristo: verán Su rostro, escucharán Sus palabras silenciosa e interiormente en sus mentes – en el idioma de cada uno. De esta manera sabrán que Él es verdaderamente el Cristo, el Instructor del Mundo; de este modo también veremos la repetición, sólo que ahora a escala mundial, de los acontecimientos de Pentecostés; y en celebración de este acontecimiento, Pentecostés se convertirá en un festival principal de la Nueva Religión Mundial. También de este modo demostrará el Cristo la futura capacidad de la raza, en conjunto, de comunicarse mentalmente, telepáticamente, a voluntad y a través de enormes distancias.

Su tarea y la de Sus Discípulos, los Maestros de la Sabiduría, será inaugurar la era de la Razón, la era de la Fraternidad, la era del Amor, llevando así a los hombres una conciencia plena de sí mismos como partes integrantes de la Única Vida Divina.

El Cristo, Maitreya, ha tomado esta decisión trascendental de retornar ahora, antes del momento previsto, actuando como agente de Intervención Divina para mitigar los efectos de ciertos desastres que de otro modo causarían vasto sufrimiento y privaciones; por encima de todo, aumentando la velocidad del proceso de cambio a través de Su Presencia directa en el mundo, Él busca salvar a millones de la muerte y de la miseria debidas al hambre, y liberar del yugo a aquéllos que padecen en las cárceles del mundo por el "crimen" de pensar independientemente.

Además, la reacción de la humanidad al estímulo superior es, como todo lo demás, cíclica por naturaleza. Nos hallamos ahora en una onda ascendente de respuesta a la emanación espiritual y, al entrar en el mundo ahora, el Cristo aprovecha este movimiento ascendente mientras dure.

Su cuerpo de manifestación, que Él ha preparado y que debe estar a la altura de las exigencias impuestas sobre ese cuerpo al vivir abiertamente en el mundo, está ya terminado. El mundo sabrá pronto que el Cristo, Maitreya, el Instructor del Mundo, está entre nosotros.

La total creencia en la veracidad de todo esto no es esencial. Una aceptación abierta de la posibilidad del retorno del Cristo en la actualidad es la necesidad primordial en esta época. Sólo esto liberaría en la humanidad una esperanza renovada y una expectativa espiritual que la galvanizaría a un muy necesario cambio de dirección; y aseguraría una respuesta positiva a Su mensaje y a Su Enseñanza cuando Él se revele.

Acontecimientos desde la Primera Edición

Desde que escribí la introducción previa, han ocurrido muchos acontecimientos. El 14 de mayo de 1982, durante una conferencia de prensa en Los Angeles, se me permitió revelar que Maitreya vivía en la comunidad asiática de Londres, y desafié a los medios de comunicación a que invitasen a Maitreya a presentarse. Desafortunadamente, los medios no reaccionaron.

Sin embargo, durante ese momento, entre los bastidores, Maitreya ha estado transformando nuestro mundo, dispensando potentes energías cósmicas de tal modo que ha producido los cambios trascendentales de los años recientes. Si la amenaza de una guerra mundial se ha alejado, eso es debido al efecto de las energías que Él ha liberado. En agosto de 1987 yo anuncié: en los próximos 3 o 4 meses, Maitreya estará trabajando intensamente para producir un avance importante en las relaciones internacionales en el mundo. En menos de un mes, en septiembre, se produjo ese avance con las reuniones entre los americanos y los soviéticos, seguidas de los acuerdos de armamento en diciembre, que nadie había creído posibles.

Los extraordinarios sucesos y cambios en Europa Oriental, la Unión Soviética, China, Sudáfrica, así como las demandas por justicia, libertad y compartir, todos han ocurrido bajo Su estímulo. Maitreya ha dicho: "La voluntad y la voz del pueblo se convertirán en la luz rectora de todos los países y naciones". Actualmente estamos presenciando el ascenso de esta nueva fuerza, cuando un número creciente de personas está saliendo a las calles en todo el mundo exigiendo libertad, democracia, justicia, paz, comercio justo, derechos humanos, el fin del hambre y el fin de la destrucción del medio ambiente. Esta nueva 'superpotencia', la voz del pueblo, ha conseguido un cambio político pacífico en todo el mundo y es una influencia creciente en las políticas domésticas e internacionales.

Las condiciones climáticas anormales de años recientes – terremotos, huracanes, inundaciones – acompañan Su retorno. Estos desastres son el resultado de los pensamientos y las acciones incorrectas de la humanidad. No es necesario que ocurran, no son actos de Dios. Ocurren de acuerdo a la Ley de Causa y Efecto, o Karma. Al crear en nuestra vida planetaria condiciones de caos y desequilibrio, así afectamos el mundo natural. Todos los átomos en la creación están interconectados. No hay separación en ninguna parte. Si, como lo estamos haciendo hoy, creamos condiciones en las que dos tercios de la población mundial tiene que arreglárselas con una cuarta parte de los alimentos del mundo y por consiguiente, padecer hambre y morir de inanición por millones, entonces la catástrofe es inevitable.

Millones de personas en el Tercer Mundo mueren de inanición, no debido a la carencia de alimentos, sino porque el mundo desarrollado usurpa y avariciosamente desperdicia la mayoría de los suministros disponibles y el 83 por ciento de la energía y otros recursos. En realidad hay un excedente de alimentos en el mundo de un 10 por ciento per cápita y en cambio, millones de personas mueren porque en el mundo desarrollado son codiciosos, egoístas y complacientes.

Eso, más que ninguna otra cosa, es lo que más le preocupa a Maitreya de inmediato. Como dijo en uno de Sus mensajes dados a través mío: "Ya no puedo permanecer a un lado y observar esta masacre, ver a Mis pequeños morir". Y en otro mensaje: "El crimen de la separación debe ser erradicado de esta tierra. Afirmo eso como Mi propósito".

Él ha venido a enseñar a la humanidad la necesidad de compartir. "Compartir", Él dice, "es divino; cuando compartimos reconocemos a Dios en nuestro hermano." Sin compartir no puede haber nunca justicia en el mundo. Si no hay justicia, no puede haber nunca paz. Si no hay paz, entonces no puede haber mundo, porque ahora podemos destruir el planeta y toda forma de vida en él.

Las naciones deben entender que nosotros somos una humanidad y por lo tanto, los alimentos, la materia prima, la energía, la tecnología científica y las facilidades educativas del mundo pertenecen a todos y deben ser compartidas. No son el monopolio del mundo desarrollado y si continuamos asumiendo que lo son, destruiremos esta civilización, basada como está en el ciego seguimiento de las fuerzas del mercado. La codicia es creada por la mente humana. Sólo la consciencia de la mente humana la podrá detener, cuando veamos su efecto destructivo en todas las naciones.

Afortunadamente, Maitreya espera que la humanidad responda positivamente a Su consejo y sugerencias. Él está seguro de que no habrá una tercera guerra mundial, que los desastres que están ocurriendo en el mundo no culminarán en un cataclismo mundial. Por el contrario: estamos en el umbral de una era de paz y buena voluntad.

El proceso de Su Emerger

La gente siempre pregunta: "¿cuándo Le podremos ver?" La respuesta es, sencillamente, cuando Le invitemos a que se presente al mundo. El proceso de Su Emerger es gradual debido al respeto total de Maitreya a nuestro libre albedrío. Según cambiamos hacia un mayor sentido de unidad, de interés por todos, la atmósfera para el emerger completo de Maitreya mejora diariamente.

Maitreya ha estado emergiendo ininterrumpidamente desde Su aparición en el mundo en 1977. Durante los últimos siete a ocho años, Maitreya se ha aparecido o ha llamado para verle en Londres, a varios grupos de personas. Él se aparece ante la gente de tres maneras. La más común es en sueños, en una forma que reconozcan. La segunda es presentándose a ellas en una visión, también en una forma que reconozcan – los budistas Le ven como Maitreya Buddha, los judíos como el Mesías, los hindúes como Krishna, etc. La tercera manera de aparecérseles es físicamente, de repente, salido de la nada como un 'familiar' (cuerpo creado con el pensamiento). De una u otra de estas maneras Él se ha dado a conocer a miles de personas en todo el mundo – a algunos jefes de gobierno, líderes religiosos, diplomáticos en todos los países, parlamentarios, a centenares de periodistas, y a gente corriente – en prisiones, hospitales y en sus hogares – en todo el mundo.

El 11 de junio de 1988, Él apareció de repente ante 6.000 personas en una reunión de oración en Nairobi, Kenia. La gente Le reconoció instantáneamente como el Cristo. Les habló durante unos minutos en perfecto swahili y luego desapareció tan de repente como había aparecido. Este suceso, con fotos Suyas que Le tomaron en ese momento, fue relatado en varios medios de comunicación en todo el mundo, incluyendo la CNN y la BBC.

Desde entonces, Maitreya apareció milagrosamente ante grandes grupos de hindúes, budistas, musulmanes, judíos y cristianos en todo el mundo.

Cada vez, antes de Su aparición milagrosa en tales reuniones de (usualmente) grupos religiosos fundamentalistas, Maitreya carga energéticamente un manantial en las proximidades con propiedades curativas. El agua de estos manantiales parece haber curado diabetes, epilepsia, artritis, cáncer y hasta el Sida. Algunos de estos manantiales de aguas curativas – cerca de Tlacote (México), en Alemania e India – han sido descubiertos por el público y actualmente atraen a decenas de miles de visitantes. A su debido tiempo se descubrirán manifestaciones similares cerca de otras ciudades donde Maitreya ha aparecido desde 1991. Estos milagros son parte de las muchas señales de la presencia de Maitreya. Él quiere que la gente relacione las curaciones milagrosas que las aguas provocan con Su aparición en la misma zona.

Él ha curado milagrosamente a pacientes de Sida y ha llevado a personas en "naves de luz" para ver sucesos mundiales antes de que ocurriesen. Él está creando cruces de luz en ventanas en diferentes partes del mundo que se afirma que tienen cualidades curativas. Otras señales de su presencia son los miles de 'patrones de luz' manifestados en edificios y aceras en todo el mundo, iconos y estatuas religiosos que derraman lágrimas o sangre e incluso se mueven; mensajes sagrados en frutas y verduras; las extraordinarias estatuas hindúes 'bebedoras de leche' en 1995; y miles de 'bendiciones de luz' en fotos. De estas formas Él será conocido gradualmente, y las personas entenderán la relación entre Su presencia y las recientes tendencias positivas en los asuntos mundiales.

Cuando se le pregunta, Él está de acuerdo que Maitreya es uno de Sus nombres, pero Él prefiere ser conocido sencillamente como el Instructor. Maitreya está trabajando ahora con personas en todo el mundo, independientemente del credo, nacionalidad o raza, en todos los niveles de la existencia. De estas maneras Él será gradualmente conocido, y la gente reconocerá la conexión entre Su presencia y los recientes cambios positivos en los asuntos mundiales.

Nuevo Modo de Comunicación

Desde abril de 1988, por medio de uno de Sus colaboradores, Maitreya ha dado enseñanzas y pronósticos de sucesos mundiales, que uno a uno ya han estado ocurriendo. Él ha expresado el deseo de que esta información sea conocida tan ampliamente como sea posible. Desde Junio de 1988, se ha publicado en la revista *Share International* y en el libro *Las Enseñanzas de Maitreya – Las Leyes de la Vida* y gran parte de ella se ha suministrado a los medios de comunicación en una serie de comunicados de prensa.

Un tesoro de información política, social y espiritual se ha recibido de Maitreya de esta manera. Acontecimientos exteriores han demostrado la percepción de Maitreya. Ya en el año 1988, Él pronosticó la liberación de Nelson Mandela y el proceso de *distensión* en Sudáfrica. También en

1988, cuando la señora Thatcher estaba en el auge de su poder, Maitreya dijo que la "rueda de su fortuna" se volvió contra ella y que dimitiría. En el mismo año Él declaró que los gobiernos de todos los lugares deberían dar paso a la "voz de la gente", una declaración que encontró su prueba más impresionante en Europa Oriental. Además, con semanas o meses de antelación, Maitreya pronosticó el cese de hostilidades entre Irán e Irak; la retirada de las tropas extranjeras de Angola; la *aproximación* mundial entre fuerzas guerrilleras y gobiernos nacionales; el terremoto de Armenia en 1988 y los de California y China en 1989; los problemas internos de la Unión Soviética; el establecimiento de la paz en el Líbano. Él pronosticó la elección de un Presidente Demócrata en Estados Unidos y las evoluciones positivas en las relaciones entre Israel y los palestinos.

Un acontecimiento mayor que, Maitreya dice, podríamos ver en un futuro cercano y que ha anunciado desde 1988 es *"una caída de la bolsa internacional, empezando por Japón"*. En 1990 la bolsa japonesa se derrumbó.

Constantemente, en Su enseñanza espiritual, Maitreya enfatiza la importancia del respeto a uno mismo, la consciencia y el desapego. "El respeto a uno mismo es la semilla de la consciencia," Él dice. "Sin desapego no hay salvación." Sus pronósticos de sucesos mundiales se basan en la Ley de Causa y Efecto, o Karma: "los desastres naturales están ligados a las acciones de los hombres." "Comprender que vivimos en un mundo de causa y efecto crea consciencia del Ser. Aunque algunos desastres son inevitables, la nueva energía de equilibrio traerá paz."

El Día de la Declaración

Una importante cadena de televisión de EEUU ha invitado a Maitreya a aparecer en un prestigioso programa. Maitreya ha aceptado en principio y está ahora esperando el mejor momento, el más propicio, para aparecer. Este será un primer y gigantesco paso adelante hacia Su reconocimiento mundial.

Se espera, por tanto, que dentro de poco se convoque una conferencia de prensa internacional, en la cual Maitreya presentará Sus credenciales. Esto conducirá al Día de la Declaración, cuando Él aparecerá en las redes de radio y televisión enlazadas por satélite. Ese día Maitreya va a adumbrar mentalmente a toda la humanidad simultáneamente. Todos escucharán Sus palabras interiormente en el idioma propio. Esta comunicación telepática llegará a todo el mundo, no solamente a los que estén escuchando la radio o mirando la televisión, y cientos de miles curaciones milagrosas tendrán lugar en todo el mundo. En ese día, no habrá duda de que Maitreya es el Cristo, el Imán Mahdi, Maitreya Buddha, Kalki Avatar: el Instructor Mundial. Su misión mundial habrá comenzado abiertamente.

En un carta al editor en el ejemplar de Enero/Febrero 2004 de *Share International*, Maitreya, se apareció con el disfraz (o 'familiar') de un caballero holandés, a colaboradores en el Centro de Información de Share International de Ámsterdam. Hablando sobre el momento del emerger de Maitreya dijo:

"Las personas preguntan: '¿Cuándo Él va a venir?' '¿Cuánto más todavía tenemos que esperar?' ¿Pero por qué formular todas estas preguntas? Uno no puede decir realmente que Él está viniendo, porque Él está aquí. Él ya está aquí. ¿Ellos no lo saben? ¿Ellos no le ven? Se trata de Su Presencia en el mundo –y eso está sucediendo. Quizás ha llevado más tiempo de lo que ellos esperaban. Ha llevado más tiempo de lo que **yo** había esperado, y quizás está resultando diferente de la forma que habíamos previsto, distintamente incluso de lo que yo había previsto, pero está produciéndose. Él está aquí. No tengo dudas de ningún tipo de que está produciéndose. Está produciéndose. Ninguna sombra de duda, de ningún tipo. (Esto se dijo con un énfasis muy calmado.) Muchas personas saben que Él está aquí, lo saben internamente, intuitivamente. Y muchas personas están abiertas a oír que Maitreya está aquí... No olvidéis cuán poderoso es Maitreya. ¡La gente olvida cuán poderoso es Maitreya!"

BENJAMIN CREME

Londres, febrero de 2007

La Gran Invocación

Desde el punto de Luz en la Mente de Dios
Que afluya luz a las mentes de los hombres.
Que la Luz descienda a la Tierra.

Desde el punto de Amor en el Corazón de Dios
Que afluya amor a los corazones de los hombres.
Que Cristo retorne a la Tierra.

Desde el centro donde Voluntad de Dios es conocida
Que el propósito guíe a las pequeñas voluntades de los hombres—
El Propósito que los Maestros conocen y sirven.

Desde el centro que llamamos la raza de los hombres
Que se realice el Plan de Amor y de Luz
Y selle la puerta donde se halla el mal.

Que la Luz, el Amor y el Poder restablezcan el Plan en la Tierra.

Esta Gran Invocación, utilizada por el Cristo por primera vez en Junio de 1945, fue dada por Él a la humanidad para facultar al hombre a invocar las energías que podrían cambiar nuestro mundo y hacer posible el retorno del Cristo y la Jerarquía. Esta no es la fórmula utilizada por el Cristo, Él usa una fórmula antigua, siete largas frases místicas, en un antiguo lenguaje sacerdotal. Ha sido traducida (por la Jerarquía) en unos términos que nosotros podemos usar y comprender y, traducida a muchos idiomas, es utilizada hoy día en casi todos los países del mundo.

Puede hacerse aún más potente si es usada en formación triangular, como el Movimiento de Triángulos (de Lucis Trust). Si vosotros queréis trabajar en este sentido, llegad a un acuerdo con dos amigos para decir diariamente la Gran Invocación en voz alta. Vosotros no necesitáis estar en la misma ciudad o país, o decirla a la misma hora del día. Simplemente decirla cuando convenga a cada uno y, conectándose mentalmente con los otros dos miembros, visualizar un triángulo de luz blanca circulando sobre vuestras cabezas y verlo conectado a un red de triángulos semejantes, cubriendo al mundo.

Otra forma muy potente, que puede ser usada en unión con el triángulo, es la siguiente:

Cuando pronunciéis la primera línea, " Desde el punto de Luz en...", visualizar (o piensen, si no pueden visualizar) al Buddha, la Personificación de Luz o Sabiduría en el Planeta. Visualizarle en la postura del Loto, la túnica de color azafrán sobre el hombro, la mano alzada bendiciendo, y ver emanando del centro cardíaco, del centro ajna (en el entrecejo), y de la mano alzada del Buddha, una brillante luz dorada. Ver esta luz entrar en las mentes de los hombres en todas partes.

Cuando pronunciéis la línea, " Que la Luz descienda a la Tierra", visualizar el Sol, el Sol físico y ver emanando de él rayos de luz blanca. Ver esta luz entrar y saturar la Tierra.

Cuando pronunciéis: "Desde el punto de Amor en el ....", visualizar al Cristo (la Personificación del Amor) como vosotros Le veáis. Una buena forma es verle de pie a la cabeza de una mesa en forma de Y invertida, con cada brazo de la Y invertida de la misma longitud. (Esta mesa existe en el mundo y el Cristo la preside). Vedle de pie, los brazos alzados y bendiciendo y ver emanando del centro cardíaco y de las manos alzadas del Cristo, una luz brillante coloreada de rosa (no roja). Visualizar esta luz rosa entrando en los corazones de todos los hombres.

Cuando pronunciéis la línea: "Que Cristo retorne a la Tierra", recordad que se refiere a la Jerarquía como un todo y no sólo al Cristo. Él es el centro cardíaco de la Jerarquía, y aunque Él está ahora entre nosotros, el resto de la Jerarquía (esa parte de ella que se exteriorizará lentamente a lo largo de los años) todavía necesita ser invocada, así el conducto magnético para Su descenso debe ser mantenido.

Cuando pronunciéis: "Desde el Centro donde la Voluntad de Dios es conocida...", que es Shamballa, visualizar una gran esfera de luz blanca. (Vosotros podéis hacerlo, mentalmente, situándola en el desierto de Gobi, donde está, en los dos planos superiores de los cuatro planos etéricos. Un día, cuando el género humano desarrolle la visión etérica, que se hará en esta era que viene, este centro será visto y conocido, como otros muchos centros etéricos podrán ser vistos y conocidos). Visualizad rayos de luz fluyendo de esta brillante esfera, penetrando en el mundo, impulsando a la humanidad hacia la acción espiritual.

Haced esto con pensamiento e intención enfocados, vuestra atención fija en el centro ajna (en el entrecejo). De esta manera formáis un conducto telepático entre vosotros mismos y la Jerarquía y a través de ese conducto las energías invocadas pueden fluir. No hay nada mejor que podáis hacer por el mundo o por vosotros mismos que canalizar estas grandes energías espirituales.

NOTA DEL AUTOR

Estas preguntas no están en orden cronológico. Se les pide a los lectores tomar nota de la fecha de cada pregunta y respuesta. Todas las preguntas anteriores al 19 de julio de 1977 se refieren a Su Venida; aquéllas después de esta fecha, a Su Presencia.

DEFINICIONES

¿Qué quiere usted decir con la palabra "oculto"? (24/2/77)

Oculto simplemente significa escondido. Eso que ha sido escondido o esotérico por un largo tiempo, es oculto. El ocultismo es la ciencia de la energía, pero de la escondida ciencia de la energía; la ciencia de la energía en el plano físico la llamamos Física. También existe la Física oculta. Pero oculto simplemente significa escondido, no magia negra ni nada parecido. Ese significado se le ha aplicado a cualquier cosa que es escondida u oculta, "lo oculto." No existe nada que se llame "lo oculto." Solamente existe lo que es, o está, oculto.

Es una lástima que la palabra "oculto", en nuestro diario pensar, tenga un cierto sentido oscuro. (5/7/77)

Sí, se usa de una manera muy descuidada por la prensa, como si tuviese algo que ver con magia negra, brujos y toda esa clase de cosas. La palabra oculto, en el esoterismo, tiene un significado determinado: significa no solamente escondido, sino, desde un ángulo técnico, significa lo que tiene que ver con la manipulación de las energías. Hay dos senderos principales en el esoterismo: el oculto y el místico. El ocultista es el místico que también es científico: el científico de las energías, el místico práctico. Mientras que el místico no es necesariamente el ocultista. De manera que también tiene un significado específico.

Sólo deseo que defina una palabra que me intriga un poco. Usted pone los términos "mental" y "astral" uno al lado del otro; siempre he creído que astral es algo opuesto al físico. ¿Podría darme su definición? (24/9/76)

Trabajamos como seres humanos, principalmente, en tres planos, o cuatro, si usted prefiere. Dichos planos son realmente estados de conciencia. Existe el plano mental, el estado de conciencia de los niveles mentales. Existe el plano astral o emocional, el nivel de las emociones, o el estado de conciencia emocional. Después existe el físico, que es doble: el físico denso y el físico etérico, que es todavía físico, pero de materia más fina, entre el físico denso y el astral.

¿Cuál es la diferencia entre la energía y la fuerza? (10/2/77)

La energía es el libre flujo de energía. La fuerza es esa misma energía después que ha pasado por un agente. De modo que recibimos energía y transmitimos fuerza. La energía no es transformada, es incondicionada, excepto por sus propias cualidades; pero tan pronto como pasa por un agente que la condiciona hasta cierto punto, ella se convierte en fuerza.

"Todo lo que es material en el mundo es el mundo espiritual solidificado". Aun sigo confuso en cuanto al significado de eso. (14/7/77)

Es cierto. Hay un antiguo axioma oculto que dice que no hay nada en todo el universo manifestado que no sea energía, en alguna relación u otra, de alguna frecuencia u otra. La ciencia moderna ha comprobado que la energía y la materia son intercambiables, de manera que la ciencia ha llegado a las mismas conclusiones que la antigua enseñanza oculta acerca de la naturaleza de la realidad. Ese descubrimiento de la ciencia moderna está a la par con cualquier gran revelación que nos haya venido del terreno religioso. Cristo dijo: "Dios es amor". Eso es un hecho. Es un hecho vivencial para muchas personas. "Dios es energía" es igualmente un hecho. El amor – lo que llamamos amor – es una gran energía, una gran energía magnética que lo penetra todo.

La energía puede materializarse. La luz solar es energía; la luz solar materializada es lo que llamamos materia. La materia es un aspecto de la energía – tiene que serlo. Es cuestión de la velocidad de vibración de las partículas que la constituyen. La ciencia moderna ha mostrado que esta mesa, que se ve bastante sólida, a la vez está hecha de diminutas partículas de energía flotando alrededor de un núcleo y que están en cierta configuración que las hace madera. En otra configuración sería metal. En otra, un cuerpo humano. Pero es todo energía. Esto es cierto, oculta y materialmente.

EL CRISTO Y SU REAPARICIÓN

¿Podría usted explicar la relación entre el Discípulo Jesús y el Cristo? (1/2/77)

El Discípulo Jesús, que ahora es el Maestro Jesús, nació en Palestina como un Iniciado de tercer grado. Las cinco iniciaciones mayores que conducen a la liberación tienen su representación simbólica en la vida de Jesús. Eso es de lo que en realidad trata el relato del Evangelio. Es una historia muy antigua, que ha sido presentada a la humanidad una y otra vez, en diferentes formas, desde mucho antes de la época de Jesús.

Él fue, y sigue siendo, un Discípulo del Cristo, e hizo el gran sacrificio de ceder Su cuerpo para que fuera usado por el Cristo. Mediante el oculto proceso de adumbramiento, el Cristo, Maitreya, tomó posesión del cuerpo de Jesús y trabajó a través de Él desde el Bautismo en adelante. En Su siguiente encarnación, como Apolonio de Tiana, Jesús se hizo Maestro. Ahora vive en un cuerpo sirio que tiene unos 600 años de edad, y tiene Su base en Palestina. En los últimos 2000 años ha trabajado en muy estrecha relación con el Cristo, ahorrándole tiempo y energía siempre que ha sido posible, y tiene una labor especial que desempeñar con las iglesias cristianas. Él es uno de los Maestros que muy pronto regresarán al trabajo externo en el mundo, haciéndose cargo del trono de San Pedro, en Roma. Procurará transformar las iglesias cristianas, en tanto éstas sean lo bastante flexibles para responder correctamente a la nueva realidad que el regreso del Cristo y los Maestros ha de crear.

Mucho me temo que las iglesias se han apartado demasiado de la religión que el Cristo inició, la cual tiene que ver con el compartir, con el amor, con la hermandad y con correctas relaciones. Pero esta monolítica institución ha crecido en el nombre de aquel hombre sencillo y ha transformado su sencilla enseñanza en...bueno, ustedes saben lo que ha enseñado.

Yo me crié dentro de la Iglesia Católica Romana y a esas ideas acerca del Cristo no estoy acostumbrado. ¿Cómo es posible que haya tan vastas diferencias en nuestras opiniones sobre el Cristo? (26/4/77)

Según mi manera de pensar, las iglesias cristianas han dado al mundo una imagen del Cristo que resulta imposible de aceptar para la gente moderna: la del único Hijo de Dios, sacrificado por un Padre amoroso para salvarnos de las consecuencias de nuestros pecados – un sacrificio sangriento, sacado directamente de la antigua tradición judía. Hemos rechazado esa imagen y millones de nosotros hemos abandonado la iglesia porque no se ajusta a nuestro conocimiento de la historia, de la ciencia y de otras religiones.

El punto de vista esotérico, admito yo, es más racional, más probable: que el Cristo es un hombre. En mi opinión, las iglesias han subrayado más la divinidad del Cristo. Sí, es divino, pero del modo en que usted y yo somos divinos – sólo que Él manifestó Su divinidad y nosotros todavía no. La idea de un Cristo que baja del cielo, de algún cielo mítico, de que las nubes van a abrirse y Él descenderá envuelto en un largo manto blanco, en mi opinión todo eso es absurdo. No se aviene con nuestro moderno conocimiento científico de la psicología humana, ni con las realidades que nos ofrecen la naturaleza y otras religiones. Yo creo que al postular esa imagen del Cristo, las iglesias Lo han alejado de la humanidad. Lo han convertido en una figura inalcanzablemente remota, cuando Él es – debería ser – un ejemplo para la humanidad. Pero como figura trascendente, divina, desconectada de toda la humanidad, como un Dios ubicado en algún lugar de allá arriba en el cielo, ya no nos sirve de ejemplo. La idea del Cristo como hombre, que vive ahora mismo en este planeta, como un gran Ser evolucionado, uno de ellos entre muchos, el más evolucionado, sí, pero uno de muchos – "el mayor en una gran familia de hermanos" – sí nos hace darnos cuenta de que algún día nosotros seremos como Él. En efecto, Él dijo eso. Dijo: "En verdad, en verdad os digo que quien cree en mí, ése hará también las obras que yo hago, y las hará todavía mayores."

Debe ser muy difícil para los cristianos creer esto, pero el Cristo también está evolucionando, así como todo en el cosmos evoluciona. Él había venido antes como el Avatar de Luz y Amor. Ahora regresa como el Avatar de Luz, Amor, Sabiduría y Voluntad, pues en los últimos 2000 años logró una total unificación con la Voluntad de Dios, lo cual no había alcanzado antes. Esta fue la "vivencia de Getsemaní". Comprendió que no podía lograr Su obra mediante Su sola voluntad, sino tan sólo por la voluntad de Dios; de eso realmente se trata en la vivencia de Getsemaní.

En estos últimos 2000 años Él ha llegado al conocimiento de la Voluntad de Dios. Él ahora viene a liberar esa energía de Voluntad; y un aspecto enteramente nuevo de la Divinidad le será presentado a la humanidad. Esta es la Nueva Revelación. Hemos demostrado que estamos listos porque estamos empezando a sentirnos como Uno. Desde el punto de vista de la Jerarquía, la que, – desde los planos de donde Ellos (los Maestros) ven las cosas – ve más claramente que nosotros lo que realmente está ocurriendo – los primeros débiles esbozos del Nuevo Camino, el Nuevo Plan Divino, se vislumbran claramente – de ahí la posibilidad del regreso del Cristo.

Reconocimiento del Cristo

¿Cómo reconoceremos al Cristo?

Muy pronto ahora, de aquí a dos meses, el Cristo empezará a emerger en el país donde se encuentra y comenzará gradualmente Su Enseñanza. ¿Cómo Lo reconoceremos? ¿Cómo estaremos seguros de que aquél que vemos es en verdad el Cristo? Hay muchos hombres en el mundo ahora que están impartiendo muy hermosas y fidedignas enseñanzas y algunos de ellos son aclamados por sus seguidores como el Cristo. Sabemos que hay muchas personas hoy día que afirman ser el Cristo o Maitreya; así como también sabemos que hay una profecía que dice que antes de que el Cristo venga habrá muchos Cristos falsos, falsas enseñanzas acerca del Cristo, y que "si alguien señala a un hombre y dice – ése es el Cristo: ¡ helo aquí ! ¡ helo allá ! no le creáis."

Nadie señalará al Cristo verdadero diciendo: "ése es el Cristo". El reconocimiento del Cristo depende de cada uno de nosotros, individualmente. El Cristo es la Personificación de la energía que llamamos Conciencia o Principio Crístico, la energía del Cristo Cósmico. Esta es liberada para nosotros en el mundo por Maitreya, el Cristo, y según el grado en que ella se manifieste en nosotros, así Lo reconoceremos a Él.

Él mostrará que nuestra vida política y económica tiene que dar un cambio total de dirección y convertirse en la actividad espiritual que esencialmente es; que nuestros sistemas educativos, nuestra ciencia y cultura deben volver a asumir una nueva connotación espiritual. Hablará cubriendo todo el campo de la actividad humana; y será por la amplitud de Su Enseñanza y la universalidad de Su punto de vista, por lo que Lo podremos reconocer; por Su portentosa potencia espiritual, Su extraordinaria aura de pureza y santidad, por Su evidente amor y capacidad de servir; por todo eso Lo podremos reconocer.

Muchos seguirán al Cristo sin reconocerlo, sin siquiera saber que Él está en el mundo. Pero seguirán a ese hombre porque creen en lo que dice, en lo que defiende: el compartir de bienes y la fraternidad, la justicia y la libertad para toda la humanidad. Él será el portavoz para cierta clase de gente que piensa en esos términos. No el Predicador de otros tiempos. Él ha dicho que muchos quizá se sorprenderán de Su aparición. Él no viene como Jefe de la iglesia cristiana, ni de ninguna otra. Puede ser que los líderes cristianos ortodoxos se hallen entre los últimos en reconocer al Cristo. Él no es el único y solo hijo de Dios, sino el amigo y Hermano Mayor de la Humanidad.

Un día, muy pronto, cuando suficientes personas estén respondiendo a Su Presencia y a Su Energía, el Cristo permitirá que se Le descubra. A aquéllos de nosotros que sabemos dónde se encuentra, se nos permitirá señalar, no a Él, sino al país donde está y atraer la atención de los medios de comunicación hacia ese país. Él admitirá Su verdadero status y se le invitará a dirigirse al mundo a través de la radio y la televisión.

Las redes de radio y televisión del mundo se enlazarán y Él hará Su llamamiento a la humanidad. *Al adumbrar a toda la humanidad de manera simultánea, se pondrá en relación telepática con toda la humanidad en todas partes, y nosotros oiremos Sus palabras penetrar silenciosamente en nuestras mentes, en nuestro propio idioma.* En este país lo escucharemos en inglés, los franceses en francés, los rusos en ruso, etc.

Es de este modo como sabremos que Él es verdaderamente el Cristo. Así se repetirá lo que sucedió en Pentecostés, sólo que ahora a escala mundial; y como celebración de este evento, el Pentecostés vendrá a ser una de las fiestas principales de la nueva religión mundial que finalmente iniciará el Cristo. Nuestra respuesta a Su llamada determinará el futuro del mundo.

Para beneficio de aquéllos que quizá vayan a otros países o ciudades y quieran estar al tanto de los hechos, ¿podría usted relatar de nuevo las etapas de este emerger como una enseñanza que proviene de determinado lugar del planeta? (4/4/78)

Mi información es que Él ya ha comenzado a emerger en Su Centro, lo que se llama "el punto de enfoque", el país donde Él está. Su entorno inmediato será el primero en verlo, quienes viven cerca de Él. Será reconocido por ellos, en cierto modo, como una especie de hombre maravilloso. Gradualmente serán atraídos a Su derredor. Él se convertirá en su portavoz. Esto irá un poco más lejos al extenderse, como una irradiación, y llegará a ser más conocido por medio de la prensa, radio y televisión, hasta que Su rostro sea conocido por el mundo. Él será el portavoz de grupos que siguen ciertas líneas de pensamiento, ideas que son compartidas por grupos de personas en todas partes del mundo.

El Cristo ha enviado por delante Su vanguardia para que Le prepare el camino. Su Vanguardia durante muchos años ha estado educando a la humanidad en estas ideas – la idea de compartir, de que ese principio gobierne nuestros asuntos económicos; la idea de la correcta relación, de la justicia y la libertad para toda la humanidad. Estas ideas están hoy absorbiendo profundamente la atención de la humanidad. Algunas personas están interesadas solamente en la libertad. Otras se interesan por relaciones correctas. Algunos están interesados en la justicia y a otros les interesa el amor. Ciertos grupos están todos a favor de la libertad del individuo.

Eso es maravilloso, pero es algo limitado. Otros propugnan la distribución de alimentos y materias primas. Eso también es maravilloso. Otros grupos siguen una línea más sintética. El Cristo será el portavoz de todas esas tendencias, en la más amplia escala, dando las soluciones a los problemas involucrados en todas las áreas – a nivel universal; exhibiendo tanto amor y tanta amplitud de visión, una capacidad para ver dentro de las mentes de tan diferentes tipos de hombres y de manera tan sencilla, tan escuetamente simple, en sencillos términos cotidianos, como para que todos los hombres puedan comprender. Busquen a ese hombre. Descubrirán que atraerá hacia Él, desde todas partes del mundo, a hombres y mujeres que comparten estas creencias.

Ellos se reunirán a Su alrededor y Él trabajará a través de ellos. Cuando suficientes personas respondan a Su Enseñanza, Él permitirá que se Le descubra. Aquéllos volverán a sus países y dirán que el Cristo está en el mundo y que se debe mirar hacia el país desde el cual está emanando una determinada Enseñanza. Esto atraerá la atención de los medios de comunicación del mundo hacia ese país, y por ende, hacia Él. Él reconocerá Su verdadero status como el Cristo y será invitado a dirigirse al mundo.

¿Él será un hombre sin antecedentes conocidos? (4/4/78)

Sin ningunos antecedentes conocidos, no. Pero sí con suficientes. No permita que yo le deje una impresión errónea. La manifestación de Maitreya, el Cristo, es tan sencilla que usted no lo creería. A todo se ha atendido. Los antecedentes no son un problema.

¿Quiere usted decir que será visto antes que Él revele Quién es? (10/1/78)

Oh, sí. Él será visto en el mundo antes de que Él mismo se declare como el Cristo. Ha dicho que antes que nada saldrá Su Enseñanza. Un aspecto de ella se está llevando a cabo aquí esta noche y en reuniones anteriores. Luego seguirá presentándose, como Él dice, "a toda visión." Él ha dicho:

"Muchos pronto Me verán y no Me conocerán.

Muchos pronto Me verán y Me reconocerán.

Ellos son Mi gente. Sé tú uno de ellos."

¿Asumirá Él una posición pública? Usted dice que alguna gente Lo reconocerá. ¿Llegará a ser una figura pública? (7/2/78)

Sí, Él se convertirá en un portavoz conocido; será el estímulo y el portavoz para cierto tipo de pensamiento grupal relacionado con el compartir, la fraternidad y la justicia, y que abarca los campos político, económico, social, así como el filosófico, religioso y científico, a través de toda la gama. Es realmente a alguien que hable de todas las necesidades humanas a quien ustedes deben buscar. Él será el portavoz de ese tipo de pensamiento grupal, de aquellos que estén enunciando los principios que tienen que gobernar nuestra vida en la nueva era: Compartir, Justicia, Libertad, Cooperación, Buena Voluntad.

Estos son los principios de los cuales nos daremos cuenta que son los principios de Acuario. En una palabra, puede llamársele síntesis, universalidad.

Día de la Declaración

Ha habido una ligera equivocación. Alguien me telefoneó hoy para decirme que le había oído decir a usted que el Cristo sería visto dentro de una o dos semanas. Pero esa persona no se dio cuenta de que ésa no sería precisamente Su propia anunciación. (4/4/78)

No, Él no se habrá declarado a Sí mismo. Dentro de estas próximas semanas Él surgirá y tomará Su lugar como hombre en el mundo cotidiano, dándose a conocer gradualmente en Su entorno inmediato. Cuánto tardará ese proceso, no puedo decirles; no sé el tiempo que tomará. Hay un tiempo tentativo – no una fecha – cuando se espera que Él pueda declararse, si todo va de acuerdo al plan. Puede adelantarse y eso depende de nosotros. Probablemente, también puede retrasarse. Si nosotros, muy pronto, damos la respuesta correcta, entonces, consecuentemente así podría Él declararse. Cuando suficiente gente responda a Su presencia, a Su Energía, a Su Enseñanza – y a la enseñanza que emanará de Él a través de los grupos – entonces podría ser cuestión de meses después de Su Emerger a la enseñanza pública, que Él se declarará. Pero no puedo decir que será así. Todo lo que puedo decir es que en realidad será relativamente pronto, según me han indicado.

Cuerpos de los Maestros

¿Qué clase de cuerpos usan los Maestros? ¿Nacen de la manera común y corriente? (6/9/77)

Los Maestros que han venido ahora al mundo han venido con cuerpos completamente físicos. Dos tercios de los Maestros están hoy en cuerpos físicos en el mundo.

Lo que yo deseo saber es si Ellos nacieron como todas las personas o si vinieron al mundo de un modo diferente.

Hay ciertos Maestros que están en el mismo cuerpo en el que estaban cuando obtuvieron la Quinta Iniciación, que los lleva a la Maestría, por lo que no han tomado otro cuerpo. Hay otros Maestros que han creado lo que se llama *Mayavirupa*. Este es un cuerpo de manifestación, creado por un acto de voluntad. Hay otros Maestros que están aún en los cuerpos nacidos de la manera normal, como niños, y han crecido, pero como Maestros. Hay muchos métodos diferentes para la manifestación de un Maestro.

El método normal, o el más frecuente, para la manifestación de un avatar es tomar posesión del cuerpo de un discípulo, como sucedió con Jesús. El Cristo tomó posesión del cuerpo de Jesús y se manifestó a través de él durante los últimos tres años. El Cristo, Maitreya, permaneció en los

Himalayas, pero Su conciencia, o algún aspecto de ella, lo que se necesitaba en ese tiempo, tomó posesión del cuerpo del Discípulo Jesús y trabajó a través de Él durante los últimos tres años de Su vida. Esta vez ha venido Él mismo.

¿Que le pasó a la conciencia de Jesús mientras era adumbrado (por el Cristo) o cuando tomó posesión de Él?

El cuerpo era el de Jesús. Desde el Bautismo en adelante, a veces el mismo Jesús estaba en él, a veces Jesús y el Cristo lo usaban simultáneamente, mientras que aún otras veces sólo el Cristo se manifestaba a través de él. La conciencia de Jesús vino a ser el observador de todo lo que tenía lugar.

Me pregunto qué le hace a usted decir que el Cristo debe venir de los Himalayas. (28/6/77)

Sólo porque es ahí donde Él está y ha estado por miles de años. Eso lo han sabido esoteristas de muchas creencias y enseñanzas por cientos de años.

Muchas gentes han ido a los Himalayas y Lo han visto. Él no está escondido. Está en un remoto valle, y los que tienen el derecho y la necesidad de ir allá han ido y Lo han visto. El mundo de los hombres no conoce, generalmente, este hecho. Los Maestros están en lugares remotos: en los Himalayas, los Andes, el desierto de Gobi, los Cárpatos. Hay Maestros en los Urales, en las Montañas Rocosas, en diversos desiertos y regiones montañosas del mundo. En la frontera entre el Tíbet y la India, en los Himalayas, hay un gran centro espiritual a 17,500 pies de altura, donde el Cristo ha vivido por dos mil años, y aún más. Mucho, mucho antes que eso. Es desde ese centro que los grandes Avatares emergen. Es un hecho esotérico que no puedo probar, pero que pronto se hará evidente.

Rudolf Steiner parece decir que el Cristo no vendría en un cuerpo físico. ¿Hubo cambios hechos después de eso? (30/8/77)

Sí. Rudolf Steiner murió en 1925. El anuncio del deseo del Cristo de regresar al mundo se hizo en el 1945. La decisión de reaparecer se hizo antes, pero el *modo* de la reaparición no se determinó. De hecho, había cuatro discípulos en el mundo, iniciados, que estaban siendo preparados, gradualmente influenciados, cuyas vibraciones se estaban elevando, cuyas constituciones físicas se estaban preparando como posibles vehículos para el Cristo. Eran cuatro; de uno de ellos ya todos sabíamos. Estaban siendo "pulidos", por decirlo así, como posibles vehículos del Cristo – tal como Jesús fue un vehículo para el Cristo. Entonces el plan de usar un vehículo se abandonó. Lo que el Cristo ha hecho es dejar a un lado Su cuerpo de Luz en el que ha vivido todo el tiempo en los Himalayas y *ha creado* Su cuerpo de manifestación, el Mayavirupa.

¿Quiere usted decir que Él de repente materializó un cuerpo y entró en él?

Materializó un cuerpo, sí; pero no de repente, sino durante cinco o seis años. Y dentro de ese cuerpo Su conciencia ha entrado.

¿De qué edad?

Como un hombre adulto. Él es un hombre completamente adulto, maduro.

¿Apareció de repente en algún lugar?

No; Él vino al mundo por avión y así cumplió la profecía de "venir en las nubes". El 8 de julio de 1977 Él descendió del Himalaya al subcontinente indio y fue a una de sus ciudades principales. Tuvo un período de aclimatación entre el 8 y el 18 de julio y entonces, el día 19 llegó a cierto país moderno por avión. Ahora Él es un hombre común en el mundo, un extraordinario hombre común.

Mayavirupa

Cuando el Cristo y los Maestros regresen, ¿encarnarán de la manera normal, como niños, y crecerán, tomándose el acostumbrado tiempo requerido, o se materializarán? (4/10/77)

Hay diversas maneras en las que los Maestros pueden manifestarse. Algunos nacen como bebés y crecen del modo normal, algunos están en los cuerpos en los que vinieron a ser Maestros. Otros crean un cuerpo de manifestación.

¿Es ése el tipo de cuerpo que el Cristo usará?

Es en tal cuerpo – un *Mayavirupa* – en el que el Cristo ahora aparece. Por varios años el Cristo ha estado construyendo ese cuerpo y lo ha construido de tal manera que Él pueda vivir a nuestro nivel de vibración, en el mundo físico de la vida cotidiana, en el centro de la atención mundial, guiando a la humanidad durante los próximos 2.000 a 2.500 años. Ese cuerpo tiene que ser suficientemente básico y elástico como para soportar nuestra vibración, y sin embargo, a la vez suficientemente sensitivo para expresar Su verdadera estatura espiritual adecuadamente, para convencer que es el Cristo y hacer Su labor como el Cristo; para liberar la energía del Espíritu de Paz y el Avatar de Síntesis; la del Buddha; la energía del Cristo Cósmico, Su propio rayo de amor, la energía de las venideras fuerzas acuarianas, la energía de Piscis – la suma total de todo eso. Él es un formidable avatar. Nunca ha habido un avatar tan bien equipado energéticamente como lo está hoy el Cristo, con las energías de Voluntad, Amor y Luz, y la totalidad de todo eso en un cuerpo que será bastante resistente como para soportar el efecto de nuestra vibración.

Ahora Él ha resuelto esa ecuación. Le ha llevado algunos años construir ese cuerpo y Él lo ha hecho de una manera del todo única.

Él podría venir al mundo en Su cuerpo de Luz, pero vivir a nuestro nivel de vibración por los próximos 2.500 años, durante la Era de Acuario, en tal cuerpo, sería doloroso en extremo y es dudoso que el trabajo pudiera hacerse. También es dudoso que nosotros pudiésemos soportar la tensión de Su cercanía en ese cuerpo de Luz. Su contacto con nosotros tendría que ser necesariamente restringido. Por eso ha creado el cuerpo de manifestación, el *Mayavirupa*.

¿Cómo crean los Maestros el Mayavirupa?

Reúnen materia de los niveles mental, astral y etérico, introducen Su conciencia en eso y la precipitan en el plano físico. En todo respecto, es un cuerpo físico sólido, pero Ellos pueden aparecer o desaparecer a voluntad. Si un Maestro quisiera en este momento venir de los Himalayas, podría entrar por esa puerta en un cuerpo físico que todos veríamos como absolutamente sólido. Usted podría darle la mano, Él se podría sentar ahí. Diez minutos más tarde podría desaparecer y regresar a los Himalayas. El cuerpo es real. Es un cuerpo creado, pero real. Simplemente que no nace de manera normal. Es un cuerpo como ése que el Cristo ha creado para Su manifestación.

¿Existen algunos Maestros en cuerpos femeninos? (30/8/77)

Todavía no es el tiempo para eso. Todos los Maestros toman un cuerpo masculino para Su última encarnación, y hay definidas razones energéticas para que eso deba ser así. Un Maestro es una personalidad totalmente infundida de alma. El sexo, en el nivel del alma – masculino o femenino – no existe. Sólo hay polaridad de energía – polaridades positiva y negativa de una sola energía. Los Maestros han puesto a ambas en completo equilibrio, de modo que, en cierto sentido, Ellos no son ni hombres ni mujeres. Ellos toman un cuerpo masculino por sus cualidades energéticas. La relación entre el espíritu y la materia en este planeta de momento es tal que Ellos deben anclar poderosamente en el mundo el aspecto positivo de esa energía, para que sirva de equilibrio al aspecto negativo tal como se expresa en la materia. Dentro de 350 a 400 años esto cambiará. Es un proceso gradual y esa relación de energía entre espíritu y materia, como los llamamos, cambiará lo suficientemente como para permitir a los Maestros tomar cuerpos femeninos también, lo que entonces harán.

¿Cuánto tiempo permanecerá? (28/6/77)

Él viene como el Avatar de la Era, así que uno debe suponer que permanecerá por alrededor de 2.350 años, que es la Era de Acuario. Entonces tomará Su lugar un Maestro de Segundo Rayo, muy conocido por los esoteristas, llamado Maestro Koot Hoomi, K.H., Quien se prepara ahora para ser el Cristo del ciclo de Capricornio. El Cristo, Maitreya, irá a hacer entonces trabajo superior, trabajo del cual nosotros no podemos saber absolutamente nada. Él habrá terminado entonces Su trabajo para la humanidad, el cual ha durado miles de años. Regresará más tarde, hacia el final de la historia evolutiva de este planeta, como el Cristo Cósmico, cuando la humanidad en su totalidad haya manifestado a la perfección el "Cuerpo Místico de Cristo". A través de la perfección de la humanidad, cuando todos los hombres se hayan perfeccionado, el Cuerpo Místico de Cristo se completará. Entonces el regreso del Avatar al final de la séptima ronda, la última, podrá tener lugar. Será el Cristo Maitreya, el Maitreya Cósmico, Quien regresará entonces a heredar Su Reino. Es a esto que se refiere H. P. Blavatsky cuando afirma que Maitreya vendrá en la séptima ronda de esta tierra.

Usted decía que el Cristo hablaría a través de los medios de comunicación y que sería comprendido en todos los idiomas; ¿tenía usted en mente el fenómeno llamado "glosolalia", "hablar en lenguas",

cuando uno habla en un idioma que no conoce y todo el mundo lo entiende? (5/3/76)

No, eso no; mas supongo que todo el mundo sabe que los que vinieron de todos los rincones del Medio Oriente y escucharon a los Discípulos en Pentecostés podían entenderlos, no porque estuviesen "hablando en lenguas" (eso es una distorsión de los hechos) sino debido a la conexión telepática efectuada por el derramamiento del Espíritu Santo en los Discípulos.

¡Oh! ¿no un lenguaje físico real? ¿Esta persona que se dirigirá al mundo...

...será escuchada interiormente, cada uno Lo oirá en su propio idioma. Esa será la garantía a la humanidad de que todos nosotros algún día tendremos esta capacidad de transmisión instantánea de pensamiento, de un lado al otro del mundo.

El intercambio será a ese nivel con las gentes que hayan alcanzado cierto punto de desarrollo evolutivo. Es también la manera en que sabremos que Ese es *verdaderamente* el Cristo.

En estos momentos los Maestros usan esa técnica para comunicarse con Sus discípulos en el mundo. En general, Ellos no envían cartas. Algunas cartas en realidad han sido enviadas por los Maestros de Sabiduría – *Las Cartas de los Mahatmas* son un caso muy famoso, de cuando la fundación de la Sociedad Teosófica. Ellas en verdad son cartas muy interesantes, pero eso fue porque los que las recibieron no tenían el desarrollo telepático para recibirlas directamente. El Cristo es el centro de un grupo de Maestros, muchos de Cuyos nombres se conocen en Occidente, los Cuales se ponen en contacto con Sus discípulos en el mundo a través del proceso telepático. Los Maestros hacen impresión ahora en las mentes de miles de personas que están bastante inconscientes de ese hecho. Ese Nuevo Grupo de Servidores del Mundo del que yo hablaba está actualmente formado por dos grupos. Hay un núcleo interno, que está conscientemente conectado con la Jerarquía y en relación telepática con Ellos. Trabajan bajo la dirección de la Jerarquía. Hay otro grupo mucho mayor, al cual se impresiona y que está relacionado de manera subjetiva con la Jerarquía en los planos internos, que no está consciente de esto a nivel exterior, pero que está abierto a la impresión por parte de la Jerarquía.

Esas dos secciones del Nuevo Grupo de Servidores del Mundo, ambas reciben, pero una está conscientemente alerta de que viene de los Maestros, y la otra piensa: ¡ajá!...

...¡se me ocurrió una gran idea! Lo que debo hacer es esto. Siento que debo hacer esto. Debo hacerlo. Sí.

Ellos no se dan cuenta de que viene del Maestro, ¿así que piensan que es su propia idea?

Exactamente. O *nuestra* idea – una idea grupal. Y entonces se convierte en una idea grupal.

La historia de la humanidad realmente puede verse como la historia de la respuesta del hombre a ciertas grandes ideas que se colocan en la zona mental, en la mente de la humanidad, por la Jerarquía. Así ha sido a través de todos los tiempos.

Pero a veces el hombre piensa: "es mi idea, o nuestra idea"...

Por lo general, así lo hace.

...y otras veces se da cuenta de que viene de una fuente superior.

Oh, los inspirados lo saben. Los Blake saben que viene de una fuente superior, los Beethoven o los Mozart o los Leonardos o las Juanas de Arco o los Shakespeare, pero la mayoría de los hombres de buena voluntad responden a ideas que emanan de los discípulos de los Maestros, mientras que los discípulos mismos responden a impresiones directas de los Maestros. Esto puede ser tanto consciente como inconscientemente.

Conciencia Crística

¿Qué quiso decir San Pablo cuando dijo: "Cristo en vosotros, la esperanza de gloria"? (1/2/77)

Esta es la Conciencia Crística, el Principio Crístico. Es la energía evolutiva *misma*, la energía de la conciencia misma. Está naciendo actualmente en la humanidad en una escala desconocida hasta ahora. Es esto lo que lleva a la humanidad en su totalidad hacia las puertas de la Iniciación, a la conciencia de Iniciado, que es la conciencia divina. Los Maestros son divinos. Ellos son seres humanos que han revelado Su conciencia innata, esencial, divina. Ellos se han convertido en Iniciados. Iniciados en la naturaleza de Dios. Por tanto, Ellos pueden manifestar Eso. Esto se efectúa por la afluencia y la expresión del "Cristo en nosotros, la esperanza de gloria".

Él Que llamamos Cristo, Aquél que tiene el cargo del Cristo, el Líder de la Jerarquía, personifica esa energía, la ancla en el mundo. Se ha enfocado en Él de una manera por completo nueva y más potente, temporalmente, durante el período de esta crisis humana. Él la libera diariamente al mundo y ella está transformando a la humanidad, obrando en los hombres para producir la nueva visión espiritual. Con "espiritual" no quiero decir necesariamente que la gente se ha de afiliar a las iglesias, sino que establecerán relaciones correctas, que llevarán a efecto la hermandad del hombre, lo cual es un hecho en la naturaleza, si sólo pudiésemos manifestarla. Es a través de la expresión del Cristo en nosotros, de la Conciencia Crística, del Principio Crístico, que esto tiene lugar.

Es también esa energía la que efectuará en la humanidad lo que se llama el Reconocimiento Espiritual. A través de esa energía, manifestándose en los corazones de los hombres, toda la humanidad puede reconocer al Cristo. Al manifestarse en ellos, éstos dirán: "seguiré a ese hombre", porque Él defiende lo que esa energía inspira en ellos. Al operar en nosotros, evoca nuestra naturaleza espiritual cada vez más y más, lo cual significa que deseamos correcta relación. La demandamos. Aspiramos hacia ella. Opera en toda nuestra naturaleza emocional y amorosa y al hacerlo nos hace desear las relaciones correctas para toda la humanidad. Cuando el Cristo pida que compartamos y cooperemos, cuando este Individuo venga a ser conocido como el portavoz de los grupos que siguen estas líneas, la humanidad Lo reconocerá debido a que tiene en sí misma esa energía. Él la incorpora. Ellos Le responderán a Él según esa energía se manifieste en ellos.

¿Cree usted que la última venida del Cristo transformó al mundo? (5/5/76)

Sí, lo creo. La última venida del Cristo liberó en el mundo, por primera vez a escala mundial, esa gran potencia que llamamos amor. La humanidad en conjunto aún no ha realizado ni manifestado ese amor, pero muchas grandes almas, durante los últimos dos mil años, lo han hecho. Muchos se han convertido en Maestros o Iniciados como resultado de ese efluvio del Cristo. Esa liberación de la Conciencia Crística o Principio Crístico, hace dos mil años, ha llevado a la humanidad hoy al punto donde una gran parte, algunos millones de personas, están ahora en el umbral de la Primera Iniciación.

La humanidad no ha manifestado aún el principio de amor en gran escala; pero en los últimos dos mil años la divulgación del conocimiento, de la iluminación, ha sido casi universal, culminando en nuestra sofisticada ciencia moderna. La buena voluntad, el aspecto inferior del amor, se abriga hoy en los corazones de incontables millones. Esto es un resultado directo de la misión del Cristo en Palestina. La humanidad está empezando a verse a sí misma como Una, como un Todo, lo cual representa un enorme desarrollo evolutivo, imposible sin la aparición del Cristo para inaugurar la Era Pisciana, la cual está concluyendo ahora.

Espada de la División

¿Puede decir algo acerca del efecto de la energía de amor del Cristo? (1/2/77)

El amor es una gran energía impersonal y al ser liberada en el mundo por el Cristo, su efecto es doble. Es necesario que toda la habilidad del Cristo esté en acción para asegurar su correcta absorción; porque si puede estimular, y lo hace, la buena voluntad, a la vez puede estimular lo opuesto a eso, que es el odio. Es esencialmente impersonal. Todos los hombres sentirán, y sienten ahora, esta energía – lo bueno y lo malo, lo altruista y lo egoísta; todos nosotros sentimos y reaccionamos a esa energía de una manera u otra. Una tremenda intensificación de esas cualidades tiene lugar ahora y continuará así. Esa energía de Amor es la Espada de la División. Una gran polarización tendrá lugar en la humanidad entre aquéllos que están listos para ir hacia adelante con el Cristo dentro del futuro, sobre la única base racional de compartir y cooperar por el bien de todos, creando relaciones correctas; y aquéllos que se aferran a los viejos métodos separatistas, quienes están listos (aunque ellos no lo verían en estos términos, ello sería el resultado inevitable) a hundir el mundo en el caos y la guerra – una guerra que ahora podría aniquilar el planeta.

La humanidad pronto verá que no queda otra alternativa que compartir los productos del mundo. Todos los demás métodos han sido probados y han fallado, han llevado inevitablemente a la guerra, al sufrimiento, a la degradación y a la miseria. Esa es la elección que espera a la humanidad y la cual el Cristo presentará. En puro blanco y negro, la humanidad verá – lo está viendo ahora – las alternativas: el compartir, la justicia, la relación correcta, o la aniquilación. *No hay* alternativa.

¿Cómo podemos estar seguros de que Él, el Cristo, no será rechazado? (4/10/77)

La respuesta, por supuesto, es que no podemos estar seguros. Pero de *nosotros* depende asegurarnos de que *no* sea rechazado. Debemos querer seguirle. Suya es la tarea de dirigir y guiar, pero nosotros debemos seguirle *voluntariamente*. De lo contrario, Él no puede hacer nada. Tiene las manos atadas por la Ley. La decisión le corresponde a la humanidad. Esas fueron Sus palabras a nosotros hace dos semanas. La decisión es nuestra; pero, como expliqué, no tenemos otra alternativa sino la de seguir adelante con el compartir y la cooperación y esto es lo que el Cristo enseñará. La humanidad está ahora absolutamente enfrentada a esa decisión. Es un callejón sin salida, no hay manera de salir de él; es como mirarle fijamente el rostro a la humanidad. Tanto es así, que todas las personas incultas y la mayor parte de la gente culta del mundo ahora le tienen terror al futuro. Sólo ven ante sí destrucción de una clase u otra: destrucción a causa de la contaminación ambiental, destrucción ecológica, destrucción a causa del hambre, del exceso de población, a causa de la guerra nuclear, o de una combinación de todo eso. Absolutamente, no hay salida. El Cristo viene con una serie de proposiciones que ocasionan un cambio de dirección total del pensamiento y del sentir humano. Si seguimos esas proposiciones, avanzamos. Podemos rechazarlas. Eso depende de nosotros. Él dijo recientemente: "Muchos Me aceptarán, pero no todos; sin embargo, Mi Ejército de Luz de seguro triunfará." Y hace tiempo dijo: "El fin se conoce por el principio", y ustedes pueden suponer que aunque uno no puede decir (yo no puedo decirlo con autoridad): "sí, Él no será rechazado esta vez, será aceptado por toda la humanidad", yo sé que Él ha llegado lo más pronto posible, pero no demasiado pronto.

Se han estado llevando a cabo los preparativos por muchos años. La exteriorización de la Jerarquía realmente comenzó en 1860. Ciertos discípulos vinieron, como H. P. Blavatsky y otros, que han estado entregando al mundo las enseñanzas de la Nueva Era. No quiero decir solamente las enseñanzas ocultas. Quiero decir nuevas ideas de filosofía, política, economía, etc. Ahora la humanidad es adulta y está preparada de una manera del todo diferente a la de antes (cuando Cristo vino a Palestina). La experiencia pisciana, el desarrollo de la educación por todo el mundo, las comunicaciones modernas, Le han hecho posible a un Instructor venir y hablarle a un mundo adulto por primera vez. Así que la esperanza es – y yo diría el hecho casi seguro es – que la humanidad no Lo rechazará.

Nota del autor: En muchos de los Mensajes, después que se dio la respuesta anterior, el mismo Maitreya pone en claro que Él no tiene dudas acerca de la respuesta del hombre. En el Mensaje Nº 11 dice: "Mi corazón Me indica vuestra respuesta, vuestra elección, y se alegra." En el Mensaje Nº 65, Él es explícito: "Por tanto, amigos Míos, no temáis que la humanidad Me vaya a rechazar; Mis planes están seguros en vuestras manos." En el Mensaje Nº 77: "Sé que dentro de los hombres se asienta un Ser Divino, cuyo Plan es que el Amor y la Justicia triunfen; siendo esto así, el fin está asegurado." En el Mensaje Nº 78 dice: "Pero, amigos Míos, Yo conozco con antelación vuestra respuesta y elección. Por medio de vuestro amor – el amor en vuestro corazón por vuestros hermanos – no temáis, queridos Míos: elegiréis correctamente."

¿En qué se diferenciarán las proposiciones del "Nuevo Cristo" de las que Jesús, el Cristo, presentó? (4/10/77)

Fundamentalmente, cuando Él comience Su enseñanza, no se diferenciarán mucho, excepto en que ellas serán de un alcance más amplio. Ellas incluirán también el campo político, económico, social, financiero, educativo y científico, y no solamente las líneas religiosas y filosóficas. En los siglos recientes, el enfoque del Cristo y de la Jerarquía ha cambiado del terreno religioso y filosófico al político, el económico y el educativo. De ahí el vasto desarrollo mundial de la educación, las grandes ideologías políticas, el gran experimento económico. Todo esto está bajo el estímulo de la Jerarquía. Así que es de estas áreas más amplias de lo que el Cristo hablará. Por eso es que al principio no será reconocido por muchas gentes que tal vez buscan al Cristo bíblico: a Jesús, con llagas en las manos y un largo manto blanco, etc., hablando de asuntos eclesiásticos.

Fundamentalmente, lo que Él dirá ya lo sabemos – y aceptamos como cierto – lo cual es que las correctas relaciones humanas son la base de la vida. A cada momento, con nuestros pensamientos y acciones, ponemos en movimiento causas cuyos efectos hacen que nuestra vida sea lo que es, para bien o para mal. Esa es la gran Ley de Causa y Efecto.

Cuando comprendamos esta Ley y su relación con la Ley de Renacimiento, vendremos a comprender la necesidad de ser inofensivos en todas las relaciones. La rectitud, la inevitabilidad, el sentido común de la correcta relación regresarán a nosotros.

Esa será la naturaleza de la Enseñanza del Cristo. Es fundamentalmente lo que todos sabemos, pero Él lo reiterará y enseñará el modo de ponerlo en práctica, *a través de compartir y de cooperar a escala internacional,* eliminando el temor: el temor al hambre, el temor a la guerra, el temor y la desconfianza y la desesperación que hoy afligen a millones de seres humanos. Esto causará una tremenda reorientación del pensar humano y abrirá el camino al establecimiento de correctas relaciones.

¿Cómo es que millones de personas van a aceptar lo que estamos discutiendo esta noche? (30/8/77)

Ellos seguirán al Cristo. Él tiene seguidores de cada religión y sin religión. Él viene como Instructor del Mundo. Pero lo que enseñará en primera instancia es algo que todos conocemos y aceptamos como cierto: que las correctas relaciones humanas son fundamentales; ellas son la base de nuestra vida y tienen que gobernarla. Debemos compartir los productos del mundo entre toda la humanidad de modo que en el futuro no tengamos, como tenemos hoy, a 450 millones de personas muriendo de inanición, cuando hay un exceso de un cuatro por ciento de alimentos en el mundo. La humanidad en el futuro cercano no aceptará esa blasfemia, esa obscenidad.

¿Cómo va a llegar esto a millones de personas – 55 ó 60 millones en este país o lo que sea, 200 millones en los Estados Unidos – cómo va a suceder? Usted nos da muchas ideas que son fantásticas, confirmando los pensamientos de muchas personas, incluyéndome a mí. Bien, ¿puede usted extenderse un poco más en la forma de comunicación, en cómo va a suceder eso?

¡El Cristo no va a hablar acerca de la relación que existe entre este planeta, Sirio y la Osa Mayor! Él no mencionará eso. Él hablará de la necesidad de compartir los productos del mundo, de la necesidad de transformar los sistemas políticos en el mundo, de modo que la tolerancia y la buena voluntad sean la norma. Estamos comenzando a darnos cuenta de que nos hallamos en un callejón sin salida. A no ser que cambiemos el sistema político, económico y financiero – todo el patrón social del mundo – este planeta perecerá.

Hoy tenemos los medios de destruir a toda la humanidad con sólo oprimir un botón. Esa es la alternativa a compartir y cooperar. No hay otro camino. Eso es lo que el Cristo mostrará. A través de la radio y de la televisión Él llegará a millones con Su mensaje. Y no sólo el Cristo, sino también todos aquéllos a través de los cuales Él trabajará. Y en respuesta a Su mensaje, millones de personas por todo el mundo formarán grupos para la activa promoción de la buena voluntad. De la minoría que son en el presente, crecerán en una abrumadora mayoría, exigiendo que se termine la separación, el odio y la injusticia. A la potencia del odio, que asciende ahora a su clímax, se le opondrá este colectivo movimiento de Buena Voluntad. Los grupos en los cinco centros, estimulados por el Maestro residente en cada uno, difundirán la radiación del Mensaje del Cristo: el Compartir, la Justicia, la Cooperación, la Buena Voluntad – las notas claves en la Nueva Era.

Hemos hablado mucho acerca de la política y la economía, las cuales son muy materialistas; pero, ¿es eso de lo que trata el Cristo? (21/9/76)

Sí, en efecto. Absolutamente. De veras. No es principalmente como un líder religioso que Él viene. Usted puede buscarlo más bien como un educador en el más amplio sentido de la palabra, abogando por cambios en nuestra vida política, económica y social. Todo esto es fundamentalmente espiritual. La espiritualidad no tiene que ver solamente con asuntos religiosos. Todo lo que eleva a los hombres por encima de su nivel actual, sea en el nivel físico, emocional, mental o intuitivo, es espiritual. Debemos ampliar nuestro concepto de lo que es espiritual para reconocer al Cristo.

Él viene a mostrar que la vida espiritual puede vivirse en cada campo del vivir humano, no sólo en el terreno religioso; que el sendero científico hacia Dios, acerca del cual Él enseñará, es bastante amplio y variado para acomodar a todos los hombres. Todo el mundo, en el futuro, vendrá a darse cuenta de la base espiritual de la vida y buscará darle expresión en su trabajo. Y mientras que hoy sólo el vidente o el místico conoce el verdadero significado de la realidad, ésa será la experiencia de cada hombre, cualquiera que sea su camino. No todos los hombres son religiosos; la religión es un camino, un camino específico. El Cristo mostrará que todos podemos llegar al conocimiento de los caminos de Dios. Él mostrará el sendero hacia eso, el sendero científico, el sendero de Iniciación; y bajo la guía y el estímulo del Cristo y Sus Discípulos conoceremos a Dios, verdaderamente conoceremos y veremos a Dios en esta edad venidera. Grandes cantidades de personas estarán en pie ante el Hierofante, el Señor del Mundo mismo, y al hacerlo, verán el Rostro del Padre, el Rostro de Dios. Este es un hecho oculto y es la promesa dada por el Cristo al mundo. Esa será Su función principal en la época venidera, la de guiar a la humanidad al Reino Espiritual, el Reino de las Almas, o el Reino de Dios, que ya existe y siempre existió, como los Maestros e Iniciados de la Jerarquía. Bajo la guía del Cristo, todos nosotros entraremos en ese Reino. Esa es Su misión, establecer el Reino de Dios, exteriormente, en el mundo. Él cumplirá esa misión si respondemos a la necesidad del momento, la cual es la transformación de la sociedad de acuerdo a formas más espirituales y justas.

Me siento muy incómodo con la idea de que voy a ver al Cristo en la televisión y escuchar Su voz por la radio. También me siento muy incómodo con la idea de que Él va a ser alguien que es parte del mundo político y económico. No es en nada mi idea de un Ser Espiritual. (26/4/77)

Ha sido un enorme triunfo de las fuerzas del mal el que a través de los siglos a las iglesias se les haya permitido monopolizar la idea de espiritualidad: lo que tiene que ver con la iglesia y la religión es espiritual y todo lo demás, no. Eso es una equivocación que ahora el Cristo corregirá. Usted puede sentirse incómodo – yo lo siento, pero así es como será, como debe ser. Nosotros debemos mostrar nuestra capacidad para llegar a ser a ser Uno con el Todo, con la totalidad de esta vida planetaria: con nuestros prójimos, con los reinos animal, vegetal y mineral. Debemos dejar de explotar el planeta y de malgastar sus recursos, debemos dejar de explotar los reinos inferiores y de hacer mal uso de su vida, debemos mostrar que este mundo es Uno, la Humanidad es Una, la Vida es Una. Ese es el destino de la humanidad.

La función de la humanidad es la de actuar como transmisora de las fuerzas espirituales a los reinos inferiores y actuar de ese modo como colaboradores de Dios. Ese es su verdadero destino. El hombre no puede cumplir con eso si relega la vida espiritual a una faceta de ella: la vida religiosa. Él sólo puede hacer eso cuando manifiesta verdadera espiritualidad en cada faceta de su vida. Esto debe incluir nuestra vida política, económica y social, cuyas estructuras ya no responden a nuestras verdaderas necesidades y por lo tanto deben sufrir un cambio. El Cristo pondrá esto en claro y mostrará el camino para establecer estructuras políticas y económicas que permitirán que nuestra espiritualidad se manifieste.

¿Hay alguna razón por la que no se da a conocer el país donde Él está ahora? (7/2/78)

Si yo dijera que Él está en tal o cual país, usted se daría cuenta y diría: "¡ajá! ¡ése es el Cristo!" tan pronto como Lo viese. El derecho suyo al Reconocimiento Espiritual se habría infringido. Usted debe reconocer al Cristo no porque usted sabe que Él es el Cristo, sino por lo que Él representa. Es el Cristo en usted, la Conciencia Crística, lo que ayuda a reconocerlo, porque usted desearía aquello por lo que Él aboga, lo que está diciendo. Usted deseará ver esto puesto en práctica en el mundo – si es eso lo que usted desea. Aquéllos que Lo sigan verán eso en Él y muchos Lo seguirán quizás sólo como un educador en lo político, en lo económico y en lo social, no como al Cristo, sin saber que Él es el Cristo.

O aún sin saber que exista semejante cosa.

Sin siquiera creer que el Cristo existe. Estoy seguro de que eso es cierto. Estoy seguro de que mucha gente seguirá a ese hombre sin siquiera saber que Él es el Cristo, o creer en la realidad del Cristo. Pero si aman a su prójimo, verán la necesidad de poner en práctica los cambios que Él está trazando.

¿Qué significará para la humanidad el regreso del Cristo y los Maestros? (7/2/78)

En primer lugar, si aceptamos y seguimos al Cristo, eso significará un enorme alivio de ansiedad y tensión. Una nueva esperanza en el futuro y una nueva inspiración se le dará al hombre. En el presente, la humanidad en todas partes está llena de temor; ve que está enfrentada a toda clase de destrucción: ecológica, nuclear, por inanición. El regreso del Cristo y de la Jerarquía mostrará a los hombres que hay una solución para sus problemas, y que cuando damos los primeros pasos y cambiamos la dirección de nuestra vida política, económica y social, tenemos la posibilidad de construir la civilización más grande y espiritual que el mundo jamás haya conocido.

Para las masas pobres, desnutridas y explotadas del mundo el regreso del Cristo y de la Jerarquía será el principio del vivir verdadero. Por primera vez en los anales de la historia, los productos del mundo serán compartidos entre todos los hombres. Para las naciones más avanzadas y desarrolladas de Occidente, esa tercera parte del mundo que se apodera, explota y desperdicia la mayor parte de los alimentos, materia prima y energía del mundo, una nueva experiencia – "la experiencia del desierto" – será necesaria. Tendremos que aprender a vivir más sencillamente. Pero los Maestros mostrarán que es posible vivir una vida más simple y feliz cuando los medios de esa vida se comparten con todos los hombres en todas partes.

Cuando se reconstruyan las estructuras físicas de la vida humana y se comprendan y se apliquen los principios que deben gobernar nuestra vida en Acuario, el Cristo revelará a los hombres un aspecto enteramente nuevo de la Realidad, una Nueva Revelación, que es misión Suya traer. Los Antiguos Misterios serán restaurados, las Escuelas de Misterios se volverán a abrir, y una gran expansión de la conciencia que el hombre tenga de sí mismo y de su propósito y destino será posible. "Las aguas de vida" de Acuario fluirán del Cristo, y los hombres tendrán esa "vida más abundante" que Él prometió.

El principio de compartir es la clave para ese glorioso futuro de la humanidad. Cuando el mundo sea verdaderamente Uno, cuando los productos del mundo se compartan entre todos los hombres, los secretos de la Ciencia Divina, mantenidos bajo custodia para nosotros por los Maestros de Sabiduría, pueden revelarse sin peligro y a través de su agencia el hombre puede crear una civilización jamás vista en el mundo. El hombre vendrá a reconocerse a sí mismo como el Ser Divino que es y expresará esa Divinidad en una nueva creatividad y vida, bajo la guía del Cristo y de los Maestros.

LOS MAESTROS Y LA JERARQUÍA

¿Cuál es el papel principal de la Jerarquía? (12/10/76)

Desarrollar la autoconciencia en todos los seres y la conciencia en los reinos inferiores. Ser un ejemplo para la humanidad y transmitir la Voluntad del Logos Planetario. Ellos preparan a Sus discípulos para la Iniciación y los proveen de un campo de servicio. También nos protegen de un exceso de mal cósmico.

Ellos liberan en el mundo energía de una clase u otra, durante todo el tiempo. Son los custodios de esas energías y las liberan de una manera científica para efectuar los cambios en la evolución del mundo. Respondemos a ellas bien o mal, y nuestras civilizaciones y nuestra vida en cada aspecto son el resultado de nuestra respuesta. Esas energías nos hacen lo que somos. Ellas están construyendo el nuevo mundo. Están formando la Era de Acuario. Estamos en estos momentos, debido a nuestra respuesta a ellas, intuyendo, percibiendo nuestro camino, comprendiendo la clase de estructuras, la clase de civilización, que la Nueva Era exhibirá. Nosotros la estamos construyendo ahora.

¿Cada planeta tiene una Jerarquía? (14/6/77)

Sí, claro. Existe Jerarquía en todo el sistema; de hecho, en todo el Cosmos. Nuestra Jerarquía fue traída a este planeta por el Señor del Mundo, hace más o menos 17 millones de años, para dirigir el desarrollo de los primeros hombres, que se habían individualizado un millón de años antes.

¿Existe una Jerarquía de la Logia Negra? (26/4/77)

Sí, por supuesto. No hay otra cosa sino Jerarquía en todo el Cosmos. Todos nosotros estamos en algún escalón de una escalera que va desde allá abajo hasta el infinito. Es un hecho en la naturaleza. Hay doce Adeptos de la Logia Negra, seis orientales y seis occidentales, muy avanzados en inteligencia, pero totalmente desprovistos del aspecto Amor.

¿Cuántos de los Maestros están en cuerpos etéricos? (28/6/77)

Dos terceras partes de los Maestros están ahora en cuerpos físicos densos. La otra tercera parte está en cuerpos físicos etéricos, que todavía son físicos, por supuesto. Siempre hay sesenta y tres Maestros conectados con la evolución humana, pero hay muchos más conectados con otras evoluciones. Hay entre 400 y 500 Adeptos de la Cuarta Iniciación en encarnación; entre 2.000 y 3.000 Iniciados de la Tercera Iniciación. Hay alrededor de 250.000 Iniciados de la Segunda Iniciación y alrededor de 800.000 que han tomado la Primera Iniciación.

¿Cómo está organizada ahora la Jerarquía? (23/6/77)

Está dividida en tres grupos principales en las tres grandes líneas de fuerza, cada una personificando, canalizando y siendo influenciada por cualquiera de los tres grandes aspectos de la Divinidad, los cuales conocemos – el aspecto Voluntad, el aspecto Amor-Sabiduría y el aspecto Inteligencia.

El departamento que está bajo el aspecto Voluntad tiene como Líder al Manú, el Hombre Perfecto, el Prototipo para nuestra raza, la quinta raza raíz. Él es la expresión perfecta de nuestra quinta raza en su perfección. El Manú de la cuarta raza raíz (el segundo de dos que ha habido) también está aún en el planeta, en la China. Él es la expresión perfecta de la raza atlante, y Su labor será la de retirar gradualmente de la encarnación el aspecto atlante de la humanidad, el cual se sintetizará gradualmente en la quinta raza raíz; ya habrá realizado su función.

A la cabeza del departamento que está bajo el aspecto Amor-Sabiduría está el Bodhisatva, o Instructor del Mundo, el que en Occidente llamamos el Cristo. Él es conocido en Oriente por otros nombres: como el Señor Maitreya para los budistas, el Bodhisatva para los hindúes, el Imán Mahdi para los musulmanes, el Mesías para los judíos. Cada uno de esos nombres, de estos términos religiosos, es el nombre del Líder de la Jerarquía. Su nombre personal es Maitreya.

A la cabeza del otro departamento está el Señor de la Civilización, el Mahachohan. Estos tres Grandes Señores, Aspectos de Dios, pues eso es lo que Ellos son, han estimulado y dirigido el desarrollo de la humanidad a través de los siglos, por la transmisión de energías y la impresión sobre las mentes de los hombres de las ideas que estas energías representan.

La Jerarquía ha cambiado de forma, de personal, muchas veces a través de las eras, según los miembros de la raza humana se han ido convirtiendo en Iniciados y después en Maestros, para que los Maestros de los niveles más elevados pudiesen pasar a tareas superiores. Muchos dejan el planeta físico denso y siguen a esferas más altas, o a planetas más elevados, o hasta dejan del todo este sistema. Algunos de los Maestros, por ejemplo, si están en determinada rama de trabajo, se van a Sirio.

Originándose en el departamento del tercer aspecto, el del Señor de la Civilización, hay cuatro grupos más, en los cuatro secundarios Rayos de Atributo, formando así un total de siete grupos principales o ashrams. Cada uno de éstos tiene siete ashrams subsidiarios, formando cuarenta y nueve en total. No todos ellos están completos en el presente, tanto por lo que se refiere a personal como a canales para energía.

¿Existe peligro de que los Maestros pierdan Su conciencia cuando vienen al mundo? (22/3/78)

No, no hay peligro alguno. Cuando vienen al mundo, los Maestros hacen un gran sacrificio. Que no quepa duda en cuanto a eso. Es un enorme sacrificio. Los Maestros están vueltos hacia dos direcciones. Están vueltos hacia abajo, hacia la humanidad, el Centro donde se manifiesta el aspecto Inteligencia de Dios, un gran centro de energía. La Jerarquía es el Centro donde se expresa el Amor de Dios. Existe un centro aún más alto que la Jerarquía: Shamballa, el Centro donde la Voluntad de Dios es conocida, donde reside el Señor del Mundo. Los Maestros, al evolucionar, lo hacen volviéndose hacia Shamballa. Ellos son puras manifestaciones de Amor y Sabiduría, pero cada vez penetran más y más en el aspecto de Voluntad Divina, no sólo en el aspecto de Amor. Ellos logran esto volviendo Su rostro, Su meditación, hacia Shamballa. Venir al mundo – y un gran número de Ellos, las dos terceras partes, van a venir al mundo – significa que tienen que volver Su mirada meditativa, Su atención, Su Rostro, como se dice, de Shamballa hacia la humanidad, una vez más. Este es un tremendo sacrificio para Ellos.

Con el objeto de que no sufran demasiado (como dice usted, que no pierdan Su conciencia, que en Su caso sería el aspecto Voluntad de Dios), hay un grupo más pequeño de Maestros que no se exteriorizarán, que no vendrán al mundo, sino que permanecerán ocultos. Ellos han seguido un entrenamiento especial que Les permite alcanzar una conciencia más profunda, más intensa, de la Voluntad de Dios, y a través de Ellos ese aspecto de Voluntad se Les transmitirá a Sus Colegas en el mundo, para que se mantengan en contacto armónico con la Voluntad de Dios y con Shamballa.

Shamballa

¿Puede trazarnos un bosquejo de Shamballa, según usted lo entiende? (23/8/77)

Shamballa es un centro de energía, el mayor del planeta. Corresponde al centro de la coronilla en la cabeza del hombre, y de él, y a través de él, mana la energía que llamamos Voluntad. De hecho, todas las energías fluyen a través de Shamballa, pero la energía específica que llamamos Fuerza de Shamballa es la energía de Voluntad o Propósito, la cual representa el Propósito o Plan de Dios, siendo Dios ese gran Ser que encarna a este planeta y que se refleja en el plano físico (pues Shamballa es un centro físico, en materia física etérica) como Sanat Kumara, el Joven Eterno.

¿Dónde está localizada Shamballa?

En el desierto de Gobi, en los dos subplanos etéricos más elevados. Un día será visible y conocida, cuando la humanidad haya desarrollado visión etérica. Fue establecida, se nos dice en las enseñanzas esotéricas, hace unos dieciocho millones y medio de años, cuando el Logos de nuestro planeta tomó manifestación física en Shamballa como Sanat Kumara, el Señor del Mundo. Sanat Kumara es un mozo, un joven, que habita en Shamballa rodeado de Sus Kumaras, Su Concilio, que incluye al Buddha histórico, Gautama.

El Cristo tiene derecho a estar en ese Concilio, pero ha decidido – o diríamos más bien, fue decidido entre Él y Sanat Kumara – que el Cristo, como el Líder de la Jerarquía, permaneciera en cuerpo físico en el mundo. El Buddha no está en un cuerpo físico denso; hace siglos que Él renunció a ese cuerpo, para estar en Shamballa. (No se tienen cuerpos físicos densos en Shamballa, sino cuerpos físicos etéricos.) El Señor del Mundo, conocido en la Biblia como "el Anciano de los Días", tiene muchos nombres: el Joven de Infinitos Veranos, el Rey, el Único Iniciador, el Gran Sacrificio. Él es el Iniciador en las iniciaciones superiores, siendo el Cristo el Hierofante en las dos primeras iniciaciones. Es el aspecto más cercano de Dios que podemos conocer. Es nuestro "Padre", el Dios personal de los cristianos.

Exteriorización de la Jerarquía

¿Puede decir algo sobre la exteriorización de la Jerarquía? (23/6/77)

Lentamente, gradualmente, durante los próximos 25 años, la Jerarquía se exteriorizará. No todos, pero la mayor parte de los Maestros y muchos de Sus Ashrams (los grupos de discípulos a través de quienes Ellos trabajan, que también son centros de energía) se exteriorizarán, serán conocidos exteriormente en el plano físico. La meta de grandes sectores de la humanidad será buscar su propia línea de energía, sea cual fuere el Rayo donde ellos estén, y gravitar alrededor del Ashram que encarna esa energía. Hay siete grandes Ashrams y cuarenta y dos Ashrams subsidiarios, constituyendo cuarenta y nueve en total. No todos serán exteriorizados, pero muchos lo serán, así como la mayor parte de los Maestros. Muchos de los iniciados de la Jerarquía trabajarán abiertamente, en lo exterior, en el plano físico, conocidos por todos los hombres. Las Escuelas de Misterio se reabrirán y los hombres asistirán a ellas, como ahora lo hacen a las universidades, a aprender y seguir las disciplinas que los prepararán para la Iniciación y asimismo para entrar en la Jerarquía. Esta vendrá a ser la meta de la humanidad avanzada en esta era venidera.

(23/3/78)

En cada cuarto de siglo, en los años 25 y 75, la Jerarquía celebra Grandes Concilios. Grandes planes se trazan para los próximos cientos de años y también para los veinticinco y cincuenta años inmediatos. En el Concilio de 1425, la Jerarquía se dio cuenta del hecho de que Ellos tendrían que regresar al mundo. Ellos han llegado al final de un ciclo en Su evolución, muy distante de la evolución humana, un ciclo relacionado con Ellos como grupo; de hecho, como el próximo reino de la naturaleza.

(23/3/78)

El reino humano es el Cuarto Reino; los Maestros y los Iniciados de la Jerarquía constituyen el quinto, el naciente Reino Espiritual, el Reino de las Almas. Un Maestro es alguien que ha expandido Su conciencia a través de todos los planos para incluir el Espiritual.

Los Maestros, miembros mayores de la Jerarquía, tienen que volver a representar, simbólicamente, Su experiencia de vida y mostrar, ahora como grupo (cada uno lo ha hecho individualmente) Su capacidad para funcionar en todos los planos simultáneamente, desde el físico más denso hasta el espiritual. En 1425 se dieron cuenta de que el tiempo había llegado, y cada paso, cada decisión hecha por la Jerarquía desde ese momento, se ha hecho a la luz del conocimiento de que finalmente Ellos se manifestarían en el mundo cotidiano. No sólo los Maestros, ésta es la cosa importante; no sólo los Maestros como individuos, sino también algunos de los Ashrams de Ellos, se manifestarán abiertamente en el plano físico. Esto ya está empezando. Hay ciertos grupos trabajando ahora en el mundo que son Ashrams embrionarios de los Maestros.

Muchos de los Maestros vendrán y entonces tendremos a los Ashrams trabajando en el plano físico abiertamente en el mundo y, por supuesto, en los planos internos al mismo tiempo. Será una doble manifestación. En la actualidad, es sólo en los planos internos que los Ashrams existen.

Las gentes tienen ideas diferentes acerca de cómo ha de regresar el Cristo. Algunos Lo ven regresar en un resplandor de gloria en los últimos días del mundo, cuando éste se esté acabando (por qué Él debe venir entonces, no lo sé). Un Avatar viene al final de cada era; es un evento cíclico.

La venida de un Instructor ha tenido lugar siempre que la humanidad ha alcanzado cierto nivel en su evolución, siempre que ha necesitado alguna dirección espiritual nueva, una nueva energía, el bosquejo de un nuevo camino que la conduzca a una nueva y más alta experiencia de sí misma y de su significado y propósito. Cada vez que ha habido un cambio cíclico de una era a otra, cada vez que una civilización se ha cristalizado y desintegrado, abriendo paso a una nueva manifestación, un Instructor ha aparecido, siempre del mismo lugar de origen, la Jerarquía. Los conocemos históricamente como Hércules, Hermes, Mitra, Rama, Vyasa, Sankaracharya, Krishna, Buddha, así como el Cristo. Ha habido mayores y menores. Pero en cada período de la historia, cuando la necesidad era mayor, cuando la humanidad necesitaba estímulo, un Instructor de uno u otro nivel ha surgido para mostrarle el camino a la humanidad.

De acuerdo con esta ley, al final de la Era de Piscis, en esta fase de transición entre las Eras de Piscis y Acuario, un Instructor ha venido. Él es el Instructor del Mundo, el Líder de la Jerarquía, el Maestro de todos los Maestros, el "Maestro asimismo de ángeles y de hombres", como decía San Pablo. Es Su regreso al mundo, a la cabeza de Sus Discípulos, los Maestros de la Sabiduría, lo que ahora está ocurriendo. Nada menos que eso está sucediendo ahora en nuestro planeta; y es, si ustedes pueden creerlo, un privilegio estar en encarnación en estos tiempos trascendentales de la historia humana, un tiempo que no tiene precedentes. Muchos

Instructores han venido al mundo antes y eso ha sido trascendental. Pero nunca antes, desde la época atlante, ha estado presente el Instructor del Mundo, el Instructor para la humanidad, el Hermano Mayor de la raza y al mismo tiempo, abiertamente en el mundo, los Maestros de la Jerarquía. Este es el tremendo acontecimiento que se desarrolla ahora.

Avatar de Síntesis

¿Quién invocó al Avatar de Síntesis? (10/2/77)

La Jerarquía misma, o sea, los Maestros, los Iniciados y los Discípulos del mundo. En los años cuarenta, cuando Él fue invocado, no se sabía si ello daría buen resultado, si sería el Cristo mismo el que vendría, o si el Avatar – este Ser más grande – también podría ser invocado. Esto tuvo éxito; Él fue invocado, así que todo el proceso ha sido acelerado. Si hubiese sido el Cristo solo – y no blasfemo al decirlo ni falto al respeto – la transformación hubiese sido más dolorosa y larga. Debido a la fructífera invocación del Avatar, todo el proceso del regreso del Cristo y de la Jerarquía, y lo que significa para la humanidad, se ha acelerado tremendamente. No es sólo la venida del Cristo, el hombre: es la transformación de la humanidad y de nuestra misma naturaleza y Ser. De eso es realmente de lo que se trata. Esto se ha acelerado enormemente y se ha hecho posible debido al Avatar y al Espíritu de Paz y por supuesto, al Cristo.

Maestro D.K.

¿Alguien ha conocido a D.K.? ¿Está en un cuerpo físico o sólo espiritual? (24/9/76)

Sí, claro, está en cuerpo físico. Él vive en las fronteras entre el Tíbet y la India y es conocido por un gran número de discípulos en diversas maneras: por contacto físico, por contacto telepático y por otras maneras.

Usted dijo que los Maestros de la Sabiduría ejercen cierta influencia en los planos astral y mental, y más tarde habló del Cristo, de la maravillosa posibilidad del Cristo apareciendo en la televisión, o sea,

en el plano físico. ¿De qué se está ocupando usted? ¿De lo astral y mental, o de la exteriorización en el plano físico? (5/3/76)

Cuando estos cinco Maestros vengan a los cinco Centros, Nueva York, Londres, Ginebra, Darjeeling y Tokio, trabajarán en primer lugar en los planos mental y astral. En estos momentos, todos los Maestros están ocultos, son esotéricos. No están en el mundo. Pueden estar en cuerpo físico, muchos de Ellos lo están; pero no trabajan abiertamente, en lo exterior, en el mundo. Desde un punto de vista energético, no están en el mundo. Energéticamente, trabajan desde los niveles mentales más altos, desde el plano búdico, en realidad – el nivel de la Intuición Espiritual – desde un plano muy alto en verdad. Lo que ahora sucederá, dentro de muy poco tiempo, es que estos cinco Maestros que vienen a los Cinco Centros bajarán del nivel desde donde Ellos operan a los planos astrales y mentales inferiores. Por ahora, Ellos pueden influir y operar a través de Sus discípulos en el mundo – así es como han trabajado por incontables miles de años – esos discípulos que están abiertos a impresión en los planos mentales superiores, en el plano Búdico o en el plano del alma. Cuando vengan a los cinco Centros, trabajarán directamente en los planos mentales y astrales inferiores. Entonces alcanzarán a un mayor número de personas, a aquéllas que estén abiertas a impresión en esos niveles, que son relativamente bajos, así que Su influencia en cada uno de estos cinco Centros será tremendamente poderosa.

También trabajarán directamente en el plano físico con un grupo interno escogido de los grupos externos en esos Centros. Este núcleo interno será entrenado en tareas específicas que tienen que ver con la reorganización de nuestra vida política, económica y social en los cinco Centros.

Estos cinco Maestros y el Cristo mismo se exteriorizarán en el plano físico denso, como lo harán los otros Miembros de la Jerarquía a su debido tiempo, pero el nivel energético de Su trabajo no estará limitado al plano físico.

¿Cómo es que los periodistas no han descubierto a esos Maestros y al Cristo ni han escrito sobre Ellos? (21/12/76)

Ellos han sido descubiertos y se ha escrito sobre Ellos, en verdad, pero no por periodistas. Existe gente que ha visto al Cristo y que ha escrito acerca de Él y de los Maestros. Hay muchos libros disponibles en el mundo. Algunos, desafortunadamente, están agotados. Hay uno escrito por Macdonald-Bayne, que está agotado, titulado *Más allá de los Hi-*

malayas. Hace mucho tiempo que lo leí, pero hay una maravillosa descripción de ciertos Maestros. En *Vida y Enseñanzas de los Maestros del Lejano Oriente*, de Baird Spalding, hay ejemplos de descripciones del Cristo y de los Maestros y del Buddha, tal como son, como existen. Hay muchas personas que han visto al Cristo. Él está disponible para aquéllos que tienen el derecho y la necesidad de verlo. Nosotros no tenemos el derecho, pero hay quienes Lo han visto y han escrito acerca de Él. El periodista común es probable que no tenga ese derecho.

LOS CINCO CENTROS ESPIRITUALES

¿Puede explicar algo más en relación con los cinco Centros? (5/7/77)

Nueva York es el centro de energía para Norteamérica y Sudamérica (las energías trabajan a través de los grupos existentes en los centros). Londres actúa como el centro de distribución de esa emanación espiritual a través del Commonwealth Británico, y eso incluye la mayor parte de Africa. Ginebra es el centro de distribución de energías para Europa y Rusia. Darjeeling actúa de igual manera en Asia, norte y sur.Tokio es el centro para la distribución de energía en todo el Lejano Oriente. Así que todo el mundo en realidad recibe energías distribuidas desde esos cinco grandes Centros.

Hay muchos centros menores. Mencioné dos. Uno es Roma, el otro es Moscú. Algunos centros no están siquiera activados todavía y no lo estarán, en muchos casos, por miles de años. Pero en otros casos, como centros menores, se volverán activos según los grupos en ellos se vayan volviendo potentemente activos dentro de los próximos 50, 100 ó 200 años.

En el caso de Darjeeling, la principal fuente grupal es Delhi, claro está, pero la energía es de Darjeeling. El crecimiento de enormes poblaciones en estos cinco Centros es el resultado directo de la atracción magnética de la gente a los centros etéricos que ellos son – son en realidad centros activados en el plano etérico. Han estado activos en algunos casos por miles de años. No todos están activos de la misma manera. Algunos lo están más y otros lo están menos. Algunos lo están más en el plano interno y otros en el externo.

Usted dice que hay Maestros en cada uno de los cinco centros. ¿Hay uno en Londres, en la misma ciudad? (4/4/78)

En las afueras de la ciudad. Uno cerca de Nueva York, uno en Ginebra, uno en Darjeeling y uno en las afueras de Tokio.

¿Están del todo a la vista del público?

No, pero están trabajando con ciertos grupos en el plano físico. Los Maestros trabajan en cuatro niveles. Están trabajando desde el nivel donde Ellos siempre trabajan, el nivel Búdico; pero también han bajado el nivel de Su trabajo a los planos mentales y astrales inferiores. Estimulan las mentes de los grupos en cada uno de esos Centros. Quiero decir que todos los grupos – políticos, económicos, financieros, sociales, científicos, educativos, culturales, religiosos – grupos en todo campo, están recibiendo este estímulo para coordinar su trabajo y lograr una mejor alineación y así ahorrar energía, de manera que marchen juntos y no antagónicamente. Y una síntesis más grande **sí** se está llevando a cabo entre los grupos.

Se está desarrollando un activo movimiento de síntesis dentro de los grupos, según tengo entendido. Hay muchos grupos dentro de lo que generalmente se llama el movimiento de la "nueva era," en este país, en los Estados Unidos y en otras partes, los cuales están muy conscientes de la necesidad de trabajar unidos y efectuar esa síntesis. Lo hacen bajo estímulo.

Algunos puede que ni siquiera sepan por qué lo están haciendo, pero están buscando la síntesis. También se están formando lazos entre los grupos políticos y los no políticos. Este es el agrupamiento externo, ellos están siendo estimulados mental y astralmente.

También hay un grupo interno que se está entrenando en el plano físico. Conoce a los Maestros y trabaja con Ellos. Este es un grupo que tiene cierto desarrollo interior, que conoce el Plan, que sabe cómo opera el Plan. Ellos tienen experiencia en administración y organización, en gobierno y economía, etc., así que pueden ser entrenados en tareas muy específicas. Es a través de esos individuos entrenados que el Plan se desarrollará en los cinco Centros.

Los grupos externos están siendo estimulados sin que ellos lo sepan. Es una impresión mental y astral – a ellos no se les dan mensajes, sino impresiones generalizadas. Se les ocurre una gran idea: "creo que debemos unirnos." Están respondiendo al estímulo generalizado de los Maestros.

Me pregunto si hay uno en Londres. (4/4/78)

¿A Quién usted podría telefonear? Hay un Maestro en Londres, pero usted no puede llamarlo por teléfono. Pronto será conocido, pero Él no se declarará a Sí mismo todavía. Ningún Maestro se declarará a Sí mismo hasta que el Cristo se declare.

EFECTO SOBRE INSTITU-CIONES EXISTENTES

¿Qué les pasará a las iglesias ortodoxas cuando el Cristo se declare? (5/5/77)

Se nos ha dicho, por uno de los Maestros que enseñan, el Maestro Djwhal Khul, que el Maestro Jesús, alrededor de 1980, tomará el trono de San Pedro y tratará de transformar las iglesias. Si las iglesias cristianas son bastante flexibles ante las nuevas enseñanzas, las nuevas ideas que el Cristo traerá, esa forma se conservará, pues es significativa para unas 900 millones de personas en el mundo. Es un gran estabilizante en el mundo. Tiene una enorme función. Y la Iglesia transformada – porque tendrá que transformarse al responder a la nueva enseñanza – tendrá principalmente una función educativa. De hecho, la Iglesia debe desempeñar una función educativa y curativa. No siempre ha hecho eso. A través de las iglesias se impartirá mucha enseñanza y se hará mucha curación; y también a través de las iglesias, de la tradición masónica y de ciertos grupos esotéricos, vendrá el proceso de Iniciación. En esta era venidera millones de personas recibirán la Primera y la Segunda Iniciación a través de estas tres instituciones transformadas y purificadas.

¿Para qué molestarse en reformar la iglesia cristiana? (5/7/77)

El asunto es que las iglesias cristianas, como las budistas, tienen millones y millones de fieles. Creo que hay algo así como 900 millones de personas que pertenecen, más o menos fervientemente, a las iglesias cristianas en todo el mundo. Casi mil millones de personas, poco menos que una cuarta parte de la población mundial. Y lo mismo pasa con los budistas: tal vez 800 ó 900 millones de budistas.

El Maestro Jesús va a reformar las iglesias cristianas. El Buddha va a enviar a dos discípulos que harán lo mismo con las iglesias budistas; no para conservarlas durante la era acuariana, sino por cierto tiempo, debido a la enorme cantidad de personas en el mundo para quienes los rituales y la forma tienen un significado y una función muy reales. No es sólo un concepto mental, sino que tiene una función energética muy real. Es una gran fuente de protección para millones de personas hoy en día. Debido a eso, las iglesias – en cuanto sean lo suficientemente flexibles a las nuevas ideas, a la nueva enseñanza – se mantendrán unidas; las estructuras se mantendrán unidas.

En los rituales cristianos hay incorporados hechos energéticos ocultos: cuando se tiene un sacerdote de calidad suficientemente elevada dando el servicio de comunión, hay una afluencia de la energía crística tal vez a través del Maestro Jesús, a veces directamente del Cristo mismo, hacia el sacerdote, la hostia de la comunión y los comulgantes. Esto ocurre una y otra vez. Hoy las iglesias son receptoras de una enorme energía espiritual.

La civilización pisciana se está derrumbando y las actitudes hacia la religión están cambiando; pero donde la estructura, la forma, sea bastante elástica y flexible para ser usada, lo será, mientras la gente que esté en ella necesite esa fórmula.

Cuando usted dice que todas las iglesias tienen que ser reformadas, ¿eso seguro incluye al judaísmo, al budismo y a todas ellas? (5/5/77)

Sí, claro. El Cristo vino antes a Palestina como judío para terminar la Dispensación Judía (que ya tenía tres mil años y estaba altamente cristalizada en su pensamiento); y para introducir un nuevo y más correcto concepto de Dios como un Dios de Amor más bien que como una vengativa Deidad tribal. Los judíos, como pueblo, todavía tienen que pasar por la experiencia pisciana y reconocer la Revelación dada en Palestina a través de Jesús como el Mesías. El budismo también está bastante cristalizado y será reformado por dos discípulos enviados por el Buddha.

Sociedades secretas

¿Usted cree que esto afectará las diversas organizaciones secretas, como la masonería, los rosacruces, etc.? (5/1/78)

Muchísimo. Además de las energías acuarianas, que son sintéticas y conducen a una clase de estandarización (sólo que será una unidad con diversidad, una síntesis orgánica; no la estandarización que se encuentra en ciertos países del mundo en estos días, sino una unidad y una hermandad verdaderas producidas por la unidad en la motivación), la religión futura, de hecho esta edad venidera, estará dominada por esa gran energía que ha estado viniendo al mundo desde 1675 y que ahora está realmente aumentando en potencia: el Séptimo Rayo de Orden Ceremonial, o Magia, o Ritual u Organización. El Sexto Rayo de Devoción dominó durante la Era Pisciana y la mayor parte de los que están en encarnación hoy son del Sexto Rayo. Todas nuestras estructuras: políticas y económicas, los cuerpos esotéricos y devocionales, nuestras iglesias, todo está saturado de la energía y de los modos de pensar del Sexto Rayo, que crean una tendencia al fanatismo y la separación. Es el Rayo de Idealismo Abstracto o Devoción. Así que todas las estructuras – incluidas las religiosas, por supuesto – están matizadas tan fuertemente de la energía de este Rayo, que inevitablemente son fanáticamente separatistas. Es la respuesta a la energía del Rayo lo que las ha hecho separatistas.

Acuario ha sido llamado "la fuerza realizadora de síntesis o universalidad," y hará efectivas la síntesis y la universalidad en el mundo a medida que los hombres respondan cada vez más y más a su potencia.

Lo mismo es cierto del Séptimo Rayo en general, pero funciona de una manera diferente, ya que relaciona lo más elevado con lo más bajo. Es el Rayo relacionador, sintetizando espíritu y materia, uniendo a estos dos. Él establece en el plano físico las energías e ideas espirituales más elevadas; de manera que, lo que fue ideal abstracto en la Era Pisciana, vendrá a ser un hecho en el plano físico. La fraternidad, el amor, el compartir, la cooperación – todos los ideales que la gente ha tenido durante siglos – serán aplicados. Habrá una unificación mayor, una síntesis mayor.

Hay siete tipos de hombres, gobernados por las energías de sus rayos. Nunca hay más de cuatro energías en encarnación a la vez durante el mismo tiempo, de modo que mayormente hay cuatro tipos diferentes de hombres y mujeres en encarnación. Como almas, todos los hombres y mujeres en la Tercera Iniciación – aún si fuesen del Cuarto, Quinto, Sexto o Séptimo Rayo – tienen que hallar su correspondencia en uno de los tres primeros rayos, los de aspecto. Inevitablemente, esos tres rayos dominan y crean todo lo que conocemos. Los cuatro rayos de cualidad o atributo nacen de los tres rayos de aspecto. Básicamente, hay tres acercamientos a la vida.

La nueva religión se manifestará, por ejemplo, a través de organizaciones como la Masonería. En la Masonería está incrustado el corazón secreto de los Misterios Ocultos – envuelto en número, metáfora y símbolo. Cuando éstos se purifiquen de los agregados ajenos que se les han ido introduciendo durante los últimos siete mil años, se verá que son una herencia verdaderamente ocultista. A través de las Ordenes de la Masonería, se seguirá el Sendero Iniciático y la Iniciación se obtendrá en la línea del Primer Rayo de Poder. Dentro de las iglesias purificadas, se seguirá el Sendero Iniciático y la Iniciación se obtendrá en la segunda línea de Amor-Sabiduría. Dentro de los cuerpos de enseñanza esotérica del mundo se tomará la experiencia iniciática en la tercera línea. Así que habrá tres distintas salidas y áreas de experiencia para las tres grandes agrupaciones de hombres. Por supuesto, existe la Única Verdad; sólo que para los diferentes tipos de hombres hay tres senderos diferentes, y lo que el Cristo dijo en uno de Sus primeros Mensajes, al explicar Sus razones para regresar al mundo, es significativo aquí: "Vengo a mostraros el camino hacia Dios, el regreso a vuestro Origen; a mostraros que el camino hacia Dios es un sendero sencillo que todos los hombres pueden seguir." Es un sendero lo bastante ancho como para que todos los hombres puedan seguirlo. No es simplemente de naturaleza religiosa; mas no importa en qué área o campo de la vida el hombre se encuentre, dentro de ese campo él puede expresar su conocimiento de la presencia de Dios, dar esa expresión y entrar al Sendero de Iniciación en uno de estos tres caminos mayores.

Nueva Religión Mundial

¿Cree usted que en la nueva era tendrán algún papel los actuales sistemas religiosos y sus monumentos? (27/1/76)

Aquellos sistemas que tengan la capacidad de cambiar como respuesta a las presiones de las energías, ideas e ideales de la época, desempeñarán un papel. Pero finalmente una nueva religión mundial se inaugurará, la cual será una fusión y síntesis del enfoque oriental y del occidental.

El Cristo unirá no solamente el cristianismo y el budismo, sino también el concepto de Dios trascendente (fuera de Su creación) y también el concepto de Dios inmanente en toda la creación – en el hombre y en toda la creación.

Se verá que es posible mantener ambos acercamientos al mismo tiempo y ellos se unirán en una nueva religión científica basada en los Misterios, en la Iniciación, en la Invocación – el acercamiento a la Divinidad a través de la invocación – y la Gran Invocación se usará en todo el mundo, tal como ahora la usan millones de personas. Se proyecta que algún día sea una oración mundial y que los Tres Grandes Festivales (el Festival de Pascua, el Festival de Wesak, un mes más tarde, y el Festival del Cristo, al mes siguiente) se celebren simultáneamente en todo el mundo; también los otros nueve plenilunios del año. Estos tres festivales serán centrales en la Nueva Religión Mundial y constituirá cada uno de ellos un gran Acercamiento a la Divinidad – la evocación a la Luz Divina, al Amor Divino y a la Voluntad Divina, que entonces pueden anclarse en la tierra y ser utilizados por el hombre.

Usted dijo que la nueva religión mundial será científica; no me gusta como suena eso. (5/7/77)

Con eso no quiero decir un tipo de religión muy austera y rigurosa – fría y sin corazón – definitivamente, no. Quiero decir científica en el sentido de conocimiento, de que pueden conocerse el propósito y el significado de la religión y las energías que la humanidad invocará. Por ejemplo, la práctica de la invocación ocupará el lugar de la plegaria y la adoración según se usan hoy.

El verdadero corazón y núcleo de la nueva religión mundial será el proceso esotérico de Iniciación. Las dos primeras iniciaciones tendrán lugar exteriormente, abiertamente, en el plano físico, en los templos de la época, como las más sagradas ceremonias de la nueva religión. Es un proceso muy científico el proceso de Iniciación, del cual el Cristo y la Jerarquía son los custodios. A través de él la humanidad entrará gradualmente a la Jerarquía. Al final de esta era toda la humanidad entrará a la Jerarquía – el "reino de Dios", el cual está constituido por la Jerarquía, se manifestará abiertamente en el mundo. El siguiente reino ascendente, el Reino de las Almas o Reino Espiritual, ya está aquí, como la Jerarquía. Pero la Jerarquía y la humanidad gradualmente se volverán Una como resultado del proceso iniciático. Gradualmente, el cristianismo, el budismo y las demás religiones se irán marchitando – lentamente, a medida que la gente se vaya alejando de ellas y que la nueva religión se haga de seguidores y expositores y sea gradualmente estructurada por la humanidad. Mientras tanto – y siempre lo nuevo se edifica sobre la estructura esencial de lo viejo, siempre que éste sea bastante flexible como para responder a las energías entrantes – mientras tanto, un cristianismo y un budismo revitalizados continuarán.

Los Tres Festivales de la Primavera

¿Qué pasa en el Festival del Cristo en Géminis? (17/5/77)

La luna llena en Géminis, el Festival del Cristo. Este es un festival para celebrar el acercamiento de la humanidad a Dios. En la Nueva Religión Mundial habrá un gran acercamiento unificado a la Divinidad durante los días de luna llena, especialmente en los tres Grandes Festivales Espirituales de Abril, Mayo y Junio – Aries, Tauro y Géminis. En todo el mundo estos festivales se celebrarán simultáneamente. Ustedes pueden imaginarse cuál será el efecto acumulado de ese Acercamiento. Los discípulos enseñarán a la humanidad la gran ciencia de la invocación, que tomará el lugar de la adoración y la oración como las conocemos hoy, y una unida invocación a la Deidad tendrá lugar. Vendrá un gran Acercamiento de la Deidad hacia la humanidad. Por este mismo proceso científico de invocación, la nueva religión llevará a la humanidad, a través del proceso de la iniciación, cada vez más cerca de la Mente Divina. La iniciación provee una penetración dentro de la mente de Dios – gradualmente, más y más de la Naturaleza Divina es liberada por el iniciado.

El festival en Junio, el Festival de Géminis, será ante todo el Festival de la Humanidad. Hoy se le llama el Festival del Cristo porque es el festival del Cristo como el Mayor en una gran familia de hermanos; no sólo el Cristo de la Jerarquía, sino también el Cristo como Representante de la humanidad. Será, principalmente, el Festival de Buena Voluntad, la compartida Voluntad para el bien de la humanidad, que expresamos como Buena Voluntad.

Este es el próximo aspecto de la Divinidad a manifestarse por la humanidad – la buena voluntad es un aspecto de la naturaleza de amor de Dios y nuestro próximo paso en la expresión de esa naturaleza. Es parte del Plan de Dios que manifestemos esa buena voluntad, esa naturaleza de amor, y al alinear nuestra propia pequeña y separada voluntad con la Voluntad Divina, se le hace posible a la Voluntad de Dios manifestarse verdaderamente por primera vez en la tierra. En eso consiste una verdadera era espiritual. Una era espiritual es el resultado de la manifestación de la Voluntad de Dios en la Tierra.

¿Dónde tienen lugar esos festivales? (17/5/77)

En los valles secretos de la Jerarquía; pero aún hoy la humanidad está llegando al conocimiento de los rituales de la nueva religión mundial.

Por todo el mundo hay grupos que se reúnen durante la luna llena – especialmente durante los tres Grandes Festivales, aunque también en los restantes nueve festivales menores – para sintonizar las energías que están únicamente disponibles en ese tiempo. En cada plenilunio hay una especial energía que condiciona todas las demás energías que en ese entonces normalmente fluyen. Ante todo, en los tres festivales espirituales, ciertas grandes energías divinas se hacen asequibles: las energías de Luz, de Amor y de Voluntad. Hoy los grupos aprenden, a través de la invocación y la meditación, a sintonizar, a anclar en la tierra y transmitir las energías que fluyen de otras galaxias y del zodíaco, las que están disponibles en esos tiempos específicos. En muchas partes del mundo hay tales grupos que aprenden los rudimentos, como quien dice, de la estructura de la nueva religión mundial, que será una religión muy científica, basada en la ciencia de la invocación, en la ciencia de ese proceso que llamamos Iniciación, y que se caracterizará por ser muy inclusiva. Será una religión global.

El Cristo unirá en la nueva religión mundial los dos sistemas de Oriente y Occidente, que hoy están separados. Aparentemente son contradictorios, pero en realidad son complementarios. Es decir, el acercamiento a Dios como trascendente, por encima y fuera de Su creación, y el acercamiento a Dios como inmanente en toda la naturaleza, en el hombre y en todo Ser.

De esa manera nos daremos cuenta de que no hay nadie, ninguna persona ni cosa, a través de la cual Dios no se manifieste en determinado nivel. De ahí el *hecho* de la hermandad. La hermandad es un *hecho* en la naturaleza. Todos somos parte de Una Vida. Todos somos hijos de Dios, cada uno de nosotros. Tenemos que manifestar esto. Lo sabemos. Teóricamente aceptamos esto – le rendimos homenaje de boca – pero en realidad no lo manifestamos. No actuamos como si todos los hombres fuésemos hermanos.

En el presente, 450 millones de nuestros hermanos mueren de hambre en un mundo de abundancia, en un mundo donde existe un exceso de alimentos. Es lo opuesto a la verdad de la hermandad. Si estuviésemos manifestando la verdadera hermandad de la humanidad, la verdadera divinidad en la humanidad, entonces no tendríamos esta blasfemia.

Festival de Wesak

¿Qué es lo que pasa en el valle de Wesak? (8/10/76)

Wesak es el nombre del Festival, el Festival del Buddha, el cual la Jerarquía celebra en un valle de los Himalayas. Se celebra también en todo el mundo oriental, exotéricamente, en mayo.

¿Qué es lo que generalmente pasa en ese valle?

En este momento, no sé en realidad; pero en el Festival de Wesak puedo decirle sucintamente lo que ocurre: todos los miembros de la Jerarquía se reúnen – tanto en el cuerpo físico como fuera del físico – en este valle. El Cristo y los Líderes de los otros dos grandes Departamentos – el Departamento del Manú y el Departamento del Señor de la Civilización – estos tres Grandes Señores se colocan en formación triangular frente a una enorme piedra plana sobre la cual descansa un gran recipiente de cristal lleno de agua pura. Cuando la luna se asoma por el horizonte, en el momento de la luna llena de Tauro, viene el Buddha. Gautama Buddha viene de Shamballa y ronda alrededor de la piedra, del recipiente de cristal, y Le transmite al Cristo la energía llamada Fuerza de Shamballa – el gran Primer Rayo de Voluntad o Poder. Él la transmitirá al Cristo cada año, en acrecentadora potencia, hasta el año 2.000. El Cristo la hace circular por los Tres Señores (Él mismo, el Manú y el Señor de la Civilización), la Jerarquía la sujeta y entonces la libera gradualmente en el mundo hasta el plenilunio de Libra, cuando es retirada hasta el próximo Wesak. Le gente de la comarca va allá, los tibetanos y los peregrinos del norte de la India, y se juntan en un extremo del valle mientras esta gran ceremonia tiene lugar. Entonces el agua del recipiente de cristal, bendecida por la presencia del Buddha, se reparte entre todos los participantes. Es un evento esotérico hondamente significativo.

¿Por qué los festivales se celebran durante la luna llena? (24/5/77)

Porque para el tiempo del plenilunio las energías son más asequibles. Hay abierto un conducto energético que las hace más potentes y asequibles – no es cuestión de que las energías sean potentes sólo en esos momentos, pero para la humanidad es el tiempo de mayor asimilación. La humanidad se da cuenta que durante el plenilunio es más fácil sintonizarse, alinearse y asimilar estas energías.

El Maestro D.K. ha dicho que es como si una puerta se abriese entre el sol y la luna, lo cual hace posibles eventos de una naturaleza espiritual. La luna siempre está ahí, pero al volverse llena en relación a la tierra es cuando más abierto está este conducto, lo cual relaciona a la humanidad con la Jerarquía más fácilmente que en otros momentos. La luna es un planeta muerto – no tiene vida propia, ni luz propia, sólo luz reflejada. Pero de la luna mana una energía, mental y astral, que es la forma mental, construida y acumulada desde el tiempo en que la humanidad vivía en la luna y pobló la tierra desde ella. De entonces acá, la luna se ha extinguido, y mientras más pronto esté fuera de nuestro sistema, mejor. Es un esqueleto maléfico desde el punto de vista ocultista.

Sudario de Turín

¿Podría usted decirnos algo acerca del sudario de Turín y si es auténtico o no? (28/3/78)

Personalmente, yo creo que es absolutamente auténtico, que es el sudario en el cual fue envuelto el cuerpo de Jesús después de la crucifixión. La imagen en él fue depositada intencionalmente y dejada ahí para que generaciones futuras creyesen en la realidad de la resurrección, pues de eso trata en realidad la historia del evangelio. El relato del evangelio no es sobre la crucifixión. Es sobre la resurrección.

Es muy interesante que la mayor prueba de autenticidad del sudario, la cual se acaba de demostrar recientemente por medios científicos, haya ocurrido unos cuantos meses después de que el Cristo viniera al mundo. Esta es una de las señales. El Cristo dijo en el Mensaje Nº 10: "Vengo para deciros que vais a verme muy pronto, cada uno a su manera. Aquellos que Me buscan con los atributos de Mi Amado Discípulo, el Maestro Jesús, encontrarán en Mí Sus cualidades. Aquellos que Me buscan como un Instructor, están más cerca de la realidad, porque eso es lo que soy. Aquellos que buscan señales las encontrarán, pero Mi método de manifestación es más sencillo." La venida del Cristo el año pasado no depende de señales, como el Sudario y otras diversas señales, pero ellas son parte de los signos que le están mostrando a la humanidad que algo muy extraordinario está ocurriendo en este tiempo, restaurando no sólo la fe de los cristianos, sino la esperanza de la humanidad.

La esperanza de la humanidad es la esperanza de la resurrección, fundamentalmente; y la historia del evangelio es realmente la nueva representación de una historia que se le ha representado a la humanidad una y otra vez, a través de las épocas – la historia de la Iniciación.

El Nacimiento en Belén simboliza la Primera Iniciación. El Bautismo en el Jordán representa la Segunda Iniciación. La Transfiguración en el Monte es el símbolo de la Tercera Iniciación, y la Crucifixión representa la Cuarta. La Quinta Iniciación, la Resurrección, es el nombre dado a la Iniciación que convierte a un hombre en un Maestro, y la Ascensión es la Iniciación que lleva al Maestro resucitado a una etapa aún más elevada. El Cristo ha vivido por miles de años en un cuerpo resucitado y ha sido un Maestro Ascendido durante dos mil años.

La Crucifixión fue la manifestación externa de una vivencia interna de la Iniciación del Gran Renunciamiento o Crucifixión del Discípulo Jesús. A la misma vez, fue también la manifestación externa de la Iniciación de la Ascensión del Cristo. Después de la Resurrección, Él se les apareció una vez más a sus discípulos en Galilea. A Tomás se le pidió que pusiera la mano en Su costado y viese que Él era sólido y físico. Él podía aparecer y desaparecer a voluntad. Todo eso era una ilustración del cuerpo resucitado, del cuerpo de Luz.

Lo interesante acerca del sudario, desde mi punto de vista, es cómo fue hecha la imagen. El Cristo resucitó el cuerpo del Discípulo Jesús. Cuando el cuerpo fue colocado en la tumba, el Cristo, Maitreya, entró en la tercera mañana. Su conciencia una vez más entró en el cuerpo del Discípulo Jesús y lo devolvió a la vida – como antes había hecho con Lázaro, sólo que eso no fue Resurrección. Lázaro fue simplemente devuelto a la vida. Esto sucede, no digo frecuentemente, pero ha sucedido bastante a menudo desde entonces, y aun antes. Pero la Resurrección es una cosa técnicamente muy especial. Es un gran hecho oculto.

Lo que el Cristo hizo fue no sólo devolver de nuevo el cuerpo a la vida, sino también darle la Resurrección. Sacudió, por así decirlo, por la emanación de tremenda energía espiritual dentro del cuerpo entonces muerto de Jesús, las partículas atómicas de materia, las reconstituyó y puso en ese cuerpo materia de una tasa vibracional sub-atómica, es decir, materia que es, literalmente, luz. El efecto de eso sobre el cuerpo fue de una intensa radiación y fue esa radiación lo que produjo lo que se llama efecto de ionización de la imagen sobre el sudario.

Existe un proceso en fotografía llamado ionización. Cuando un fotógrafo desea transferir una imagen negativa a una positiva, o viceversa, toma la placa y la pone bajo una frecuencia muy alta, generalmente rayos X.

El efecto de este bombardeo de muy alta frecuencia es ionizar la placa, de manera que cuando se revela, uno obtiene lo opuesto de lo que esperaba hallar. Lo que debería ser claro se vuelve oscuro y lo que debería ser oscuro se vuelve claro. La alta emanación espiritual del Cristo dentro del cuerpo del Discípulo Jesús causó el efecto de ionización y produjo el negativo en el sudario – y de esta manera aparece chamuscado, como quien dice, en el sudario, pero sólo en la superficie.

Es exacto, de una manera que ninguna fotografía podría serlo, y apareció, bien sea que el sudario hubiese tocado el cuerpo o no. Fue una ionización de todos los aspectos del cuerpo, con las heridas y la sangre y todo.

De modo que uno obtiene un facsímil exacto que los científicos espaciales en los Estados Unidos han podido reproducir como una imagen tridimensional en la computadora. Obedece exactamente las leyes tridimensionales, y su aparición a la luz pública ahora, de esta manera científica exacta, es una de las señales de que el Cristo está en el mundo, aunque Su advenimiento al mundo no depende de esa señal.

¿Tiene usted algo que decir acerca del Santo Padre en Roma? (5/7/77)

El Maestro Jesús se hará cargo del trono de San Pedro en Roma y la verdadera sucesión apostólica comenzará. Este evento es ahora inminente, siguiendo a la Declaración del Cristo. Bien podría ser que el presente Papa sea el último.

Nota del autor, Febrero 2006: La defunción del Papa Pablo VI y la repentina muerte del papa Juan Pablo I después de un mes como Pontífice, y la defunción del Papa Juan Pablo II en 2005, significa que el actual Papa, Benedicto XVI, quizás podría ser el último el linaje de Papas.

QUÉ PODEMOS HACER AHORA

¿Qué debo hacer ahora, cuando sé que el Cristo va a estar entre nosotros? ¿Espero a que Él haga perfectas las cosas, o hay algo que yo pueda comenzar a hacer? (15/7/76)

Los Maestros no harán perfectas todas las cosas. El Cristo no hará perfectas todas las cosas. Usted puede hacer lo que todo el mundo puede hacer – es decir, use su intuición espiritual de modo tal que encuentre los mejores medios de servicio – de acuerdo a sus capacidades, su grado de evolución, sus gustos, su personalidad, su temperamento, etc. Búsquese un campo de servicio, el cual será puesto al servicio del Cristo o la Jerarquía, y trabaje de esa manera. Puede ser la transmisión de energías, o dar testimonio, si desea, afirmando el hecho del Cristo. Aquéllos que creen lo que yo digo deberían, de ahora en adelante, afirmar el *hecho* del Cristo, del Instructor del Mundo, deben afirmar el *hecho* de la Jerarquía y el *hecho* de la reaparición inminente en el mundo del Cristo y de la Jerarquía. Si lo creemos, eso es lo que debemos hacer, pues hay un horario muy ajustado involucrado en este trabajo de preparación. El tiempo que hay entre este momento y el tiempo de la Reaparición del Cristo es en verdad muy corto. Recientemente, esto se ha adelantado al punto de que el Cristo está virtualmente en el mundo – tan cercana está Su reaparición. Los primeros cinco Maestros vienen al mundo este año. Por supuesto, Ellos no se declararán, pero Su trabajo comenzará en los cinco Centros este año.

¿Qué puede usted hacer? Puede aprender la Gran Invocación, si es que todavía no la usa. Esto invoca tremendas energías hacia el mundo. Usted puede unirse a grupos, trabajar con grupos que mediten, sintonizar las energías, trabajar a manera de servicio en un campo determinado: humanitario, político, económico, o lo que sea. Todo depende de su trasfondo cultural y experiencia. Si usted desea servir, hallará una manera de hacerlo. Eso es inevitable. A mí me es difícil decirle exactamente qué hacer porque no lo conozco, no sé cuál es la línea de menor resistencia para usted; pero si desea servir, será utilizado. Donde haya un deseo genuino, altruista, de aspiración, de servir a la humanidad, no le quepa duda de que la Jerarquía lo sabrá y Ellos lo utilizarán. Ellos están buscando, y utilizando, a todos los místicos *prácticos* del mundo. El énfasis está en la palabra *práctico*. Se necesitan místicos prácticos de cualquier tradición y origen. Los Maestros trabajan con Sus discípulos en todos los campos: políticos, económicos, religiosos, educativos, científicos, ocultistas, sociales o culturales. En todas esas áreas, los Maestros tienen a Sus discípulos y trabajan a través de ellos. Buscan al hombre de aspiración y buena voluntad para servir al Plan.

La buena voluntad es una energía dinámica. La energía que llamamos buena voluntad es uno de los factores más potentes para cambiar las condiciones mundiales. Es el aspecto máximo de la energía llamada amor que el hombre, generalmente, es capaz de expresar. Cuando se vuelve dinámica por el primer aspecto, el aspecto Voluntad, la Voluntad para el bien, se convierte en una tremenda energía dinámica, y está cambiando ahora al mundo. Es la buena voluntad de hombres y mujeres comunes en todas partes lo que cambiará al mundo. Ellos guiarán a sus líderes hacia la nueva era. Véanse a ustedes mismos como una dinámica unidad de buena voluntad en el mundo. Trabajen con los demás. Únanse a grupos y cooperen con otros en esas áreas. *El mundo nuevo debe ser edificado por el hombre mismo.* Tomen parte en la labor de transformar al mundo.

Usted recomienda que si creemos en lo que dice debemos hacer algo en cuanto a ello. ¿Puede dar alguna otra indicación además de tratar de vivir de la manera correcta? (4/4/78)

Eso es difícil, porque cada uno tiene que hacerlo a su propia manera y desde su propio nivel de creencia. Si usted está absolutamente seguro de que el Cristo está en el mundo, como lo estoy yo, entonces sabrá qué hacer – realmente sabrá qué hacer – y moverá cielo y tierra para hacerlo. Si usted piensa que es una posibilidad muy probable, pero no está absolutamente convencido, entonces hágalo saber a ese nivel. Si usted cree que es una posibilidad que el Cristo esté en el mundo, hágalo saber a ese nivel. Cualquiera que sea el nivel en que usted pueda aceptarlo, así estará proporcionalmente inspirado a trabajar. Si realmente lo cree, dígale entonces a todo el que vea, a todo el que quiera escuchar, que usted cree que el Cristo está en el mundo – que Maitreya está en el mundo. Depende con quien hable. Si habla con judíos, Lo llamará el Mesías; si habla con cristianos, Lo llamará el Cristo. Con hindúes, Lo llamará el Bodhisatva; con budistas, el Señor Maitreya; con musulmanes, el Imán Mahdi.

Exprésalo en el estilo, con el ropaje, que la persona pueda entender, y hágalo tan sencillamente como sea posible. Mencione sólo que usted lo cree. Obviamente, no puede probarlo. Pero si lo cree, divúlguelo. Mientras más personas haya que lo crean y divulguen, más personas habrá inspiradas por la esperanza que eso engendra, porque eso eleva la *esperanza* de la humanidad.

La humanidad tiene hoy tanto temor, está tan desesperada. Hasta hace poco, no había esperanza. Creo que antes del viaje del presidente Sadat a Jerusalén no había esperanza en el mundo. Pero desde esa iniciativa, la cual fue directamente inspirada por el Cristo y fue Su primer movimiento político después de julio (de 1977), cuando Él llegó, el mundo ha cambiado. Hay una atmósfera diferente en el mundo. En Rodesia, cosas extraordinarias han ocurrido. Eso no iba a suceder antes de veinte años. No iba a ocurrir durante la vida de Ian Smith. Ahora éste toma su lugar en un gobierno negro. Una distensión ocurre en el mundo entre Oriente y Occidente – una distensión consciente y deliberada. Obviamente, aún se van a mostrar el cañón de la pistola – para estar mutuamente advertidos de que aún están ahí, de que son fuertes; pero fundamentalmente, han aceptado la distensión. Esto es nuevo, enteramente nuevo. Hay una nueva y creciente esperanza en el mundo, pero saber que el Cristo está en el mundo elevará y sostendrá esa esperanza de la humanidad, como no lo podría hacer ninguna otra cosa.

No hay nada mejor que decir: "Yo lo creo". ¡Grítenlo desde los tejados! Escriban a los periódicos y digan que ustedes creen esto; escríbanles a quienes ustedes quieran y digan que lo creen. Divulgar sus Mensajes y darlos a conocer por todo el mundo es la mejor manera de hacer esto. Para eso es que se dan, para proclamar el hecho de que Él ha regresado y dar un bosquejo de Sus Enseñanzas. Envíenlos a amigos y contactos por dondequiera y pídanles que hagan lo mismo. De esta manera se crea una atmósfera de esperanza y expectativa en la que el Cristo puede emerger y enseñar más rápidamente.

¿Acaso no tiene usted que cuidarse de no ser definido como chiflado y destruir así el mensaje? (4/4/78)

Muy pronto los chiflados se convertirán en héroes. Yo he estado hablando públicamente durante los últimos tres años y he hecho lo mejor por no parecer un chiflado. He tratado de ser razonable, racional, y creo que sigo siéndolo, pero inevitablemente algunas personas interpretarán como locura lo que digo. Pero ésas son las gentes que cuando vean al Cristo van a decir: "Ese no es el Cristo: ¿dónde está su larga túnica, dónde están las llagas en Sus manos?" Pero donde haya gente de mente abierta, entonces digan: "Yo lo creo, yo lo creo". Afirmen Su Presencia. Envíen *Los Mensajes del Cristo* a todos sus amigos y conocidos. Hagan conocer estas Enseñanzas preliminares y preparen el camino para Él.

EL ANTI-CRISTO: LAS FUERZAS DEL MAL

Se habla mucho acerca del Anti-Cristo. ¿Puede decir algo al respecto? (26/4/77)

Existe algo que es el Anti-Cristo, pero hay un concepto erróneo en cuanto a lo que es el Anti-Cristo. Fundamentalmente, el Anti-Cristo es el Primer aspecto, aspecto Voluntad, de Dios, en su forma destructiva. Es aquello que destruye para preparar el camino para el aspecto constructivo, que es el aspecto Crístico. Es aquello que derriba y destruye lo viejo para preparar las nuevas formas para la energía entrante, la energía constructiva, de manera que el aspecto Crístico pueda manifestarse. Eso es lo que está pasando ahora. Esta fuerza de Anti-Cristo ha trabajado durante la guerra de 1914 a 1945 (desde el punto de vista de la Jerarquía, ésa fue una sola guerra). Esa guerra fue precipitada en el plano físico desde los planos astrales, donde había estado ocurriendo desde la época atlante, entre las Fuerzas de la Luz y las Fuerzas de las Tinieblas, las fuerzas evolutivas y las fuerzas involutivas, las fuerzas de la Jerarquía y las fuerzas materialistas del planeta. La guerra entre ellas en la Atlántida hizo que la Jerarquía (la cual hasta entonces había trabajado abierta y exteriormente en el mundo en calidad de reyes-sacerdotes y seres divinos que le dieron al hombre la civilización atlante) se volviese oculta, esotérica, trabajando sólo desde los planos mentales superiores. Con la derrota de los poderes del Eje en la guerra del 1939 al 1945, las Fuerzas del Mal del planeta (el mal de **toda** la humanidad, no simplemente de los poderes del Eje) fueron derrotadas. Ciertos líderes en la Alemania Nazi, en el Japón y, en menor grado, en Italia, enfocaron en sí mismos la energía que llamamos el Anti-Cristo; pero es una energía, no es un ser, no es un individuo. Está preparando el camino. Es la fuerza destructiva de Dios mismo, la cual prepara el camino para el Cristo.

Cuando la fuerza involutiva se desborda al arco evolutivo (en el que estamos nosotros), se nos parece como mal. Ella tiene su función, la de sostener el aspecto materia del planeta; pero una materialidad demasiado gruesa no permite que el planeta avance en el sendero evolutivo. Las Fuerzas del Mal han sido derrotadas. No están destruidas, pero están derrotadas. Hay una estrofa en la Gran Invocación que dice: "Y selle la puerta donde se halla el mal". Eso se refiere a las energías selladoras (que transmitimos anteriormente en la reunión). Su función es la de sellar, encerrar esas fuerzas en su propio dominio (donde sostienen el aspecto materia), elevando a la humanidad por encima del nivel donde ella pueda ser influenciada, de manera que podamos espiritualizar la materia, siendo éste realmente nuestro fin.

¿Quiere usted decir que el mal dejará de existir? (27/1/76)

No, no estoy diciendo que el mal dejará de existir; todavía no, al menos. Las Fuerzas del Mal en el planeta han sido derrotadas. La derrota de los poderes del Eje en la gran guerra de 1939 a 1945 representó la derrota en el plano físico de las Fuerzas del Mal. Ellas no están completamente destruidas, pero están derrotadas. Desde 1966, el poderío energético de las Fuerzas de la Luz ha sido mayor que el de las Fuerzas de las Tinieblas. Las Fuerzas de las Tinieblas siempre han tenido ventaja sobre la Jerarquía, la cual representa las Fuerzas de la Luz, porque trabajan en el plano físico; mientras que la Jerarquía, desde la época atlante, cuando se hizo oculta, trabaja en los planos de la conciencia, en los planos mentales superiores. De manera que Sus manos han estado algo atadas en relación a la vida del hombre en el plano físico. Pero desde 1966, se ha logrado un equilibrio y las Fuerzas de la Luz son ahora más potentes en el mundo.

Los Maestros pueden venir ahora al mundo y trabajar con la humanidad en el plano físico y añadir Su poder al poder existente de los discípulos y hombres de buena voluntad. Las Fuerzas del Mal pueden encerrarse ahora en su propio dominio, el de sostener el aspecto materia del planeta. El verdadero Armagedón, la batalla final entre esas dos fuerzas, se librará en los niveles mentales a mediados de la Era de Capricornio.

¿Las Fuerzas del Mal son parte de Dios? (5/3/76)

Sí, por supuesto. Las Fuerzas del Mal son parte de Dios. No están separadas de Dios. Todo es Dios. De hecho, no hay nada que no sea Dios. Las Fuerzas del Mal en este planeta reciben su energía del plano astral cósmico. Fundamentalmente, son las fuerzas de materialidad, las fuerzas de la materia. Son parte del proceso involutivo de la Deidad, involucrándose Ella misma en la materia y produciendo los pares de opuestos, el Espíritu por un lado y la Materia por el otro.

¿Por qué las Fuerzas de las Tinieblas tratan de detener la Iniciación de la Humanidad? ¿Infiere usted que las Fuerzas de las Tinieblas son el yo animal del hombre? (5/3/76)

No. Las Fuerzas de las Tinieblas, las Fuerzas del Mal – lo que llamamos el mal, la fuerza involutiva del planeta – tienen su función, la de sostener el aspecto materia, del planeta. Pero un desbordamiento de eso – una enorme materialidad – es adverso al progreso espiritual de la raza. La humanidad se halla en el arco evolutivo. Se está alejando de la materia, y un desbordamiento demasiado grande de este mal en el arco evolutivo podría destruir este planeta. De hecho, sin la ayuda de ciertas grandes energías, de grandes Entidades, Quienes han sido invocadas al mundo por el mismo Señor de Shamballa, ya el planeta habría perecido, debido a la acción de las Fuerzas del Mal, cuyo propósito es destruir. Ellas trabajan en contra del plan evolutivo porque éste sella su destino.

Ah, ¿entonces usted les da una actividad separada?

En efecto. Son entidades sumamente conscientes. Tan conscientes y activas en su línea, como los Maestros de la Sabiduría lo son en la Suya.

¿Y no obstante no están separadas de Dios?

Y no obstante, no están separadas de Dios. Por supuesto que no. Pero Dios involucrado en materia. La fuerza involutiva, Dios en Su aspecto involutivo.

¿Cuál es el papel de Satanás, y el del Juicio Final? (26/4/79)

Bien, sólo puedo hablar desde mi propia perspectiva. Satanás y el Juicio Final yacen en cada persona; cada uno es su propio Satanás, cada uno es su propio juez. Cada acción, cada pensamiento, pone en movimiento causas, cuyos efectos hacen que la vida de uno sea para bien o para mal. Esa es la gran Ley de Causa y Efecto, cuya función el Cristo demostrará una vez más. Él dijo antes: "Lo que sembrares, eso también segarás". Una vez más Él demostrará que esta ley está por completo ligada a la totalidad de nuestra existencia.

¿Se refiere usted tal vez a la reencarnación?

Sí, ésa es la Ley del Renacimiento, que llamamos reencarnación. Es por la Ley de Causa y Efecto que reencarnamos una y otra vez como almas, manifestándonos en el plano físico a través de la personalidad. El hecho de que creamos en este plano ciertos efectos, de que ponemos en movimiento ciertas causas, nos ata a este plano y nos atrae repetidamente, hasta que esas causas y efectos se resuelvan. De esta manera se lleva a cabo la totalidad de nuestra vida evolutiva, hasta que, gradualmente, debido a la experiencia de este sendero evolutivo, nos perfeccionamos, revelando más y más nuestra naturaleza divina.

Cada vez que morimos vemos nuestro ser superior, nuestro Ser verdadero. Nos encaramos con nuestra alma; vemos nuestra vida tal como ha sido; vemos los propósitos que tuvo nuestra alma al encarnar. Siempre encarnamos con tres propósitos principales, y manifestarlos es la meta de nuestra alma. Los vemos y podemos medir hasta qué punto hemos en verdad realizado esos propósitos. Este es realmente el verdadero juicio. Esto sucede en vida tras vida hasta que nos perfeccionamos y no necesitamos encarnar más en este planeta. Somos entonces Maestros.

El Juicio Final llegará al final del séptimo y último ciclo o ronda de la Tierra, cuando toda la humanidad, excepto un remanente de ella, haya logrado convertirse en Maestros perfectos.

¿CÓMO SABE ESTO?

Si es tan importante que esta información se divulgue, ¿por qué no se le ha dado a otra persona más prominente, con todo el respeto que usted merece? (7/3/78)

Hay buena razón para darle esta información a alguien realmente bastante desconocido en el mundo. Es muy importante que no se infrinja el libre albedrío de la humanidad. Si se diese al presidente Carter o al duque de Edimburgo, o a la reina, o a alguien muy conocido y con muchos seguidores, y si ellos dijesen que el Cristo está en el mundo, millones de personas lo creerían porque ellos lo dijeron – porque Jimmy Carter lo dijo o el duque de Edimburgo lo dijo. Eso podría interpretarse como violación del libre albedrío de la humanidad. Si lo digo yo, no tengo otra autoridad sino la de mi convicción. Mi contacto con la Jerarquía es mi propia autoridad personal, pero eso no significa nada para ustedes, ¿comprenden? No es más que una persona desconocida hablándoles a grupos y al público, haciendo ciertas afirmaciones acerca de la reaparición del Cristo. Usted puede aceptar esta información o rechazarla. Usted la escucha, la considera y si le parece correcta, la acepta; si no le parece correcta, la rechaza. No ha habido violación de su libre albedrío. Está usted en plena libertad para aceptar o rechazar esto. Pero si alguien muy conocido, como el duque de Edimburgo, o el presidente Carter, o el papa, dijesen que el Cristo está en el mundo – bueno. Si el papa lo dijese, entonces cada católico en el mundo lo creería y el peso de la autoridad impediría el ejercicio de su libre albedrío.

Tiene que ser su propia respuesta intuitiva a lo que uno está diciendo. Usted tiene que conocer y tiene que reconocer al Cristo por lo que Él es; no porque el presidente Carter, el Papa, o el que fuere, digan que Él está en el mundo, sino porque usted tiene en sí las cualidades que ese hombre dice que el mundo necesita. Él dirá que tenemos que compartir, que tenemos que cooperar; la humanidad tiene que ser libre; debemos tener justicia en el mundo; debemos alimentar a los millones que padecen hambre; nuestros hermanos se están muriendo a millones y nosotros no hacemos nada. Eso es lo que el Cristo dirá. Y usted tiene que decir: "ése es mi hombre," bien sea que reconozca que Él es el Cristo o no. Porque la conciencia crística está operando a través de usted. Usted debe *querer* lo que Él está predicando. Tiene que ser así. Tiene que ser la propia respuesta del hombre, desde su propio libre albedrío.

¿Usted no es la reencarnación de San Juan Bautista, por casualidad? (17/2/77)

Yo no soy la reencarnación de San Juan Bautista.

¿Cómo sabe usted que no lo es?

Yo lo sé, créame. San Juan Bautista hace tiempo que es un Maestro, y de hecho ya no está más en la Tierra.

¿De dónde ha sacado su información? (30/8/77)

Proviene de un Miembro Mayor de la Jerarquía. Uno de ese Grupo que rodea al Cristo.

La técnica de la cual usted ha hablado – la de recibir la comunicación del Cristo – suena mucho a que usted tiene una antena eléctrica encima de la cabeza y que, sintonizando a un nivel, se comunica con su Maestro, pero aún más arriba se sintoniza con el Cristo. Ahora bien, ¿está usted virtualmente en perfecta comunicación con su Maestro todo el tiempo? (4/10/77)

Sí, todo el tiempo. Él me ha entrenado y preparado de cierta manera para este trabajo, que requiere un contacto de momento a momento con Él y, en los últimos años, esta clase de comunicación proveniente del Cristo, en preparación a estas transmisiones públicas de Sus Mensajes.

¿Alguno de los miembros de la Jerarquía de Maestros habla a veces al hombre a través de los médiums en trance? (23/6/77)

Muy, muy raramente. Es uno de los medios por los cuales Ellos prefieren no trabajar. En unos cuantos casos, en efecto, lo han hecho. Uno de los más famosos y maravillosos es el de un hombre llamado "el Niño". Los que hayan leído el libro de Swami Omananda, "El Niño y los Hermanos", sabrán a quién me refiero. Él era un niño de los barrios bajos del este de Londres, un gran Iniciado, precisamente del cuarto grado, y en su última encarnación anterior a la Liberación. Sufrió mucho. Era un "cascarón" vacío, sencillamente una personalidad hueca, de la cual se hicieron cargo los Maestros.

Normalmente, Ellos no usan ese método. Ellos usan la telepatía, la clarividencia superior, por medio del alma. Fue de esa manera que H. P. Blavatsky recibió "La Doctrina Secreta" del Maestro D. K.; de esta manera recibió Alice Bailey las Enseñanzas de D. K.; también de esta manera recibió Helena Roerich las Enseñanzas de Agni Yoga. Ese es el modo normal. Hay individuos que usan ocasionalmente un tipo de trance superior. En casos muy especiales. El psiquismo inferior habitual nunca es usado por los Maestros. Es usado por entidades en los planos internos por supuesto, en algún nivel de los planos astral o mental, pero no por los Maestros en Sí. Es sólo en los planos mentales superiores que uno puede ponerse en contacto con los Maestros. Ellos sólo trabajan desde el mental superior, no desde el nivel astral.

¿Tiene este grupo un papel especial a desempeñar individualmente? (22/3/78)

Este grupo está formado para desempeñar una función especial, la de preparar el camino para el Cristo. Para preparar el camino en este país y, a través de este país, en lo que podamos, en el resto del mundo. Se forma específicamente para ese propósito. Tiene otros propósitos, pero ése es su papel inmediato.

Nosotros actuamos, también, como un puente entre la Jerarquía y el mundo – transmitiendo la energía de la Jerarquía y dando información que proviene de ella. La última información acerca del regreso del Cristo fue dada hasta 1949 por Alice A. Bailey – a través de las Enseñanzas de Alice Bailey. Estas las recibió del Maestro D. K.

Ahora el desenvolvimiento del Plan y el hecho de la Presencia de Cristo en el mundo es información que mi propio Maestro me ha dado y por supuesto, desde el 6 de Septiembre de 1977, públicamente, por Maitreya mismo, a través de Sus Mensajes.

Me pregunto, cuando usted está adumbrado por el Cristo: ¿está Él tal vez sentado en el lugar donde se encuentra en el mundo, enviándole ahora el mensaje a usted? (28/3/78)

Él está donde está, en un país muy conocido, y parte de Su conciencia – no puedo decirle cuánto – probablemente una pequeña, minúscula parte de Su constitución mental y emocional – porque no es solamente un adumbramiento mental, sino también astral – viene como una luz, desciende como una luz.

Algunos de ustedes pueden haberla visto, si son clarividentes. Desciende sobre mí y baja hasta el plexo solar y se forma una especie de cono, como eso, de luz. Hay una emanación emocional también. El adumbramiento mental produce la relación, para que yo pueda escuchar interiormente las palabras. El adumbramiento astral permite que el llamado Verdadero Espíritu de Cristo, la energía del Cristo Cósmico, fluya hacia el público, y a través del público hacia el mundo. De modo que están pasando dos cosas.

Por supuesto, Él permanece donde está. Parte de Su conciencia está aquí y cuando Él dice: "Estoy con vosotros una vez más", lo da a entender literalmente. Yo estoy consciente de Su Presencia, puedo sentir parte de Su mente en mi mente. Es difícil de describir, pero está ahí.

¿Puede darnos una idea de cuántos centros hay en el mundo donde se estén dando conferencias y mensajes como éstos? (22/3/78)

En estos momentos, ninguno. Este es el único donde el Cristo está dando mensajes como éstos en público. Según entiendo, en cada uno de los cinco Centros (Londres, Nueva York, Tokio, Darjeeling y Ginebra) hay alguien como yo dando información acerca del retorno del Cristo – de diferentes maneras. No necesariamente como la he dado esta noche, no necesariamente de modo esotérico. Podría ser dada envuelta en una enseñanza más tradicional, más ortodoxa. Y, hasta el presente, no públicamente. Se me ha dicho que sólo funciona a medias un Centro, así que somos sólo cuatro y medio.

¿Hay algunas razones para no llevar a cabo esta actividad en otros grandes centros como París o Nueva York? (22/3/78)

Bueno, debía de manifestarse en los cinco Centros. Entiendo que los demás centros no son tan activos, no están tan organizados como lo estamos felizmente aquí. No sé por qué eso es así. Sucede que nosotros somos algo (creo que bastante) mejor organizados, más expresivos, más públicos acerca de esta información que los otros centros, en donde la información se da privadamente, de palabra, no en reuniones públicas como ésta.

No obstante, esta información está llegando a la gente por todo el mundo ahora. Desde Julio del año pasado muchos me han escrito y llamado por teléfono diciendo: "Creo lo que usted dice porque en mi meditación he recibido alguna clase de visión". Hay cierta clase de convicción interna o corazonada que los hace creer que, en efecto, el Cristo está ahora en el mundo. También sé que esta información que he estado dando se ha enfocado muy poderosamente como forma mental en los diversos niveles astrales y mentales, de manera que ahora darán razón de ella muchos médiums en el mundo.

DIOS

No hay razón para creer que el hombre está solo en el universo.

Por el contrario, hay toda clase de razones para creer que existe, detrás de todas las apariencias externas, una Conciencia a la cual damos el nombre de Dios. El testimonio de todos los sabios y Maestros, a través de las épocas, señala que eso es así.

Cualquier otra conclusión excluiría la experiencia de los hombres mejor dotados y conscientes que la raza ha producido, lo cual sería una estupidez, si es que uno valora a los hombres de más alto calibre.

Usted usa la palabra Dios con mucha frecuencia. ¿Podría dar su opinión de lo que quiere decir con Dios? ¿Puede definir a Dios? (28/3/78)

Muy curiosamente, no nos hacen esta pregunta a menudo; pero nos la hicieron la semana pasada, y entonces dije que ésa era probablemente la pregunta más difícil de contestar. ¿Quién soy yo para decir qué es Dios? Si acaso puedo decir algo acerca de Ello, diría que en un sentido no hay tal cosa que sea Dios, Dios no existe. Y en otro sentido, que no hay nada sino Dios – sólo Dios existe.

Para mí Dios es – hablo ahora de una manera intelectual, desde cuyo ángulo uno no puede conocer a Dios, pero ya que usted me ha pedido una definición (me ha pedido lo imposible, pero lo intentaré) Dios es la suma total de todas las leyes y de todas las energías gobernadas por esas leyes, que constituyen la totalidad del universo manifestado y no manifestado – todo lo que vemos, oímos y tocamos y todo lo que ni vemos ni oímos ni tocamos, dondequiera, en todo el cosmos. Todo fenómeno manifestado es parte de Dios. Y el espacio entre esos fenómenos manifestados es Dios. Así que en un sentido muy real, no hay ninguna otra cosa. Ustedes son Dios, yo soy Dios, este micrófono es Dios. Esta mesa es Dios. Todo es Dios. Y como todo es Dios, no hay Dios. Dios no es Alguien a quien ustedes pueden señalar y decir: "ése es Dios." Dios es todo lo que ustedes han conocido o pueden conocer, y todo más allá de vuestro nivel de conocimiento.

Ese Dios, no manifestado, no creado, desea conocerse a Sí mismo en todas Sus posibilidades, sus aspectos posibles y toma la encarnación – gradualmente se envuelve en ese polo opuesto de Sí mismo que llamamos materia. El espíritu y la materia son dos polos de la Realidad o Dios. Ambos son parte de la misma totalidad. Pero a medida que se separan más y más en polaridad – distancia entre sí – obtenemos los pares de opuestos. Obtenemos el bien y el mal, la noche y el día, el espíritu y la materia. Nos encerramos en el dilema de los pares de opuestos.

A través del proceso de meditación – que eventualmente nos lleva al conocimiento del aspecto alma de cada uno, el aspecto divino, uniéndonos a él – podemos resolver esos dos aparentes opuestos. En esa resolución nos mantenemos firmes entre los dos. Ahí es donde el Conocedor se mantiene firme – conociendo que no hay bien ni mal, conociendo que sólo hay Uno, sólo hay Dios. De modo que ustedes pueden venir a conocer a Dios de cierta manera, pero nadie puede hablar de Ello.

Dios no puede ser conocido desde el nivel en el que estoy hablando ahora. Es imposible. Dios puede comprenderse y sentirse, yo creo, como una vivencia, sólo de momento a momento, como *Aquello que ES cuando trascendemos nuestro pensamiento y permanecemos en ese estado de conciencia sin pensar en la totalidad, sin darnos cuenta del yo.*

Entonces podemos conocer a Dios. La mayoría de nosotros, en la etapa en que estamos, podemos conocerlo tal vez por una fracción de segundo o unos momentos, pero ese segundo o esos momentos le darán a uno el sentido de Su inmortalidad y su infinidad. Eso es todo lo que podemos decir después acerca de esa vivencia. No puede describirse. Tan pronto como se describe, lo que se está describiendo es un recuerdo, una vivencia que ya no es Dios. Es algo de lo cual no puede hablarse, sólo puede conocerse de momento a momento.

Ciertos individuos, el Cristo, por ejemplo, pueden mostrar cómo es Dios. Eso es lo que mostraron el Cristo en Palestina y el Buddha. Ellos mostraron cómo es Dios en ciertos aspectos. Solamente aspectos; aun el Cristo puede manifestar solamente aspectos. Él viene ahora a manifestar un aspecto aún más elevado que el aspecto Amor manifestado antes por Él. Es un aspecto más grande, un aspecto más inclusivo de Dios, que Él revelará a la humanidad. Esta es la Nueva Revelación.

Pero realmente todo viene de adentro. Esa idea de que Dios está, más o menos, "afuera" es absolutamente falsa, ¿no? (30/9/76)

Veremos que Dios está dentro, como usted dice – dentro de nosotros y a nuestro alrededor, y también dentro y alrededor de cada persona y cada cosa. A la vez, vamos a darnos cuenta de Dios como un *Principio* Trascendental, el Origen de todo Ser, manifestado en el mundo fenomenal y a la vez no creado, no manifestado, detrás de todo.

También llegaremos a comprender a Dios en el sentido planetario como a Sanat Kumara, el Señor del Mundo, en Shamballa, el reflejo de nuestro Logos Planetario o Deidad, y nos presentaremos ante Él en la Tercera Iniciación.

Si Dios fuese omnipresente, estaríamos en el cielo. ¿Por qué hay sufrimiento? (8/3/77)

Usted es un alma encarnada en el plano físico, a través de una personalidad, con un vehículo físico, uno emocional y uno mental. Todo eso constituye su personalidad, el reflejo en este plano de un gran dios, su propia alma, que es idéntica al Logos de este planeta, del Cual todos somos parte. La razón por la cual sufrimos, principalmente, es porque pensamos que estamos separados. Porque nos creemos y experimentamos como separados de Dios. Si pudiésemos, de momento a momento, como los Maestros de Sabiduría, como los más altos Iniciados, sentirnos como uno con todo lo que existe, Uno e idéntico, nos daríamos cuenta de que nosotros y Dios somos Uno. No sufriríamos más.

Si Dios es inmanente en toda la creación, Él está físicamente en nosotros. Lo que es físico es parte de Dios a cierto nivel. Lo que llamamos universo físico es Dios, manifestándose a cierto nivel, a este nivel de conciencia. Dios al nivel de conciencia del alma se manifiesta de una manera mucho más perfecta, y si tuviésemos una perfecta conciencia de alma, si tuviésemos una perfecta conciencia de Dios, nos daríamos cuenta de que nosotros y Dios somos Uno. No hay separación. Pero debido a que nos identificamos con la personalidad, con este cuerpo con su sufrimiento, sus esperanzas, sus temores, sus ambiciones, etc., debido a que nos identificamos con eso, sufrimos; porque ése es el nivel al que reducimos a Dios, por la identificación. *Es* una parte de Dios, porque no hay nada fuera de Dios.

Pero la parte no puede ver al Todo en su totalidad. Si podemos infundir de alma esa parte, esa personalidad del plano físico, nos convertimos en Iniciados, nos volvemos conscientes de Dios y Lo manifestamos en Su verdadero estado.

Este es el proceso de perfeccionamiento de la evolución, en el cual todos estamos comprometidos, el proceso que los Maestros de la Sabiduría han concluido. Ellos han llegado a ese punto; están totalmente identificados con Dios. Ellos conocen a Dios de momento a momento, porque con Ello se identifican. Ellos no sufren. Lo que yo les estoy sugiriendo esta noche es que Ellos son un ejemplo para nosotros, para que nosotros también alcancemos esa meta. Sufrimos ahora sólo porque nos identificamos con nuestro aspecto más bajo en lugar de identificarnos con nuestro aspecto más alto. Pero éste es un proceso evolutivo. No podemos hacerlo todo a la vez. Por eso es que la reencarnación, la doctrina del Renacimiento, es un hecho, por qué de día en día necesitamos pasar por experiencias, para venir gradualmente a ser infundidos de alma y perfeccionados.

¿La meta final de la total identificación con la Divinidad se logrará algún día, o estos ciclos continuarán eternamente? (27/1/76)

Se logra individualmente. Con el tiempo, cada hombre alcanzará esta identidad con la Divinidad. Lo que usted realmente está diciendo es: "¿cuál es el Plan final?" Bueno, el Plan final está en la Mente del Logos mismo, y hasta ahora sólo podemos percibir una pequeña parte de Él, esa parte revelada por los Indicadores del Plan, o sea, el Buddha y el Cristo, los grandes Maestros que nos han mostrado cuál es el Plan, cuál es la Voluntad de Dios para nosotros. Yo diría que finalmente este planeta tiene que perfeccionarse a Sí mismo, que el mal existe en él porque este planeta en Sí no es totalmente perfecto en cada aspecto de Su Ser, no está totalmente identificado con el Logos Solar, Quien en Sí no es perfecto.

Hay una jerarquía en todo el cosmos. Comparado a Sirio, por ejemplo, nuestro sistema solar es un novicio, un sistema muy poco evolucionado. Comparado a un planeta como Venus, este planeta está muy poco evolucionado. De igual manera, comparados a los Maestros, estamos muy poco desarrollados; pero comparados al hombre animal, estamos realmente muy avanzados. Millones de personas en este planeta están ahora en el umbral para dar un gran paso hacia el reino espiritual. Ello significa una enorme expansión de conciencia para la humanidad en total.

¿Así que entonces usted dice que la evolución del hombre puede contribuir a la evolución de este planeta? (27/1/76)

Oh, inevitablemente. Tiene que ser. Sí. Esa es su función.

Meta de nuestra Evolución

¿Cuál será la meta final de este planeta en su evolución? (27/1/76)

Algún día conoceremos a Dios. Conoceremos a Dios realmente cuando nos hayamos elevado, esotéricamente, a través del proceso de Iniciación, por la mediación del Cristo y los Maestros. Este planeta brillará como una joya en los cielos, y de él radiará una clase particular de energía, un rayo específico en su pureza. Este planeta, como todos los demás, está gobernado por un rayo particular, y absorbe e irradia energías. Pero necesariamente, por el momento, como no es perfecto, como aún no es un planeta sagrado, la luz emitida por él es débil. La potencia de rayo es relativamente baja. La cualidad del color es fragmentaria, impura. Algún día este planeta, por la acción del hombre, resplandecerá con la brillantez de un diamante. Esa es la meta final de este planeta, brillar en los cielos en su forma completamente pura, irradiar su rayo específico en su pureza total.

¿Hasta qué punto elige Dios hablarle a la humanidad directamente y hasta qué punto actúa Él a través de intermediarios como la Jerarquía que usted describe? (22/3/77)

Dios siempre trabaja a través de agentes. Siempre. Eso es verdadero para cada manifestación de Dios. Tan pronto como Dios encarna y se manifiesta a Sí mismo en cualquier nivel, trabaja a través de cualquier agente o intermediario. Él mismo es no está manifestado, y en cambio está inmanente en cada cosa manifestada. El Cristo es un agente. El Cristo no es Dios. Cuando digo "la venida de Cristo," no quiero decir la venida de Dios; quiero decir la venida de un hombre divino, un hombre que ha manifestado Su divinidad por el mismo proceso por el que estamos atravesando nosotros – el proceso de encarnación – gradualmente perfeccionándose, y por el proceso de Iniciación, gradualmente volviéndose más divino. La Iniciación permite al hombre entrar poco a poco dentro de la Mente de Dios. Se vuelve cada vez más consciente de la naturaleza de la Realidad y así cada vez más divino – muestra cada vez más esa divinidad. Los Maestros han logrado eso hasta el punto de ser lo que llamamos perfectos, pero es una perfección relativa. Para nosotros son perfectos porque han agotado las experiencias en este planeta. Pero ven grandes reinos más allá de Ellos, estados de Ser de los cuales no sabemos nada. El Cristo es el Maestro de todos los Maestros, pero no es Dios ni nunca afirmó serlo. Él es un Hijo de Dios, pero nosotros también lo somos. Mas Él lo sabe y lo manifiesta.

Para mí, Dios es la suma total de todo lo que existe en la totalidad del universo manifestado y no manifestado. Aquello no manifestado, cuando está en encarnación, manifestado, es el Christos, el Principio Crístico, el gran Principio Evolutivo. Esa energía – porque es una energía, no hay nada que no sea energía – no es un hombre, pero se manifiesta a través de los hombres. Maitreya, el Cristo, es la Personificación de ese Principio en nuestro planeta.

Dios sólo puede operar a través de agentes. El grado de Divinidad manifestado depende enteramente del estado del agente, de la cercanía del agente a la Mente Divina mediante la identificación. Ese es el origen de la Jerarquía.

¿Qué quiere decir usted con "Dios"? (23/3/77)

Hay tres soles – el sol físico exterior que vemos; el corazón interno del sol del cual emana esa energía que llamamos Amor. El Principio Crístico, la Conciencia Crística, emana del corazón del sol. Ese es el aspecto Hijo, de Dios. Después está el Sol Espiritual Central, Dios el Padre, en términos cristianos, del cual emana la más elevada Voluntad Espiritual. Estos tres unidos constituyen el Ser del Logos de nuestro sistema solar. Ello es Dios en términos de sistemas. Cuando hablé de Dios, Lo acerqué un poco y hablé de Dios en términos planetarios, porque este planeta actualmente es un vehículo de expresión de una Entidad Cósmica, un gran Hombre Celestial. Es un Centro en el cuerpo de Dios en nuestro sistema solar, tal como nuestro centro cardíaco es un centro en nuestro sistema orgánico. El Logos Planetario es un pequeño Dios dentro de un Dios mayor que es el Logos Solar – Quien a la vez es sólo un pequeño Dios en un sistema galáctico aún mayor, en Cuyo centro hay otro Dios mayor. Existe una Jerarquía. De ahí es de donde nace la Jerarquía. Hay una gradación de divinidad desde el más bajo cristal en el mundo mineral hasta el Dios Galáctico mismo y más allá de Él, acerca del Cual no podemos decir absolutamente nada. No es un hombre, sino una Gran Conciencia.

¿Podría decir algo acerca del Logos de este planeta y del Logos del Sistema Solar? (30/8/77)

El Logos de este planeta es un gran Ser celestial, un Hombre Celestial. Hace dieciocho millones y medio de años Él tomó encarnación física en este planeta, en los planos físicos etéricos (la materia etérica aún es física). En los dos subplanos más altos de estos planos hay un gran centro de energía llamado Shamballa, el Centro donde la voluntad de Dios es conocida. El Logos se refleja como un Ser en Shamballa, como el Señor del Mundo, el Anciano de Días, de la Biblia. Él tiene muchos nombres: Sanat Kumara, el Señor del Mundo, el Joven de Eternos Veranos, el Rey, el Único Iniciador, el Gran Sacrificio. Él se ha sacrificado – viene de Venus – por dieciocho millones y medio de años hasta el momento presente para permitir que el Plan del Logos funcione en este planeta de una manera más potente.

Sanat Kumara a la vez es y no es el Logos. Él es el equivalente energético, el reflejo, del Logos, pero no es la personalidad del Logos. El Logos no tiene aspecto de personalidad. Los Maestros tampoco tienen una personalidad, en el sentido que nosotros le damos a la palabra personalidad. Ellos son almas vivientes. Ellos sólo dan expresión al alma y a la naturaleza Monádica. Asimismo sucede con Sanat Kumara, sólo que en un nivel enteramente superior. Él es el reflejo del Logos en el plano físico, así que en realidad Él es el Logos. Pero el Logos mismo es un Ser Cósmico que encarna a este planeta, el cual constituye Su cuerpo de expresión. Todo en el planeta, en todo nivel, desde el nivel físico más denso hasta el nivel espiritual más elevado – todo eso – es la expresión del pensamiento en la mente de un gran Ser Cósmico. Él es nuestro Logos Planetario inmediato.

Él mismo es un centro en el cuerpo de expresión de un Ser Cósmico aún mayor, el Logos Solar, Quien a Su vez se halla en la misma relación con el Logos de Sirio como se halla nuestra personalidad en relación al alma. Nuestra personalidad es un reflejo de nuestra alma en su nivel. De igual manera, más en un nivel cósmico, este sistema solar es el reflejo de un Ser aún más grande, Quien encarna a Sirio. Así como nuestra alma, en su nivel, es el reflejo de un Ser mayor que llamamos Mónada o Espíritu, la Chispa Divina, asimismo Sirio es un reflejo. En realidad somos triples – espíritu, alma y personalidad. Igualmente los sistemas solares: hay un triángulo formado en el cielo entre nuestro sistema solar – como la expresión más baja, en el nivel más denso, y Sirio, en el nivel correspondiente al alma en el hombre, y la Osa Mayor, la cual corresponde a la Mónada o Espíritu, en el hombre. Ese es un gran triángulo cósmico, y las energías de los Siete Rayos son realmente la expresión de las Vidas de siete Grandes Seres que encarnan a siete estrellas en la Osa Mayor. Esa clase de formación se repite en todo el cosmos.

El Logos de este Sistema está en el Segundo Rayo de Amor y Sabiduría, de manera que en este Sistema Solar Dios es Amor. Todos los demás

Rayos se expresan como subrayos de este Rayo de Amor básico que Los sintetiza a todos.

La gran Ley de Causa y Efecto viene de Sirio, se genera por la energía cósmica de Sirio, de la Cual nuestro sistema solar es el reflejo.

Gracia

¿Cuál es el equivalente esotérico, o la definición, de lo que las iglesias cristianas llaman Gracia? (22/9/77)

En la tradición oriental, por supuesto, también hay Gracia. Está la Gracia del gurú – cuando el gurú da su bendición, ustedes obtienen Gracia. La Gracia es realmente la transmisión de energía. Cuando un gurú (un Maestro o un gurú, como usted lo llame) extiende la bendición a sus discípulos, él les transmite energía. Ellos viven en el resplandor de su amor, y eso es una energía – no solamente en su afecto, por así decirlo, sino en el verdadero resplandor y respuesta a la energía de su amor. Eso es la Gracia. Es precisamente la misma clase de Gracia en que piensan los cristianos cuando se refieren al estado de gracia. Es estar en un estado en el cual usted es puro de corazón y mente y por tanto puede recibir el amor del gurú, en este caso del Cristo; El Cristo es el gurú de los cristianos. También Él es el gurú, al conocerlo como Maitreya, de los budistas. Es esa transmisión de energía, esa ininterrumpida línea de contacto entre corazón y corazón, lo que significa Gracia.

Cuando un hombre no está en estado de Gracia, siente que ha pecado; y desafortunadamente, muchísimas personas piensan que no están en estado de gracia porque han sido condicionadas a experimentar pecados que en realidad no son pecados, que no serían pecado para la mayoría de las personas, pero que anublan el corazón; es sólo cuando el corazón no está anublado, cuando está puro, cuando no está lleno de culpa u odio, que ustedes pueden estar en estado de gracia. Cuando ustedes se aman a sí mismos y, al amarse a sí mismos, aman a todas las cosas y a todos los seres, están en estado de gracia; entonces el corazón es puro, entonces fluyen hacia adentro los puros rayos de Amor de las fuentes más elevadas (Cuyos agentes son los gurús – el Cristo, el Buddha y muchos otros gurús de menor grado) y que manan, en última instancia, de la Deidad misma. Entonces la conexión está hecha y ustedes están en estado de gracia.

Yo creo que esa expresión suya, "anublar el corazón," es una aguda y apta manera de ponerlo. Algunos dicen que caminan entre sombras, entonces experimentan que alguien siente realmente amor por ellos, aunque sea a un bajo nivel, y las sombras desaparecen.

Sí, quita la culpa, el odio a sí mismo, y por el odio a sí mismo, el odio a los demás; el odio a los demás es simplemente una proyección del odio a uno mismo.

Algunas personas tienen dificultad en perdonarse. ¿Qué pueden hacer en cuanto a eso?

Empezar a perdonarse. Los hombres deben darse cuenta, y lo harán bajo la tutela de los Maestros y el Cristo, de que la Divinidad es una gradación. Los hombres no se perdonan a sí mismos porque desde la infancia se les ha inculcado la idea de una conducta perfecta, en cada etapa desde el nacimiento en adelante; que de alguna manera, si son cristianos, tienen que ser como Cristo, y si son budistas, como Buddha, etc. – lo cual es, por supuesto, imposible. No podemos ser como Cristo de repente, pero podemos ser como Cristo en potencia; y uno de los problemas es que las iglesias han sacado a Cristo de la humanidad. La enseñanza ortodoxa a través de las edades es que el Cristo está sentado ahora "allá arriba" en algún lugar del cielo, a la diestra de Dios, y que uno sólo puede conocerlo a través de los informes de Su trabajo en Palestina: cómo murió por nuestros pecados, por tanto: "pecador, si tú pecas estás rechazando ese terrible sacrificio que Él hizo", y así por el estilo. Es una tremenda presión de culpabilidad que se le inflige a la gente, de modo que ellos no pueden perdonarse por haber robado un par de ciruelas. Desde la infancia este gran peso de culpa se nos impone. Mientras que el Cristo debería haber sido presentado por las iglesias tal como Él es: un hombre que vive, actúa, trabaja y está en el mundo, un hombre divino, pero divino en exactamente el mismo sentido en que nosotros somos divinos; sólo que nosotros tenemos esa divinidad en potencia, mientras que Él la ha manifestado, se ha perfeccionado a Sí mismo y ha *alcanzado* esa divinidad. Esa es la diferencia entre Él y nosotros. Pero al hacer eso, Él garantiza que nosotros también lo haremos, que es posible.

De modo que es más fácil ser divino y es más fácil ser como Cristo de lo que las iglesias se imaginan, y a la misma vez, es más difícil. Solamente decir: "sean como Cristo", o "sean buenos", o lo que sea, no es lograrlo; no han mostrado el camino. Ellos dicen: "hagan lo que les digo", pero eso no es señalar el camino. El Cristo les señalará el camino – ¿qué es lo que dijo la semana pasada? Él demostrará que "el camino hacia Dios es un sendero sencillo que todos los hombres pueden seguir". Así es, un sendero sencillo que todos los hombres pueden seguir – los religiosos y los no religiosos, aquéllos cuyo camino es a través de la política o de la economía o de la educación, etc., no necesariamente a través de la religión. El sendero hacia Dios es bastante amplio para incluir a todos los hombres.

En mi experiencia, como algunos de ustedes sabrán, yo he estado hablando de la inminente reaparición del Cristo durante los tres últimos años; he descubierto que mucha gente desea desesperadamente que el Cristo esté en el mundo, pero tienen miedo de sólo pensarlo. Los llena de temor reverencial y los llena de miedo; por lo que muchos rechazan lo que desean más profundamente, porque sienten que no pueden presentarse ante el Cristo tal como verdaderamente son y enfrentarse a Él, olvidando que como el Señor del Amor Él también es el Señor del perdón; no sólo eso, pero Él ni siquiera juzga. Él lo sabe todo, y de cualquier manera, ¿dónde ha estado Él todo este tiempo? Ellos no han estado retirados de Su presencia. No es como si los viese por primera vez.

Pero la iglesia diría que eso es blasfemia, ¿no es cierto?

En efecto. Bien, si es blasfemia, es blasfemia. ¡Deje que sea blasfemia! Pronto todos los hombres sabrán que el Cristo es un hombre muy sencillo, y que no es un juez. Él viene porque ama a la humanidad. Esa es la razón básica de Su Regreso – porque es la Voluntad de Dios y porque Él ama a la humanidad. Él está respondiendo al grito de auxilio de la humanidad, que se elevó hacia Él durante y después de la guerra y que aún se eleva, y Él ha respondido a ese llamado. Pero viene como un hombre muy sencillo, que, debido a que es Quien es, puede ver a través de todas nuestras pequeñas dificultades y sin embargo nos ama – tal como una madre conoce todos los pequeños robos y mentiras de sus hijos, pero ella de todas maneras los ama, si es que tiene algo de sentido común. Así es, así realmente es.

LA LEY DEL AMOR

¿Podría decir algo más acerca de la Ley del Amor y su realización? (12/10/79)

La Ley del Amor, de acuerdo a la Jerarquía, es la ley básica que gobierna nuestra existencia. Vivimos en un Sistema Solar Cuya naturaleza es Amor. El Cristo vino hace dos mil años para presentar un nuevo aspecto de Dios, el aspecto que llamamos Amor. Él mostró a Dios como a un padre amante – no un anciano con barbas, por supuesto – Cuya naturaleza es esencialmente Amor. El Amor es una energía, una gran energía cósmica que emana del Corazón del Sol.

Hay tres soles: el sol físico que vemos, el Corazón interior del sol, de donde emana el Amor, y el Sol Espiritual Central, de donde emana la Voluntad Espiritual. Estos tres aspectos – el aspecto de Actividad Inteligente del sol exterior, el aspecto Amor del sol interior y la Voluntad Espiritual del Sol Espiritual Central, constituyen la Divinidad según La conocemos en este sistema solar. La Voluntad, el Amor y la Inteligencia son Dios en manifestación.

Cada individuo, cada planeta y cada sistema solar está gobernado por ciertas grandes corrientes cósmicas de fuerza, que llamamos Rayos. Son siete. Nuestra alma, nuestra personalidad, nuestros cuerpos – el físico, el emocional y el mental – están condicionados por uno de esos rayos. Ellos pueden ser todos diferentes. La Deidad que encarna a nuestro sistema solar tiene por naturaleza esa cualidad que llamamos Amor. Es la expresión misma de Su Ser. Este es un sistema de Segundo Rayo, el Rayo de Amor y Sabiduría. Su expresión total, a través de todas las ramificaciones, es una expresión de Amor, sintetizando todos los aspectos. Hasta el aspecto Voluntad es un subrayo del Segundo Rayo en este sistema solar.

El amor es realmente una gran fuerza magnética, cohesiva. Es la energía que mantiene unidas a las partículas de los átomos. Es esa fuerza magnética que, por doquier en el universo, atrae a estas partículas, las unas a las otras – los bloques constructores de la naturaleza. Todo es sostenido y mantenido *en relación* por la energía de Amor. Es esa energía la que mantiene unidos a los átomos de nuestros cuerpos y los hace coherentes de manera legítima, de acuerdo al Plan de nuestro Logos, Quien nos ha creado. Nosotros somos pensamientos en la mente del Logos creador de nuestro planeta.

Esa gran energía de Amor emana enteramente desde una fuerza magnética cósmica a lo que llamamos sentimiento, amistad, afecto o amor. El amor según nosotros lo entendemos es por completo diferente del Amor que los Maestros conocen. Ellos llaman al Amor "Razón Pura" o Buddhi. Es comprensión amorosa, Amor y Sabiduría unidos, una fuerza totalmente impersonal, pero inclusivamente cohesiva, atadora, que junta a todos los hombres y a todas las cosas y los mantiene unidos. Es la energía que hace Una a la humanidad. La humanidad no sólo es una unión, es una unidad. Es un Ser fundido, y cada unidad en ese Ser es mantenida en relación dinámica por esa energía que llamamos Amor. Así que es absolutamente intrínseca a nuestra naturaleza. Cuando demostramos odio o cualquier otra cosa que no sea Amor, sólo estamos demostrando amor de manera distorsionada. La Buena Voluntad as Amor a nivel menor, el odio es Amor en la otra cara de la moneda. Ese Amor está por todas partes en el universo; no podría haber universo sin la manifestación de la energía que llamamos Amor. Hay otros aspectos más altos que el Amor, y el Cristo viene a mostrarnos un aspecto más alto que incluye al Amor. Esa es la Nueva Revelación.

La gran labor de Cristo hace 2.000 años fue demostrar a los hombres que ese Amor es Su misma naturaleza. Es la naturaleza de Dios, y como el hombre está hecho a Su semejanza, es la naturaleza del hombre. Él enseñó también que a través de la demostración de ese Amor el hombre viene a Dios, viene a conocer a Dios, no como un anciano sentado en el cielo, sino dentro de su propia persona, en sus hermanos y en todo su entorno. Él llega a saber que en realidad no hay nada más que Dios, Cuya naturaleza es Amor, sin el cual no puede haber existencia. No podría haber mundo. De modo que a no ser que manifestemos ese Amor, cuya expresión es hermandad, nos destruiremos a nosotros mismos. Eso es lo que el Cristo ahora dice y dirá. El amor es absolutamente fundamental a nuestra naturaleza y sin su manifestación no podemos continuar viviendo. Esto se expresa a través de la correcta relación manifestada en el compartir y la justicia para todos.

EL ALMA Y LA REENCARNACIÓN

Usted mencionó en una reunión anterior que cada persona viene a la encarnación con tres propósitos principales. ¿Podría usted decirnos cómo puede uno darse cuenta de ellos y descubrirlos? (14/2/78)

A través de la meditación. La manera de llegar a conocer el propósito de cualquier encarnación es volverse consciente de uno como alma, y la manera de volverse consciente de uno como alma es meditando. Es a través de la aspiración, del servicio y de la meditación que se forma el canal entre el cerebro físico y el alma, el cual se llama antahkarana. A través de ese canal de luz se vierte la energía del alma a su vehículo, es decir, a nosotros, el hombre o la mujer en encarnación. Con esa energía viene el conocimiento, el propósito y la naturaleza de amor del alma. Según como se exprese en servicio altruista, el propósito de cualquier vida puede llegar a conocerse. No quiero decir que esté garantizado que cualquiera que medite va a conocer el propósito de su alma, pero así es como sucede cuando eso ocurre.

Ustedes hallarán, en la práctica, que si el impulso del alma se manifiesta fuertemente en la personalidad, el hombre será atraído instintivamente a algún campo de servicio en el cual el propósito, o los propósitos, de su alma puedan cumplirse. El propósito del alma para todos los que estamos en encarnación en determinada época es, por supuesto, la creación de relaciones humanas correctas.

Servicio

¿Por qué es tan importante el servicio? (28/3/78)

El servicio es la palanca del sendero evolutivo. A través del servicio aprendemos a identificarnos con aquello que servimos, y así ocurre un cambio en nuestro centro de enfoque. Cambia de lo personal y egoísta a lo impersonal y altruista. Y al hacer eso nos identificamos cada vez más con más y más. El camino es a través del servicio. Por ello fue instituido por el Cristo en Palestina, como una palanca para el proceso evolutivo, porque cuando comenzamos a servir, nos descentralizamos más y más, hasta que podemos identificarnos con todo lo que existe. Y cuando podemos identificarnos con todo lo que existe, *somos* ese todo. Somos Dios. Liberamos nuestra Divinidad.

Se dice que en estos períodos de cambio entre una era y otra hay dos clases de almas en encarnación, las de la última era, y el grupo, esencialmente diferente, que viene con la nueva era, y el otro grupo que sale. (19/3/76)

La mayoría de las almas en encarnación en la actualidad son de Piscis. Ellas son el resultado de la experiencia pisciana; pero cada vez más, cada año que pasa, hay almas encarnando que esencialmente son acuarianas en perspectiva y en cualidad de rayo. La Era de Piscis fue dominada por el gran Sexto Rayo de Idealismo Abstracto o Devoción. Este rayo está saliendo rápidamente, pero colora completamente todas nuestras instituciones, todas nuestras ideas. Es el rayo más fuerte en influencia en este momento; todo está tan fuertemente teñido por él, que puede decirse que aún estamos en la Era Pisciana. Pero cada día las energías acuarianas y el gran Séptimo Rayo de Orden o Ritual se manifiestan más potentemente. Esto produce síntesis. El Séptimo Rayo es el rayo que relaciona el espíritu a la materia y sintetiza a ambos. Este rayo relacionador nunca está fuera de encarnación por mucho tiempo, nunca por más de 1.500 años y trae al plano físico aquello que es espiritual o idealista y lo hace manifiesto. En la Nueva Era, con esa energía tremendamente dominante, las ideas e ideales de hermandad, de compartir, de correctas relaciones, de buena voluntad, que todos hemos tenido como ideales, pero que no se han manifestado, se manifestarán a través de su intervención.

Esto será así porque las almas de este rayo estarán encarnando cada vez más durante los próximos 2.000 años. (Cada era dura más o menos 2.300 años y por supuesto, se sobrepone en parte en la era próxima; estamos en la fase de transición.)

De hecho en cada generación encarnan almas provistas del conocimiento, la energía, las técnicas necesarias para resolver los problemas que encuentren. Somos llevados a la encarnación como grupos, bajo ley, y grupos de almas relativamente muy evolucionados están encarnando por primera vez en cientos de años. Vienen ahora, específicamente, para llevar a cabo la labor de rehabilitación, de salvar al mundo, lo cual es necesario antes de que podamos entrar en la Era de Acuario de manera adecuada a la naturaleza espiritual de esa era.

Usted dice que hay grupos que encarnan para hacer varias labores de preparación; pero supuestamente hay muchas personas en encarnación que tal vez no tengan ese trabajo de preparación, no han alcanzado ese nivel en el que se reconoce que hay cierta clase de trabajo que realizar; ¿también esa gente encarna en grupos? (19/3/76)

Sí. Es en realidad una cuestión del grado de desarrollo (como usted sugiere). El hombre común es atraído magnéticamente a la encarnación por ese aspecto de su naturaleza que llamamos deseo, por aquello que lo mantuvo apegado a la tierra. Los hilos o las ataduras del karma, los efectos de causas que hemos puesto en movimiento, crean agrupaciones, de tipo familiar o más amplias, que necesitan encarnación grupal para ser resueltas.

Experiencia del Alma

Cuando una persona encarna, ¿necesariamente usa, en una vida en particular, todas las experiencias del alma que ha acumulado en vidas pasadas, o sólo puede usar una parte de ellas? (12/4/77)

En los niveles propios del alma, por supuesto, toda esa experiencia está ahí. No hay nada que jamás haya pasado – ni pensamiento, ni sentimiento, ni sensación, ni experiencia de ninguna clase – que no tenga su reflejo, su reverberación en el cuerpo causal, el vehículo de expresión del alma en el plano causal, el más alto de los cuatro planos mentales. Somos, como personalidades, vehículos para el alma; tal como el alma es el reflejo del Ser superior, el Espíritu o Mónada en su plano. Pero, como vehículos, exhibimos sólo una diminuta fracción de la experiencia y de la grandeza espiritual, del poder, la sabiduría y el amor del alma. Por eso estamos todavía aquí. La naturaleza del alma es amor. La naturaleza y el propósito del alma es servir. Nos encarnamos no sólo por la experiencia; al encarnarnos participamos en un gran sacrificio. Es la acción de la voluntad sacrificante la que nos hace encarnar. El alma hace un sacrificio al reflejarse en el nivel inferior de la materia física densa. Es una inhibición y una limitación para el alma estar en este nivel, así que expresamos en él una diminuta fracción de nuestra verdadera potencialidad. A través del proceso evolutivo, a través del proceso de iniciación, manifestamos gradualmente más y más el potencial verdadero del alma: la naturaleza de amor, la inteligencia y, con el tiempo, la naturaleza de voluntad del alma. Gradualmente, nos convertimos en lo que se conoce como una personalidad infundida de alma – venimos a ser el ser espiritual que todos admiramos tanto cuando lo vemos. Pero éste es un proceso evolutivo lento para nosotros y no es posible que este proceso total de infusión de alma tenga lugar hasta que el hombre no haya completado su Tercera Iniciación. Entonces él se transfigura. Esa iniciación se llama Transfiguración. Desde ese punto en adelante, él es realmente, verdaderamente, un Ser Espiritual, un Ser Divino.

¿Es cierto o no que todas las almas humanas pueden de hecho recorrer todas las experiencias – la experiencia de Aries, la experiencia de Piscis, la experiencia de Acuario – o están designadas ciertas almas sólo para una era en particular? (19/3/76)

Depende de la evolución del alma misma, de su punto en la evolución. Las almas muy avanzadas pueden encarnar muy infrecuentemente; pero la vasta mayoría de la humanidad cumple ciclos de encarnación muy rápidos. Debido a que necesitan la experiencia, ellos vienen una y otra vez. Pero aquéllos de mucha antigüedad y desarrollo pueden tener que esperar varios centenares de años hasta que la situación sea correcta para que se creen cuerpos a través de los cuales ellos puedan manifestarse. Ahora están encarnando almas que en verdad han estado fuera de encarnación por mucho tiempo. Vienen ahora bajo ley, de acuerdo con el Plan, y representarán la vanguardia de la humanidad. Pero la mayoría de nosotros encarna muy frecuentemente.

Cuando usted contestaba aquella pregunta anterior, habló acerca de las almas que estaban esperando en aquel tiempo para encarnar. ¿La humanidad es única en el universo? ¿Hay alguna otra humanidad en el universo? (14/2/78)

El hombre está en todas partes en el universo. El hombre es un Principio. El hombre es lo que ocurre cuando el Espíritu y la Materia se unen – y el Espíritu y la Materia están en todas partes en el universo. Cuando lo Increado entra en creación, cuando da Su primer paso dentro de la manifestación, cuando las dos polaridades de Su Ser – lo que llamamos por una parte Espíritu, y en el polo más lejano a éste, la Materia; partes de la totalidad única, por supuesto – cuando estos dos se reúnen, en el punto de reunión nace el Hombre. Las dos Fuentes, el Espíritu masculino y la Materia femenina, producen al Hombre, que está en todas partes, no sólo en este planeta o sistema. Él es infinito en el universo.

Y sus compuestos químicos, ¿son diferentes?

Varían de un planeta a otro, dependiendo de esa forma planetaria en particular. El planeta Venus está habitado, así como el planeta Marte, pero si ustedes fuesen allá no verían a nadie en absoluto, pues los hombres allá están en materia etérica. Si tuviesen visión etérica, ustedes podrían verlos.

Han estado siempre en el plano etérico?

No, eso es un desarrollo. Algún día este planeta se volverá cada vez más rarificado, en términos físicos, a medida que su aspecto materia, a través del proceso evolutivo – y sobre todo, por la acción del hombre – ascienda, se eleve esotéricamente, y se espiritualice. El planeta gradualmente se convertirá en lo que fue en una época, etérico de naturaleza. Antes de eso, por supuesto, el Hombre y los reinos inferiores existirán en formas materiales cada vez más sutiles. El planeta finalmentc llegará a una etapa en que el cuerpo físico denso del hombre de hoy será demasiado grueso, así que funcionará solamente en lo etérico, como lo hizo en una época. Es un proceso, primero, de involución hacia abajo y después un regreso, a través de la Evolución, al Origen. Antes de la Raza Lemuriana, que fue la primera raza humana verdadera, existieron dos razas anteriores que fueron etéricas y no verdaderamente humanas. Ahora se emprende el viaje de regreso, mas con toda la experiencia e infusión de alma que ha tenido lugar mientras tanto – ése es el Plan.

De manera que en realidad estamos espiritualizando la materia, elevando esotéricamente la materia. A través de nuestra encarnación en la materia estamos sirviendo al Plan del Logos. El alma se limita a sí misma con su inmersión en la materia y trae esa materia de regreso al espíritu, pero con toda le experiencia de estar en la materia.

Meditación

¿Cree usted que hay alguna forma particular de meditación que la gente debe seguir? (14/6/77)

No. Hay una meditación para cada tipo de hombre. Quiero decir, literalmente, que hay cientos de formas de meditación. Para cada individuo, en cada nivel de desarrollo; para cada tipo de estructura de rayos. Hay una meditación para cada tipo de mente y de tradición y de trasfondo cultural; todas ellas varían, y uno no puede decir que solamente hay esta manera para usted, dados su grado de desarrollo, sus rayos particulares, su trasfondo cultural, su entrenamiento, su experiencia de vidas anteriores, etc.

La meditación es un método más o menos científico para efectuar contacto con el alma y, con el tiempo, control por el alma. Es decir, control por el alma de su vehículo, que es el hombre en encarnación. La meditación, cualquiera que sea su clase, es el comienzo de un proceso hacia eso, o un resultado muy dinámico de contacto con el alma y de control por ella.

¿Piensa usted que sea necesario tener cierta orientación al respecto? Es difícil de saber a qué escuela de meditación acudir. (14/6/77)

Lo que yo diría – es una pregunta difícil de contestar – es que se someta usted a unas cuantas formas de meditación – quizás media docena. Escoja la que le parezca correcta – la que corresponda con lo que sienta que sean sus necesidades. (No quiero decir: "la que produzca vivencias", la mayoría de la gente piensa que la meditación es algo que uno hace para obtener vivencias internas; no lo es. Uno puede tener vivencias internas, pero ellas son como de casualidad.) El verdadero propósito de la meditación es ponerlo a uno en contacto y en alineación con el alma. A través de la meditación usted construye un puente, un canal de luz, entre el cerebro físico y su propia alma. La palabra sánscrita para ese puente es *Antahkarana*. Por el Antahkarana la energía del alma desciende a su vehículo. La meditación tiene que ver con la gradual infusión de alma del individuo. Ustedes gradualmente se infunden de la energía de su alma, es decir, de la energía del propósito, de la cualidad de amor y del aspecto inteligencia del alma.

Esos son aspectos del alma porque son aspectos de Dios. El alma y Dios son idénticos. El alma es parte de una gran superalma, que es idéntica a Dios. Ustedes tienen dentro del alma individual el potencial de toda la Deidad. El alma derrama su energía dentro de su vehículo y gradualmente, poco a poco (esto puede tomarse varias vidas, pero ocurre; alguna vida tiene que ser *la* vida) el individuo queda totalmente infundido de alma. Se vuelve divino. Queda transfigurado. El hombre es un Ser Divino desde ese momento.

¿Es necesario que las personas mediten en grupo? (8/3/77)

No, no es necesario meditar en grupo, pero es una forma de meditación muy potente.

La meditación de esta noche es por supuesto una transmisión de energía y no hay peligro en hacerla en grupo. Por ejemplo, esta noche tuvimos una energía muy potente enviada a este salón, pero sin peligro, porque se comparte entre mucha gente. Puede enviarse a individuos que meditan juntos una energía mucho mayor que la que se podría enviar a esos mismos individuos meditando solos en cualquier parte.

Las energías de ellos podrían unirse, pero en ese caso tendrían ustedes entonces un grupo. Ustedes son un grupo, bien sea en el plano físico, bien sea en el plano interno. Las almas están en grupos. No existe tal cosa como un alma sola – es una de un grupo. Eso es algo de lo que vendremos a darnos cuenta en esta era que se aproxima, que la Jerarquía es un grupo, la humanidad es un grupo. Sólo hay grupos de almas. Todos los hombres forman parte de un grupo.

¿Seguramente si las personas pueden meditar, llegan de todas maneras al plano del alma por sí mismas, sin que sea necesario ser parte de un grupo? (8/3/77)

Ustedes no tienen que estar todos en la misma habitación; pero no hay mejor método de meditación que la meditación grupal, porque es sólo en la formación grupal que los requisitos de la nueva era pueden comprenderse, pueden sentirse. Estamos entrando en una era de síntesis, de manifestación grupal. Las enseñanzas y los valores que se entregarán al mundo, o que serán percibidos y sentidos por la humanidad, vendrán a través de la formación grupal y no a través de individuos como se ha hecho en el pasado. En el pasado, algún individuo muy evolucionado o sensitivo ha captado los clisés, las formas mentales, que se hallan en la zona mental del mundo, colocados ahí y energizados por los Maestros. Esos individuos presentaron las ideas, éstas se realizaron a través de grupos e individuos y fueron así diseminadas por todo el mundo – ellas se convirtieron en los ideales de cualquier era en particular. Esto cambiará en este tiempo venidero; ya está comenzando a cambiar.

La reaparición del Cristo en Palestina fue preparada por aquel discípulo que fue Juan el Bautista. Hoy la reaparición del Cristo ha sido preparada, en sentido amplio, por mucha gente, por varios millones de personas en todo el mundo. El Nuevo Grupo de Servidores del Mundo es el Juan Bautista de hoy.

Es en formación grupal que trabaja la Jerarquía, éste es el camino a seguir para la humanidad. Lo mismo sucede con la meditación: ya no es posible, ya no es correcto ni constructivo, el tranquilo desarrollo personal sin tener, al mismo tiempo, el reto y el deber de servir. La formación grupal, la meditación grupal y el servicio grupal son hoy la norma para los aspirantes y discípulos. El Cristo aumenta todo servicio mil veces más; por cada paso que uno da hacia la Jerarquía, Ellos dan veinte pasos hacia nosotros. Así que no hay medio para desarrollarse más potente que a través de la meditación en forma grupal. No es que no sea posible de otra manera; sencillamente, es mejor en grupo.

¿Cuando hacemos esa transmisión de energías es realmente necesario cerrar los ojos? (10/2/77)

Es preferible cerrar los ojos. No es necesario. Si ustedes realmente tienen experiencia en esto, pueden hablar, escribir cartas, o lo que sea. Pero si no tienen experiencia en esto, necesitan concentrarse; y en efecto, estas energías se transmiten a un nivel verdaderamente muy alto y fluctúan, hay altas y bajas. Ustedes necesitan concentrarse cuando la energía es alta.

Si se concentran en el centro, la energía sigue a su pensamiento. Ese es un axioma fundamental en ocultismo – que todo en el mundo es energía, que la energía sigue al pensamiento, se conforma al pensamiento. De modo que si ponen la atención en el centro Ajna (en el entrecejo) usted atrae energía a ese centro, que es el centro director. También corresponde este centro, en la cabeza, al centro del corazón. Algunos dicen: "yo siempre transmito por el centro del corazón." Eso está bien. Ustedes no pueden transmitir por el centro Ajna sin transmitir por el centro del corazón. El centro director es el nivel en el cual ustedes deben enfocarse. La mayoría de la gente está enfocada en el centro del plexo solar. Ellos son literalmente atlantes en conciencia y el foco de su atención está en el nivel astral. El hombre moderno debería enfocarse en el nivel mental y el centro director para el nivel mental es ése, el centro Ajna, en el entrecejo.

Al hacer eso, ustedes encuentran que todo se eleva. Este es el proceso de transmutación. Las emociones se vuelven gobernables y transmutables sin que haya represión. La represión es dañina, pero la transmutación es esencial. La manera de transmutar las emociones inferiores y de aumentar la energía es a través de la meditación, fijando la atención en ciertos centros. Yo sugiero que se concentren en el centro Ajna. (No hay peligro en hacerlo, créanme; no les recomendaría eso si no fuese seguro. Hay centros en los que no es seguro concentrarse.) Ponemos nuestra atención en el centro Ajna y logramos enfoque mental.

Tenemos que enfocarnos mentalmente; es parte del proceso evolutivo. La humanidad comienza a pensar. Gradualmente, hay un cambio de conciencia en toda la humanidad. Obviamente, se expresa mejor entre los intelectuales, entre la gente más educada del mundo, en otras palabras, la humanidad avanzada, que comienza a estar más o menos polarizada mentalmente. Es sólo desde el centro Ajna que ustedes pueden dirigir. Ustedes no pueden dirigir nada desde el plexo solar; sólo pueden reaccionar, responder. Esa es la conciencia atlante, mientras que nuestra conciencia aria está estacionada en el centro Ajna. Como parte de la raza aria, estamos en el proceso de perfeccionar el vehículo mental.

Cuando usted subrayaba que la transmisión de energía debería ser incondicional, sin dirigirla a ninguna finalidad específica, ¿lo dijo porque la Voluntad, el Propósito de Dios, es desconocido y por tanto nosotros nos volvemos disponibles para cualquiera que sea el propósito? (19/3/76)

Es simplemente porque esas energías de la Jerarquía, del Cristo y los Maestros, ya están condicionadas por ciertos factores, por las cualidades inherentes en las mismas energías y por las mentes enfocadas de los Maestros que las envían. Ellos saben dónde se necesitan más, y en qué equilibrio y potencias precisos para realizar el esfuerzo deseado. Así que no debemos enviarlas a ninguna persona, grupo o país en particular que, uno pensaría, podrían beneficiarse con esas energías. La transmisión de energía a este nivel es un proceso científico muy preciso. Sólo la Jerarquía conoce esta ciencia de distribución de energía. Basta con que nosotros actuemos como canales.

¿Podría hablarnos más del propósito de la meditación para gente común, como yo, que comienza a meditar? (24/9/76)

El propósito de la meditación es ponerlo a uno en contacto con el alma e identificarlo gradualmente con ella, que es el verdadero ser de uno. Esta personalidad del plano físico, que todos vemos cuando nos miramos al espejo, es el vehículo del alma en este plano. Pero esencialmente somos un alma, un Ser espiritual inteligente en los planos superiores, el plano del alma. El propósito de la meditación es alinear el cerebro físico y la personalidad en el plano físico con el alma, de modo que pueda tener lugar la gradual infusión del vehículo de la personalidad por la energía y cualidad del alma

Oración

Desearía preguntarle sobre la oración. Nosotros pedimos ayuda y demás cosas diariamente en nuestra vida. ¿A quién debemos dirigir la oración? (23/6/77)

Eso depende de quién sea usted, de lo que usted sea y de las creencias que tenga. Si es cristiano, dirija entonces su oración a la idea cristiana de Dios. Ello puede ser a Dios trascendente, fuera de su creación; o como Él es, tanto transcendente como inmanente dentro de uno. Dios es ambas cosas, y eso es algo que la humanidad tiene que aprender en esta era que se aproxima. Una de las enseñanzas principales del Cristo será el hecho de la inmanencia de Dios, inmanente en toda la creación, en la humanidad y en toda la creación; que no hay nada más que Dios; que todos somos parte de un gran Ser. En el caso de la humanidad, un aspecto autoconsciente de ese Ser; aparentemente, partes separadas, pero en verdad totalmente ligadas a todas las demás partes de Él. Y ese Ser es inmanente en todas partes, en la totalidad del espacio. El espacio mismo es un Ser, una Entidad.

Ese aspecto de Dios más cercano al cual aspiramos, al cual podemos aspirar, es el Logos de nuestro propio planeta, Quien está encarnado para nosotros como Sanat Kumara en Shamballa. Él es nuestro "Padre." Dios está a la vez en nosotros y puede ser conocido – ustedes pueden ver a Dios.

En esta época venidera, mucha, mucha gente verá a Dios en Sanat Kumara. Ellos se presentarán ante Sanat Kumara y obtendrán la Tercera Iniciación. (Muchos más aún se presentarán ante el Cristo y obtendrán la Primera o la Segunda Iniciación.) Cuando ustedes obtienen la Tercera Iniciación, ven a Dios, como Sanat Kumara, el Señor del Mundo, Quien es un Ser físico real en materia etérica en Shamballa.

Si usted es budista, puede dirigir la oración al Buddha para que interceda por usted.

Pero nosotros los cristianos, ¿por qué no dirigimos la oración al Cristo?

En efecto, ¿por qué no? A quienquiera que sea el foco para usted. Pero Cristo no es Dios. Él no viene como Dios. Él es la Encarnación de un aspecto de Dios, el aspecto Amor de Dios. Él es el alma encarnada de toda la creación. Él incorpora la energía que es el aspecto conciencia de ese Ser al que llamamos Dios.

Pero Él está tan por arriba de nosotros, que sólo podemos orar y postrarnos ante Él, ¿no?

Usted puede dirigir su oración a Él. No sé, pero creo que Él preferiría que no sea a Él, sino al Dios dentro de usted, que también está dentro de Él, Quien es una mayor y más clara manifestación de ese Dios que usted y yo. Pero si usted ora a ese Dios que está dentro de usted, es el mismo Dios que está en el Cristo.

Eso me parece irreverente.

De ninguna manera; esto es un hecho. Él mismo dijo: "El Reino de Dios está en vosotros". Yo digo "ustedes", pero no me refiero a esa pequeña personalidad suya. Me refiero a ese Ser que es la verdadera naturaleza de usted. Esa naturaleza es lo mismo que Dios, es idéntica. El hombre está hecho literalmente a imagen y semejanza de Dios. Tiene que estarlo, pues no hay nada más.

Pero uno no puede dirigir la oración a sí mismo...

Uno no dirige la oración a sí mismo, sino al Dios que está en usted. La cosa es aprender a invocar esa energía que es la energía de Dios.

La oración y la adoración tal como las conocemos desaparecerán gradualmente y los hombres se entrenarán para invocar el poder de la Deidad. Esa es una razón por la cual fue dada la Gran Invocación, para capacitarnos a aprender la técnica de la invocación, y para usar ésta en nuestro acercamiento cíclico a Dios durante los Tres Grandes Festivales, y también en los nueve festivales menores de plenilunio en el año.

¿Hay alguna conexión entre la meditación y la iniciación? (19/3/76)

La meta de la evolución es venir a ser uno con nuestro Origen, venir a ser uno con la Divinidad, el Logos, o Dios, el Espíritu de uno, del cual el alma es, en su plano, su reflejo. La meta inmediata de la evolución es la identificación o el alineamiento con el alma; y para eso es la meditación, para efectuar esa identificación. Esto lleva a la iniciación.

Es a través del proceso de Iniciación que la Liberación tiene lugar. En momentos críticos a lo largo de este viaje, el hombre pasa por una u otra de cinco Iniciaciones. Millares de personas están ahora en el umbral de la primera Iniciación mayor, y la venida de la Jerarquía al mundo coincide con este momento único en el desarrollo del hombre. Millones de personas en todo el mundo, aun dentro de los próximos cincuenta años, obtendrán la primera Iniciación.

La aspiración, la meditación y el servicio son los factores que llevan al hombre al Sendero de la Iniciación.

Iniciación

¿Puede darnos una indicación de los cinco pasos de la Iniciación? (18/3/77)

La historia del Evangelio nos los simboliza claramente. Por supuesto, no muestra exactamente lo que se requiere; pero le presenta a la humanidad, una vez más, una historia que se le ha presentado muchas veces, de muchas maneras, a través de los tiempos. Esto es tan antiguo como el hombre – o tan antiguo como la era atlante media, cuando el proceso de Iniciación se introdujo para acelerar el proceso evolutivo.

El Nacimiento en Belén, el Nacimiento de Jesús, simboliza el nacimiento del Principio Crístico, de la Conciencia Crística, en la cavidad del corazón. Cuando la Conciencia Crística (la energía del Cristo Cósmico, que Maitreya, el Cristo, encarna y ancla en este planeta), se enciende, como quien dice, en el corazón humano, el hombre puede entonces prepararse para la Iniciación. Eso es lo que ocurre en la humanidad hoy día. La Conciencia Crística hoy se está encendiendo en cientos de miles de hombres y mujeres en el mundo; se manifiesta en innumerables personas. Este es el hecho de fondo detrás de la realidad de la exteriorización, por primera vez desde la época atlante, de la Jerarquía. Ellos pueden venir ahora al mundo porque la humanidad está preparada. Con dolor y sufrimiento el Cristo está naciendo en el corazón humano. Ese es el primer paso hacia la Iniciación.

El Cristo es el Hierofante en las dos primeras Iniciaciones y como Él estará en el mundo, iniciará a hombres y mujeres en estas dos primeras Iniciaciones, exteriormente y en formación grupal, en los templos de la época.

Algunos millones están ahora al borde mismo de esta experiencia. Este es el enorme paso de avance en el desarrollo evolutivo que la humanidad en total ha dado y constituye la oportunidad para que reaparezca ahora el Cristo con la Jerarquía de Maestros.

Cada Iniciación muestra dominio de algún nivel de conciencia – todas ellas son grados de conciencia. Un plano es en realidad un estado de conciencia; cuando uno se refiere al plano físico, se refiere de hecho a un plano de conciencia. Cuando habla del plano solar o plano cósmico, ello también se refiere a un estado de conciencia.

La Primera Iniciación muestra dominio del plano físico. El hombre tarda milenios en llegar a este punto y finalmente es traído a él por su propia alma a través del proceso de la meditación. Gracias a la meditación, el alma se alinea con su vehículo, el hombre en encarnación; nace el Cristo y el alma aporta su energía a sus vehículos, hasta que el hombre gradualmente se infunde más de alma y finalmente obtiene la Iniciación.

Le Segunda Iniciación se llama *el Bautismo*. Está simbolizada por el Bautismo de Jesús en el Jordán. El iniciado demuestra su control del plano astral, de su propia naturaleza astral o emocional, que se perfeccionó durante la Cuarta Raza Raíz, la atlante, y que es tan poderoso en la humanidad. La mayor parte de la humanidad es atlante en conciencia. Está enfocada en el plano astral, sus energías funcionan principalmente a través del plexo solar y esta poderosa, sensitiva naturaleza emocional del hombre, que por supuesto, es una de sus grandes conquistas, le hace muy difícil obtener control de este plano. El hombre es arrastrado por la energía del plano astral – de ahí el espejismo bajo el cual vive la humanidad.

Como resultado del sufrimiento compartido de la humanidad en la guerra, se levantó gran parte del espejismo que envolvía en niebla a la humanidad y el Logos que encarna este planeta experimentó, en años recientes, una gran Iniciación Cósmica, que corresponde en los niveles cósmicos a la Segunda Iniciación en el hombre. De modo que este planeta se está librando considerablemente del espejismo. El mismo plano astral se está aligerando, librando a la humanidad del espejismo. Es el desarrollo del hombre, la liberación del hombre del control total de su naturaleza astral, lo que le permite al Logos obtener esta Iniciación.

Obtenida la Segunda Iniciación, todo el proceso se acelera. Se requieren milenios para llegar a la Primera Iniciación; pueden transcurrir varias vidas para pasar de ésta a la Segunda Iniciación, que se dice ser la más difícil de obtener de todas las Iniciaciones. Cuando se ha alcanzado esa etapa y el hombre domina su naturaleza astral, entonces él se halla sujeto, no ahora al espejismo, sino a la ilusión, la ilusión que gobierna a su mente. El proceso de la Segunda a la Tercera Iniciación es realmente el control sobre la mente y la liberación de sí mismo de la ilusión. Cuando este proceso se haya completado, a través de la acción de su alma y de su Maestro, puede obtener la Tercera Iniciación – *la Transfiguración*. Se vuelve Divino. La Transfiguración en el Monte es el símbolo de ella.

El Maestro Jesús (Él era entonces el Discípulo Jesús) vino al mundo como un iniciado de tercer grado; Él no tuvo que tomar la Primera, la Segunda o la Tercera Iniciación. Él pasó por esos procesos simplemente para simbolizarlos, dramatizarlos para nosotros. Él tuvo que obtener la Cuarta Iniciación, que en Occidente se llama la "Crucifixión." En Oriente se conoce como "la Gran Renunciación," y Él pasó por ella en plena y física realidad. Todas las iniciaciones tienen lugar en los planos internos, son una experiencia interior; normalmente no se crucifica a la gente – excepto simbólicamente – cuando obtiene la Cuarta Iniciación. El Discípulo Jesús hizo dos grandes sacrificios: cedió Su cuerpo para el uso del Cristo, Maitreya, y experimentó esta Iniciación físicamente, siendo crucificado en la carne para dramatizar para nosotros esta Gran Renunciación. El Iniciado tiene que demostrar esto: que el mundo material ya no ejerce ninguna seducción; él ha vencido, y puede renunciar a todo: familia, reputación, talentos, la vida misma, y que puede sufrir la muerte de su naturaleza inferior. A todo eso se renuncia, todo es crucificado, por el Ser Espiritual superior.

Entonces viene el gran momento de la Resurrección, el símbolo de la Quinta Iniciación, que lo convierte a uno en Maestro. Un Maestro es un ser resucitado. Es alguien que se ha dominado a Sí mismo, ha dominado Su naturaleza inferior. Él ha obtenido todas estas cinco Iniciaciones y es libre, está liberado. Ha triunfado sobre la materia. Cada Iniciación es el resultado de una gran expansión de conciencia y también conduce a ella. La conciencia de un Maestro incluye la conciencia del plano espiritual. Él ha espiritualizado Su cuerpo de manifestación y ya no necesita encarnar en este planeta salvo a elección propia, para servir al Plan. Puede pedírselo Sanat Kumara, el Señor del Mundo, como parte del Plan.

La historia del Evangelio trata de la resurrección. La Pascua será uno de los tres Festivales Espirituales mayores, y la Navidad y el Viernes Santo gradualmente desaparecerán de nuestra conciencia. La Resurrección será la meta relevante para la humanidad; la resurrección de la materia al Espíritu, lo cual hace de uno un Maestro liberado.

Telepatía

¿Qué diferencia existe entre la intuición y la telepatía? (7/12/76)

Hay una diferencia real entre la telepatía y la percepción intuitiva. Hay muchísimos niveles de telepatía. La telepatía a nivel humano normal ocurre espontáneamente entre todos los hombres, por lo general a través del plexo solar, y así también ocurre entre los animales. Es un método de comunicación instintivo y natural, pero casual. Es un tipo de telepatía astral. Luego hay un tipo de telepatía mental que todos compartimos. Todos nosotros estamos sujetos, estamos bombardeados, por los pensamientos de todos los que nos rodean. Tenemos un proceso de selección que nos permite oír sólo una porción de ellos; pero si la persona es bastante sensitiva, puede sintonizar con toda clase de tonterías, que siempre están presentes. La mayoría de nosotros tiene la experiencia de una voz que se capta, como una conversación telefónica, la cual pertenece a otros, y tenemos noción de la distancia involucrada.

La telepatía según la usa la Jerarquía es de una clase diferente. Se usa, además, en niveles diferentes. Cuando se usa para ponerse en contacto con un discípulo al que se puede impresionar pero que no está consciente del contacto subjetivo, el Maestro simplemente impresiona el cerebro del discípulo a través del alma de éste. Ese discípulo tendrá una conexión con la Jerarquía a través del grupo de su alma; él estará en la periferia o en el centro del Ashram del Maestro, en los planos internos. Tendrá alguna conexión con un Maestro, y a través de su alma o del grupo al que pertenece su alma, será impresionable en los niveles mentales. Puede que no se dé cuenta cabalmente de la fuente de información. Puede que simplemente haga las cosas sin siquiera saber que está recibiendo impresiones. Eso es posible. Sucede todo el tiempo. Hay un nivel más consciente, en el que el discípulo tiene una relación muy consciente con su propia alma. Él puede traer la energía del alma al plano físico, hacia el cerebro. Hay una alineación entre el cerebro físico y el alma. Es por ese canal que el Maestro deliberadamente telepatiza – transmite – un mensaje que el discípulo recibe conscientemente.

Tiene que haber similitud de vibración para efectuarlo, para hacer posible el contacto. Cuando hay una vibración análoga y una necesidad – tiene que haber también una necesidad – el Maestro puede estimular el contacto hasta el punto en que el discípulo se vuelve consciente de que está recibiendo una información específica, y entonces Él puede aún ir más lejos y ser empleado de una manera específica, por ejemplo, por adumbramiento del Maestro. El adumbramiento es un medio normal de contacto, dentro del ámbito aun de la Ciencia de la Impresión. Es una gran ciencia, cuyo dominio va desde la mera impresión astral o de plexo solar hasta el más alto nivel búdico y el adumbramieno total, como en el caso del Discípulo Jesús por el Cristo.

La percepción intuitiva, por otro lado, surge directamente del nivel búdico del hombre mismo, a través de su alma. Eso puede suceder sin la ayuda de un Maestro. La energía puede fluir y las percepciones, las verdades intuitivas, etc., pueden determinarse, pero ellas tenderán a ser amplias y generales por naturaleza, y no específicas y detalladas en cuanto al Plan. Muchos espiritistas y médiums en todo el mundo están recibiendo varias clases de información, amplias y generales, acerca de la regeneración de la humanidad. El mundo está inundado en el momento de información de esta clase, alguna proviene de los más altos niveles, los niveles intuitivos; alguna proviene de los niveles psíquicos más bajos. Hay que discernir entre los distintos niveles. En su grado más alto, es la inspiración.

¿Es posible desarrollar esta telepatía superior, o es solamente un don? (24/5/77)

Ciertamente es posible. No hay dudas de que en este tiempo venidero ése será el modo normal de comunicación entre los hombres que estén en cierta etapa de desarrollo. Gradualmente, en esta era que se aproxima, el lenguaje hablado desaparecerá como medio de comunicación. Telepatizaremos. Se volverá la norma entre aquéllos que estén en una misma etapa de desarrollo.

La telepatía es un hecho en la naturaleza. Es un desarrollo normal en la humanidad. Todos los animales se comunican telepáticamente, de un modo instintivo, a través del plexo solar. Pero la telepatía de la que yo hablo es un desarrollo de la mente superior. Esto es a través del alma, y no es inconsciente. Está bajo el control de dos mentes y es la comunicación controlada y consciente de dos mentes entre las cuales podría haber una distancia de miles de millas.

Está ocurriendo un cambio de conciencia, de la conciencia astral a la conciencia mental. Este cambio está conduciendo a la humanidad al borde mismo de la conciencia de Iniciado. A medida que nos polarizamos mentalmente, la facultad telepática puede desarrollarse. Ella se desarrolla espontáneamente a medida que desarrollamos un aura magnética.

Todos los grupos deberían procurar desarrollar la telepatía en este tiempo futuro porque, aunque los Maestros estarán en el mundo, Ellos seguirán usando la telepatía como modo principal de contacto, especialmente al tratar con discípulos y aspirantes.

¿Es esa telepatía mental un estado consciente o un estado de trance? (5/3/76)

No es un estado de trance, no. Es cuestión de enfocar la mente en un centro superior y poder mantenerla ahí. Es un proceso totalmente consciente, controlado.

Poderes psíquicos

¿Prevé usted, por tanto, como resultado de esta implicación, que las grandes religiones mundiales, como el budismo y el cristianismo, simpatizarán más y estarán más conscientes del significado del desarrollo de las habilidades psíquicas y de todo el campo psíquico? Quiero decir, de lo poco que sé de budismo o cristianismo, no parecen estar muy conscientes del campo psíquico. ¿No está usted de acuerdo con esto? (4/4/78)

Sí, creo que sí, inevitablemente. Cuando los Maestros estén en el mundo, abiertamente en el mundo, cuando el Cristo se haya declarado – y si la humanidad responde de la manera correcta – todo el proceso de transformación que se está llevando a cabo se acelerará. Inevitablemente, las religiones del mundo, como el cristianismo y el budismo, comenzarán a aceptar la realidad de la energía psíquica. La energía psíquica es la fuerza principal en el mundo. Es la energía de la creación misma. Dirigida por una mente controlada, ella crea y destruye. Mundos enteros son creados por la energía psíquica. Los mundos son destruidos por esa energía. El hecho de que estemos sentados aquí, de que ustedes me estén escuchando a mí y yo los esté escuchando a ustedes esta noche, es el resultado del uso de la energía psíquica por ese gran Ser que enalma este planeta, a Quien llamamos el Logos. Es Su uso concentrado de la energía psíquica lo que en verdad nos crea. Somos pensamientos en Su mente. Si Él decidiese, por otra manifestación de energía psíquica, destruir esa forma mental, nosotros seríamos, automática e instantáneamente, destruidos. Ese es el poder de la energía psíquica.

Cada vez más, a medida que la Nueva Era se desarrolle, a medida que se desarrollen las capacidades mentales internas del hombre, él llegará a estar consciente del tremendo poder de la energía psíquica. Nuestras manifestaciones de ella hoy día son como nada. En esta nueva era el hombre creará, por un acto de voluntad, por el control mental de su energía psíquica, máquinas que él programará para que creen los artefactos de nuestra civilización, dejando tiempo y energía para involucrarse y explorar su propia naturaleza; conocer lo que él es – para desarrollar y expresar lo que él es como un gran Hijo de Dios, manifestado. Los Maestros lo pueden hacer porque han liberado la conciencia que otorga el poder sobre la energía psíquica. Es una cuestión de conciencia despierta. Es una expansión de conciencia despierta consciente para incluir progresivamente niveles cada vez más altos de manifestación de energía.

Perdone, pero no entiendo bien por qué los Maestros pueden hacer eso.

Pueden hacerlo porque Su conciencia incluye percepción consciente y *control* en todos los planos accesibles a nosotros en este planeta, incluyendo el espiritual.

¿Acaso poseen los Iniciados clarividencia – ciertas habilidades – y cómo saben Ellos que son Iniciados? (5/5/77)

Hay muchos Iniciados de primer grado que no saben que son Iniciados. Si, por ejemplo, usted obtuvo la Iniciación en una vida anterior, muy bien podría no saber que es un Iniciado; necesariamente no lo recordaría. Pero si se hiciera Iniciado en cualquier vida, ésa sería una experiencia de la que no dudaría. Sería tan extraordinaria, tan sobrecogedora, que usted no podría experimentarla y no saber nada de ella.

Los Iniciados no tienen, necesariamente, clarividencia. Estos dones psíquicos, desarrollos psíquicos, pueden o no seguir el desarrollo espiritual. Se pueden obtener con la meditación. Quiero decir que ustedes pueden desarrollar facultades psíquicas, y eso no tiene nada que ver con el desarrollo espiritual en lo más mínimo; y quienes usan los poderes psíquicos, especialmente los poderes psíquicos inferiores, muy activamente, bien puede ser que tengan poco desarrollo espiritual, relativamente hablando; ellos en realidad están manifestando antiguas formas de conciencia atlante. Esos poderes pueden ir juntos con el desarrollo espiritual; a veces es así, y a veces no. De modo que el hecho de que un hombre sea Iniciado o una mujer sea Iniciada no es garantía de que tengan 'segunda visión', que sean clarividentes, que tengan visión etérica o sean clariaudiente o telépatas. De igual manera, la existencia de la clarividencia o de la clariaudiencia, etc., no es indicación de que la persona sea Iniciada.

¿Es el aura parte de lo etérico? (4/4/78)

Todas las energías funcionan a través de lo etérico. La energía del plano mental – hay cuatro planos mentales – la energía de los siete planos astrales, más la energía de los cuatro planos etéricos, todas se manifiestan en lo etérico y a través de él. Lo etérico es el cuerpo vital a través del cual las energías de todos los planos fluyen, así que el aura está constituida por todo eso. Si la persona se está poniendo fuertemente en contacto con su alma, tendrá dentro del aura energía del plano del alma. Tendrá energía de los planos mentales, de cualquier nivel que él toque, extrayéndola, y energía de los planos astrales, inevitablemente. Y por supuesto, todo eso está fluyendo a través del océano de energía etérica en el que vivimos. Nuestro cuerpo etérico es una parte más individualizada del océano de energía etérica que está por todas partes en el planeta. Nuestra alma toma parte de eso y crea al hombre etérico. Donde las corrientes de energía se cruzan, se forman vórtices o centros que están ligados al sistema endocrino y a través de éste gobiernan el cuerpo físico. Nuestro cuerpo físico es una precipitación de la contraparte etérica y así está ligado a todo lo demás a través de él. Estamos totalmente conectados con el plano etérico del mundo. Las vibraciones de estos centros son las que crean el aura del hombre, y el cuerpo etérico la condiciona.

¿Qué es visión etérica? (4/4/78)

Si una persona tiene visión etérica significa que puede ver al menos algunos de los cuatro planos del físico etérico, es decir, de los planos físicos arriba del físico denso. Hay siete planos físicos, cuatro de ellos más sutiles que el físico gaseoso. Ellos se componen de una forma de materia cada vez más sutil, la cual es invisible para la mayoría de la gente. A no ser que tengamos visión etérica – es realmente un enfocamiento doble – no la vemos; pero en ciertas circunstancias – en un cuarto oscuro, por ejemplo – podemos ver la energía emanando de una persona, o podemos ver un campo de luz luminosa gris-azulada alrededor de la persona: el cuerpo etérico. Él es la contraparte exacta del cuerpo físico. En la matriz, el cuerpo etérico es colocado previamente al bebé físico, el cual es en realidad una precipitación de este cuerpo hacia abajo. Si tenemos visión etérica, por consiguiente, vemos uno o más de estos cuatro planos de la materia.

Curación en el futuro

Cuando el Cristo esté trabajando en el mundo, trabajará de algún modo como sanador, como lo hizo Jesús? (28/2/78)

Sí, pero sólo de manera privada. No del mismo modo público y mágico para demostrar que Él es el Cristo. Eso no; Él no hará milagros. Esos milagros ahora los realizan hombres y mujeres en el mundo todo el tiempo. Él dijo en aquel entonces: "las cosas que Yo hago, vosotros también podréis hacerlas, y otras más grandes aún, porque Yo voy al Padre." "Ir al Padre" significa que Él fue a Shamballa. Él ha entrado en un alineamiento más íntimo con el aspecto Voluntad y no solamente con el aspecto Amor, de Dios.

Él es un Avatar más grande y ha podido liberar dentro del mundo, como el Cristo, durante los últimos dos mil años, la energía que le ha hecho posible a la humanidad desarrollar la Conciencia Crística. Es ésta la que la ha capacitado para realizar lo que en aquel tiempo se llamaba milagro y que ahora se llama curación espiritual o esotérica. Diariamente, en todo el mundo, se realizan curaciones milagrosas.

Los Maestros establecerán Centros de Curación y entrenarán a Iniciados y Discípulos, que serán doctores de todas clases, en grupos. Estos grupos estarán constituidos por doctores ortodoxos, cirujanos, homeópatas, acupunturistas y practicantes de la radiónica. Se usará la terapia de color y sonido; los grupos tendrán sanadores espirituales y alguien con visión etérica para aconsejar sobre el estado del cuerpo etérico y los centros de energía.

Ellos trabajarán como equipo.

¿Podría decir algo sobre la nueva forma que tomará la curación? (23/3/77)

La salud de cualquier individuo depende de la correcta y libre corriente de energía en su sistema etérico (la contraparte del cuerpo físico o la envoltura etérica – de la cual el cuerpo físico denso es una precipitación. El etérico se presenta primero; el alma mágicamente reúne una estructura etérica que se precipita en la matriz y se convierte en el bebé) proveniente de todas las fuentes – del alma y de todo plano de energía. El sistema etérico está conectado con el plano etérico del planeta.

Todos estamos interconectados. Todos somos parte de la tierra, desde nuestra naturaleza física densa y física etérica. A través de este cuerpo físico etérico fluyen todas las energías de las que estamos constituidos. Tiene siete centros principales conectados a la columna vertebral del cuerpo físico y a las siete glándulas endocrinas principales – la correspondencia de esos centros en el plano físico. La salud del cuerpo depende totalmente del correcto funcionamiento y relación de estas glándulas, según comenzamos a descubrir. El funcionamiento correcto de las glándulas depende del flujo correcto de energía desde los centros etéricos y, por tanto, del flujo correcto de energía que entra al cuerpo etérico desde cualquier fuente. La mayor parte de las enfermedades son causadas por el uso erróneo o el mal uso de la energía del alma. Esto depende del estado de evolución de la persona, si está usando mal la energía del alma, si está tocando una corriente demasiado grande de energía astral del plano astral; o tal vez hay energías del alma, que en realidad no se están manifestando mediante el servicio.

El alma exige servicio de su vehículo y lo lleva a la encarnación como parte de su servicio de sacrificio. Esa es realmente la razón por la cual estamos en encarnación – no sólo para aprender. La razón fundamental por la cual estamos aquí es porque hemos hecho un sacrificio. Como grandes Seres espirituales, a través de un acto de voluntad espiritual, nos hemos sacrificado al venir a la materia. Esa es la verdadera base del renacimiento, o reencarnación. De esa manera servimos al Plan. Para servir al Plan tenemos que hacerlo cíclicamente, y el alma reúne una y otra vez un nuevo cuerpo y nos ofrece ciertas oportunidades y experiencias. El uso incorrecto de cualquier energía, el fluir erróneo o el estancamiento de energía en cualquier punto del cuerpo etérico, finalmente tiene efecto en el plano físico como enfermedad de algún tipo. Se desarrolla una inflamación causada por un fluir de energía demasiado fuerte en determinado punto; hay una estasis; o si no hay un agotamiento, simplemente no hay suficiente energía del tipo correcto fluyendo hacia el centro y a través del centro a la glándula. Por lo tanto, está inhibida en su acción y el resultado es la enfermedad.

Toda la curación, toda curación espiritual, tiene lugar en el nivel etérico. Toda curación esotérica se hace a través de la envoltura etérica, y esto gradualmente hace efecto en el plano físico. La verdadera curación esotérica tiene que ver con la transformación del hombre, no del cuerpo. Se cambia al hombre y por tanto, se cambia la corriente de energía, y el resultado es balance, equilibrio, salud. Como dijo George Ohsawa, quien trajo la Macrobiótica a Occidente, "es fácil curar la enfermedad, lo difícil es curar al hombre." Hay que cambiar al hombre para transformar la enfermedad; de lo contrario, se convertirá en otra clase de enfermedad. Lo que hace el curador es transformar el flujo de energía en el sistema. Esto resulta en un cambio temporal, o, si se cambia al hombre, en un cambio permanente.

En este tiempo venidero la evolución humana se acercará más a la evolución dévica o angélica (y el Cristo trae consigo algunos devas muy elevados). Por supuesto, también los Maestros, todos Ellos, trabajan con la evolución dévica.

Un Maestro convoca a ciertos devas sanadores – los devas violeta, por ejemplo – y ellos vierten su energía, su vitalidad, en el paciente a través del sistema etérico, y la curación tiene lugar. Estos devas se acercarán más (y de hecho, ya se están acercando más a la humanidad), trabajarán muy estrechamente con nosotros, y nos enseñarán a mantener el cuerpo vital, o etérico, en equilibrio; nos enseñarán el arte de conectarnos con el prana del aire y a vivir de él, directamente del sol, de manera que realmente tomaremos menos alimentos. No digo que todos lo harán, pero los más avanzados, sí.

A través de la relación con el reino dévico y, por asociación con los devas superiores, nos libraremos finalmente de toda enfermedad en el planeta. Ellos nos enseñarán a curar por el sonido y por el color. Ellos responden al sonido: para llamar a un deva usted pronuncia cierto mantram y el deva viene en respuesta al mantram. Esa es la razón por la cual, por supuesto, el uso de los mantrams está muy cuidadosamente guardado, porque se pueden evocar devas de reinos inferiores al humano que son en verdad muy peligrosos. Grandes estragos se causan de esa manera por el mal uso, el uso incorrecto o el conocimiento parcial.

Por supuesto, aun a corto plazo, según la humanidad use más correctamente las energías que fluyen por la envoltura etérica, como resultado del cambio de condiciones en la tierra, la reducción de la tensión y el temor, una mayor recreación, un nuevo significado e ímpetu de vida – la salud de la humanidad mejorará enormemente.

Temor a la muerte

¿Por qué el hombre le tiene tanto temor a la muerte? ¿Cambiará esta actitud en el futuro? (28/2/78)

El hombre se acerca a la muerte con la idea de que él está vencido, perdido para siempre, y es este sentido de que su identidad va a ser borrada que lo aterroriza. Si él se diese cuenta de que esa identidad, esa conciencia, es un Ser inmortal, y que al otro lado de la puerta por la que pasamos en el momento de la muerte él estará en una nueva y más clara luz, consciente en un totalmente mayor sentido de identidad, encontrándose de nuevo con todos aquéllos que había conocido en el plano físico anteriormente, y también volviéndose gradualmente consciente de otros y más elevados aspectos de su Ser, de los que hasta ese momento no estaba consciente, entonces se acercará a la muerte de un modo muy diferente.

Comparado con la experiencia del nacimiento, la salida del hombre de este mundo puede ser, y debe ser, nada dolorosa en verdad. Pero pocos conocen esto, y de ahí el temor. En este tiempo venidero, los Maestros y Sus discípulos enseñarán la verdad acerca de esta experiencia que llamamos muerte, y el hombre esperará serenamente y lleno de esperanza su llamado. Cuando este conocimiento se vuelva general, una nueva gran libertad estará abierta ante los hombres. Ellos verán la vida como es, una etapa en un viaje interminable, y la misma muerte como una experiencia más, y menos limitadora, en ese camino. De modo que el hombre conquistará el temor a la muerte. Cuando su cuerpo físico pierda su utilidad, él voluntaria y gustosamente lo entregará y lo restituirá a la tierra. La muerte es fundamentalmente una restitución. A través de la Ley del Renacimiento él regresará a este plano a llevar más lejos el propósito de su alma.

¿Qué sucede en ese proceso de morir? ¿Cuáles son los pasos o etapas?

Primero, a través del centro en el cual él está normalmente enfocado, dependiendo de su nivel de desarrollo, su cuerpo etérico, o vital, sale. Esto puede ser muy rápido en verdad, pero normalmente se lleva tiempo. Tres días completos deben pasar antes de que el cadáver se entierre o se queme; éste último es el único método higiénico de disponer del cadáver, y se convertirá en la norma.

Gradualmente, la envoltura etérica se disipa, regresa al océano etérico en el cual existimos, y el hombre se queda en sus más sutiles envolturas astral y mental, las que a su vez también se reintegran lentamente a su origen.

La enseñanza tibetana, en *El libro de los muertos*, mantiene que el hombre pasa cuarenta días en lo que se llama el *Bardo*, y el propósito es atravesar ese período lo más rápidamente posible. Se dan instrucciones precisas para seguir luces de varias intensidades para evitar la atracción magnética a reencarnar. Uno debe intentar seguir la luz más brillante. En la práctica, el último reflejo de los nervios en el momento de morir debe usarse para llevar la conciencia de uno al nivel más alto; eso depende de la tensión creada por la aspiración de uno. La persona que va a morir debería dejarse en paz para crear esa tensión, ayudada por amorosos amigos o la ayuda profesional de un sacerdote o ministro que comprenda estos ritos; por supuesto, éste no es siempre el caso.

Cuando un hombre despierta en la otra orilla, él ve ambos lados: ve la vida y las formas del plano en el cual se halla ahora, y las del plano que acaba de dejar. Él está menos solitario, menos separado de lo que está en el momento del nacimiento. Los amigos y ayudantes están ahí para guiarlo y facilitarle su jornada hacia arriba a través de los planos, si ése es su destino.

Sufrimiento

Cuando usted hablaba del intenso sufrimiento que hay en todo el mundo, ¿quiso usted decir que el Cristo viene a aliviar ese sufrimiento, a evitar que mucha gente muera? (6/1/77)

No estoy diciendo que Él debe venir ahora solamente para acabar con el sufrimiento. Su decisión de venir ahora es para ayudar, con su Presencia en el mundo, para acelerar el proceso de cambio, de modo que el sufrimiento será aliviado. Pero todavía nosotros tenemos que hacer los cambios.

Esto tal vez parezca falto de conmiseración, aunque no tiene la intención de serlo; ¿no sería que este sufrimiento parece peor que en el pasado simplemente porque hay más de él? No es peor sufrimiento, sólo que hay más gente sufriendo; y seguramente ellos pasarán por su sufrimiento, morirán y tal vez regresen en circunstancias diferentes. ¿Por qué es tan importante que su sufrimiento termine?

La razón de ello es la creación de *una* humanidad, la idea de una humanidad. Esto, ante todo, es el Plan del Cristo. La humanidad misma está comenzando a sentirse como Una; en la era que se aproxima será Una. Es nuestro próximo paso de avance en la evolución. La hermandad no es simplemente un ideal que podemos tener o no. Es un hecho en la naturaleza; sólo que nosotros no lo hemos manifestado todavía. En este tiempo venidero, es nuestro destino, la Voluntad de Dios, manifestar este hecho. Toda la actividad y guía de la Jerarquía estará inclinada a este fin. Esto sólo puede venir a través de la relación correcta. Es para lograr correctas relaciones entre los hombres, principalmente, a lo que el Cristo viene; correcta relación con Dios y con los demás. Si un hombre muere de hambre en un mundo donde hay abundancia, ustedes no tienen correcta relación. Si 500 millones están muriendo de hambre en un mundo donde hay abundancia, seguramente ustedes no tienen correcta relación. No es una actividad espiritual dejar que otro se muera de hambre cuando a usted le sobran los alimentos. Es para purificar al planeta de la enfermedad de la separatividad, para crear correctas relaciones, a lo que Él viene.

Gran parte del sufrimiento que la humanidad padece es totalmente innecesario. Lo inflige el hombre en el hombre. El Cristo mostrará que es esencial que este inútil sufrimiento de millones debe cesar; la explotación del hombre por su hermano debe cesar para restablecer el equilibrio y la salud del mundo.

Educación en el futuro

¿En qué se diferenciará la educación en el futuro? (30/8/77)

Los sistemas educativos que necesitamos para la humanidad deben estar edificados en la verdad interna de que el hombre es un alma manifestándose en este plano como una personalidad. La educación debe estar encaminada a esa verdad y no a sobrecargar las mentes de los niños con información que haga que ellos encajen como dientes de rueda en una máquina anticuada. No quiero decir que no haremos artefactos; absolutamente, no. Pero tenemos que aprender a vivir más sencillamente.

Se reconocerá que los niños son almas en encarnación gobernadas por ciertos Rayos específicos o corrientes de energía en cinco niveles: el alma, el persistente Rayo de energía; la personalidad, cuya energía cambia de una vida a otra; los tres vehículos de la personalidad: los cuerpos mental, astral y físico, cada uno de los cuales está en Rayos diferentes. Un conocimiento del punto de evolución del niño será lo más importante. Eso puede averiguarse científicamente al referirse uno al desarrollo, mayor o menor, de los chakras o centros de fuerza en el cuerpo etérico.

Mucha atención se le dará a la creación, por medio de la meditación, del canal de Luz, el antahkarana, entre el cerebro y el alma, así como a un desarrollo intensivo y conformación de la mente inferior, o concreta, del niño. De esa manera, será inculcado un equilibrado acercamiento a la vida, objetivo y subjetivo. La enseñanza de la historia y las ideas universales alentará el aumento de la identificación internacional y la ciudadanía. Un sentido de responsabilidad personal en el bienestar de los demás y un definido estímulo de la naturaleza de amor serán igualmente importantes en el nuevo acercamiento a la Educación.

La dicotomía presente entre la religión y la ciencia se reconciliará, y por el reconocimiento y el estudio de la energía psíquica y sus manifestaciones, puede hacerse una aplicación más correcta de la ciencia, una ciencia accesible a tipos más variados de hombres. La extremada especialización del presente pasará, hasta cierto punto.

Efecto en los reinos inferiores

Usted habla mucho de los Maestros como servidores de los hombres, lo que me lleva a hacer esta sencilla pregunta – ¿usted cree que el hombre está aquí para el planeta, o que el planeta está aquí para el hombre? (27/1/76)

Yo creo que el hombre está aquí como parte de un Todo, que incluye a todos los reinos de la naturaleza. El papel del hombre, la verdadera función del hombre en el planeta, es actuar como agente distribuidor de las energías y transmitir científicamente esas energías a los reinos inferiores de la naturaleza. De ese modo se vuelve un colaborador con el Logos. Ese es el verdadero destino del hombre cuando se conozca a sí mismo como el ser divino que es, y pueda utilizar las energías divinas que manan a través de Shamballa desde el Sistema Solar y más allá de éste. Él puede controlar conscientemente esas fuerzas, controlarlas y dirigirlas; ocultamente elevar los rcinos inferiores de la naturaleza. Así que el hombre tiene una parte muy importante que cumplir en el planeta; pero él es sólo un aspecto, un reino, y uno muy importante, ya que es el punto medio entre el espíritu y la materia; ambos se encuentran en él. También él es el Macrocosmos de los reinos infrahumanos.

Me pregunto, ¿cómo afectará la venida de Cristo a los demás reinos, el mineral, el vegetal y el animal? (30/8/77)

Tremendamente. No tanto el Cristo – más bien diríamos, no sólo el Cristo, pero el Cristo gradualmente evocará en la humanidad la capacidad de verse a sí misma como parte de un Todo, responsable de los reinos inferiores.

Hay un Plan para cada uno de los reinos de la naturaleza y hay Maestros que nada tienen que ver con el reino humano, porque su interés total está en los otros reinos: en la evolución dévica o angelical. Sólo hay cierto número de Maestros involucrados con la evolución humana. Nos imaginamos que somos los únicos que contamos. La evolución de los reinos inferiores se estimulará grandemente según el hombre mismo evolucione, y ahora más rápidamente, con el regreso de la Jerarquía a la vida cotidiana del mundo.

¿Qué me dice de las otras formas de vida en este planeta? (28/6/77)

Los Maestros nos ayudan a desarrollar la autoconciencia, así como también ayudan a los reinos inferiores a desarrollar la conciencia. Cada reino depende del reino inmediato superior para su estímulo evolutivo. Para el desarrollo y estímulo de su naturaleza, el reino animal depende de la mente del hombre.

En forma gradual, la totalidad del reino animal está siendo estimulada mentalmente a través de la mente del hombre. En primer lugar se impulsa la evolución de los animales domésticos, esos animales que sirven y viven más cerca del hombre. A través del reino animal el reino vegetal se está perfeccionando al pasar por el proceso de ser comido por los animales y ser elevado a un reino superior.

El reino mineral recibe su energía del sol a través de los diversos planetas, de Shamballa, de la Jerarquía y del reino humano. El reino humano actúa como agente de distribución, a través del cual las energías superiores fluyen para perfeccionar los reinos inferiores. De modo que hay una relación recíproca muy real existente entre la humanidad y los reinos inferiores.

En ese tiempo venidero, la humanidad llegará gradualmente a darse cuenta de su relación con los reinos inferiores y la dependencia que éstos tienen de ella. Una nueva relación se desarrollará entre el reino humano y los demás reinos, la cual ya está empezando a ocurrir, y puede apreciarse su crecimiento en forma consciente.

¿Podría preguntarle qué papel desempeñan los animales en este proceso evolutivo? (30/9/76)

Ellos tienen una parte importante, por supuesto, como todos los reinos de la naturaleza. Cada reino nace del otro. El primero en fundarse fue el reino mineral; de él nació el reino vegetal, de éste nació el reino animal, y de éste, el humano. Del reino humano está naciendo el Reino Espiritual – el "reino de las almas," o el Reino de Dios – que es la Jerarquía.

Hace dieciocho millones y medio de años, a mediados de la era lemuriana, el primitivo hombre-animal había alcanzado un estado de desarrollo relativamente alto: había desarrollado un fuerte cuerpo físico, un coordinado cuerpo astral o emocional y una mente embrionaria, una mente incipiente que podría formar el núcleo de un cuerpo mental. Entonces el

Logos de nuestro planeta se manifestó como Sanat Kumara, el Señor del Mundo, en Shamballa. El centro que llamamos Shamballa fue formado.

Con Sanat Kumara, de Venus, vinieron los Señores de la Llama, Quienes trajeron esa energía que llamamos mente. Esta energía estimuló la incipiente mente del hombre-animal primitivo y la individualización del hombre tuvo lugar.

En su plano, que es el plano mental más alto, los egos humanos o almas, que estaban esperando este preciso momento para encarnar, hicieron ese gran sacrificio y encarnaron por primera vez. Así comenzó el viaje evolutivo humano.

¿Qué ocurre a los animales ahora? ¿Evolucionan? (30/9/76)

Actualmente los animales evolucionan a través del hombre. Ellos están respondiendo a la energía de la mente – el quinto principio de la mente – que el hombre les irradia. De este modo, su incipiente inteligencia se está gradualmente estimulando. Usted ve funcionar eso en los animales que viven con el hombre, los animales domésticos. Los antiguos animales salvajes, como el rinoceronte, etc., se están extinguiendo gradualmente. Los animales domésticos se vuelven cada vez más y más inteligentes al responder a la mente del hombre. Con el tiempo, ustedes verán experimentos en los que los animales manifestarán ciertas facultades mediúmnicas a través de la mente del hombre.

Más tarde, pero dentro de varios millones de años, la puerta a la individualización (los animales ya no se hacen humanos), cerrada a mediados de la era atlante, se abrirá de nuevo y los animales se individualizarán. Por el momento, los animales no tienen un alma autoconsciente.

Ellos son parte de un alma genérica. Cuando un gato muere, se fusiona dentro de una sola alma y pierde cualquier identidad que hubiera tenido en el plano físico en esa alma grupal llamada Gato. Eso en cierto sentido es verdad en cuanto al hombre, pero en el hombre hay además individualidad. Esa individualización ocurrió en el hombre en los tiempos lemurianos.

Parte de la conciencia mundial se ha expresado por cierta gente que trata de aferrarse a formas de vida animal y vegetal, a través de diversas sociedades de conservación que han brotado en los últimos años. Seguramente es una presunción por parte del hombre aferrar-

se a una forma de vida que haya agotado su utilidad y las almas encarnadas en esas formas claramente deben de haber pasado a alguna clase mejor de formas en las cuales encarnar. ¿O se trata de algo que es un proceso educativo? En realidad, ¿sirve al Plan? (5/3/76)

Cuando una especie de animal se extingue – y muchas se están extinguiendo como sabemos – esto es el resultado de ciertas grandes energías. La gran energía destructiva del Primer Rayo de Voluntad o Poder está causando tremendos estragos en el reino animal.

¿Es eso destructivo? (5/3/76)

Es destructivo e intencional. Las viejas formas son destruidas con el objeto de abrir paso a las nuevas formas – formas mejores, más refinadas. Ustedes no pueden destruir la vida. Ustedes sólo pueden destruir la forma, que a un nivel más alto es renovable. La vida es indestructible. No importa, excepto para una persona sentimental, que el rinoceronte blanco o cualquier animal se extinga. Mi opinión personal es que no es nada malo tener unos cuantos en zoológicos como un recuerdo de nuestro pasado prehistórico; pero ellos son fundamentalmente animales prehistóricos y se están extinguiendo. Gran número de animales se han extinguido, y continuarán haciéndolo, por las acciones del Primer Rayo en su aspecto destructivo.

Por supuesto, el hombre está acelerando ese proceso de un modo antinatural con su codiciosa caza de esos animales; en el caso del rinoceronte, debido a un supuesto afrodisíaco que, se cree, proviene de su cuerno.

EL LIBRE ALBEDRÍO

Si una figura como el Cristo mismo fuere a aparecer y hablar de ese modo, la gente en realidad haría las cosas porque se trata de Él y no debido a su propia libertad, ¿no? (24/1/78)

Sí. Aunque Él está emergiendo en el país donde está – y está emergiendo muy pronto – Él no va a declararse inmediatamente.

Usted habla del libre albedrío. Ni la Jerarquía ni el Cristo, bajo ninguna circunstancia, jamás infringen nuestro libre albedrío. Una de las razones por las que el Cristo, aunque está en el mundo, no está hablando en estos momentos en la radio o la televisión al mundo, o a las Naciones Unidas, es porque en ningún sentido Él desea infringir el libre albedrío humano. Él está por completo de acuerdo, diríamos, con lo que usted acaba de expresar. Él está consciente del peligro de que muchos lo sigan simplemente porque es el Cristo. Cuando el Cristo emerja, pero antes de que se haya declarado, mucha gente Lo seguirá, bien sea que sepan o no que Él es el Cristo. Aquellos que saben buscar pueden reconocerlo. Aquellos que no saben buscar o que no están preparados para comprender que Él ha venido al mundo – y eso depende del éxito de la preparación que ahora se hace para Él – no asociarán necesariamente al hombre que es el Cristo con el Cristo. Ellos pueden seguirlo simplemente porque creen en lo que Él sustenta. Eso es lo esencial. Quienes sigan al Cristo por lo que Él sustenta, bien sea que lo reconozcan como el Cristo o no, descubrirán que cuando ponen en efecto los ideales, que Él expresa, en sus vidas cotidianas, automáticamente fluye a través de ellos Su energía, la energía del Cristo Cósmico, el verdadero Espíritu del Cristo. Eso emanará hacia ellos y Él trabajará a través de ellos.

Y así puede cambiar el mundo. Si Él fuese hoy o mañana a levantarse y decir: "Yo soy el Cristo", mucha gente creería en Él. Él es un hombre tan extraordinario, que mucha gente creería que Él es el Cristo y, de una manera emocional, Le daría su lealtad. Lo seguirían porque sabrían que Él es el Cristo, no porque estuvieran dispuestos a los renunciamientos que Él pedirá. Él pedirá sacrificio, renunciamiento, para que todos los hombres puedan compartir los productos del mundo. Los que no estén preparados para eso no seguirán al Cristo – aún cuando Lo reconozcan. Los que estén preparados para eso Lo seguirán, aún cuando no Lo reconozcan como el Cristo. Pero ellos deben creer en lo que Él dice por sí mismos, no porque Él sea el Cristo. De manera que habrá un período entre Su Aparición y Su Declaración de Su verdadera condición, para capacitar a la humanidad a hacer su selección y dar los primeros pasos hacia el compartir.

Otros Lo ignorarán por completo y continuarán con sus viejos hábitos egoístas. La venida del Cristo no significa que de la noche a la mañana toda la humanidad deje de ser egoísta. El egoísmo es algo de lo cual la humanidad tiene que desprenderse. Es una etapa, una etapa en el proceso evolutivo. Hoy hay en el mundo millones de hombres y mujeres desinteresados, que están listos para el cambio, dispuestos a compartir, dispuestos a los sacrificios que el compartir significa.

¿La idea de un Plan no infringe nuestro libre albedrío? (24/1/78)

El Cristo y los Maestros no van a hacer otra cosa sino mostrar el camino. Ellos no van a formar la nueva era. Nosotros tenemos que formarla. Nosotros todavía tenemos que hacer los cambios interiores. Todavía tenemos que tomar la decisión de aceptar el Plan. El Cristo y los Maestros mostrarán que hay un Plan – un Plan que proviene de Dios, del centro que llamamos Shamballa, donde la Voluntad de Dios es conocida. Ellos son los custodios de este Plan, los Agentes del Plan. Pero tiene que funcionar a través del hombre, en el plano físico. No habrá coerción en absoluto. Lo que ustedes no deben olvidar es que la Jerarquía continuamente ha existido y existirá. Existe el Cristo y existen los Maestros. Pero también hay Iniciados de cuarto, tercero, segundo y primer grados, y todos los discípulos y aspirantes en los lindes de la Jerarquía – y pertenecen a la humanidad. La Jerarquía no está limitada sólo a los Maestros. (Pudiera decirse, en un sentido técnico, que su límite llega hasta los Iniciados de primer grado.)

Los Iniciados y los discípulos son los que están poniendo el Plan en efecto, a través de quienes el Cristo y los Maestros están trabajando y trabajarán. Ellos son los edificadores de la nueva era, no sólo el Cristo y los Maestros. Ellos pueden señalar el camino, pero las actuales estructuras de la nueva era, políticas, económicas, financieras, sociales, etc., todas serán construidas por entrenados Iniciados y Discípulos de la Jerarquía, hombres y mujeres en el mundo. Ellos no están contraviniendo el libre albedrío humano, porque forman parte de la humanidad.

Yo me refería a algo más sutil. (24/1/78)

Yo veo y siento, creo, su pregunta, su problema, su preocupación; pero puedo asegurarle que no hay nadie más interesado en preservar el libre albedrío de la humanidad que la Jerarquía. Ellos jamás infringen nuestro libre albedrío bajo ningún pretexto. No importa cuán agradable o atractivo pudiera ser para nosotros que Ellos intervinieran, pero nunca lo hacen. Todo tiene que operar a través del hombre. Donde Ellos pueden intervenir – cierto tipo de intervención, si usted quiere – es impresionando las mentes de Sus discípulos.[1] Pero Ellos son hombres y mujeres que están en el mundo y también en la Jerarquía, así es que no hay intervención. A través de estos discípulos el Plan se lleva a cabo.

El cristianismo fue realmente fundado por San Pablo. El Cristo, trabajando a través de Jesús, inauguró la era de Piscis y con ella la religión cristiana; pero la estructura de la religión cristiana, la estructura del cristianismo, de la Iglesia, fue fundada por San Pablo – y San Pablo cometió varios errores. Él distorsionó el cristianismo considerablemente. Él es ahora uno de los maestros de Sabiduría, el maestro Hilarión (y es uno de los que pronto estarán en el mundo); pero Él cometió errores y no se le impidió que los cometiera.

A ningún discípulo se le impide que cometa errores. Él los comete, la humanidad los sufre y por consiguiente el Plan sufre por ellos; pero con el tiempo, el Plan se lleva a cabo. El Plan es el ideal. Surge de Shamballa en su forma ideal. Es llevado a la Jerarquía en primer lugar por el Buddha, que está en Shamballa, y los tres Grandes Señores – el Cristo, el Manú y el Señor de la Civilización. Al frente de los tres Departamentos de la Jerarquía, resuelven qué parte del Plan puede ponerse en vigor durante los cien o mil años inmediatos. La labor del Señor de la Civilización, en cierto modo como Director General, es aproximar ese Plan a lo posible. El Plan es el ideal para la humanidad, para liberar las energías, las ideas, dentro de la zona mental. La humanidad responde a ellas. Pero siempre es una aproximación al ideal, y si fuera necesario infringir el libre albedrío de la humanidad para asegurarse que el Plan se llevare a cabo, no se haría. Depende de nosotros. Siempre depende y dependerá de nosotros.

Creo que es mejor discernir los ideales también.

Por supuesto. Así es como Ellos trabajan. ¿Pero de dónde cree usted que vienen estos ideales? ¿De dónde viene el ideal de la fraternidad? ¿De dónde cree que vienen las ideas que están comenzando a gobernar las mentes de los hombres? ¿Cree usted que caen del cielo o de pronto surgen de las mentes de los hombres? No, ellas son enviadas a la zona mental por la Jerarquía. Son puestas ahí como formas de pensamiento.

Entonces las mentes sensitivas de la raza responden a esas formas de pensamiento. Tenemos una gran idea. Descubrimos la energía atómica. O descubrimos que el mundo es redondo, o lo que sea. Estos son descubrimientos hechos por discípulos iniciados, que responden a las formas de pensamiento que ya han sido colocadas en la zona mental por la Jerarquía.

¿Qué sucede con nuestro libre albedrío? (24/5/77)

El hombre tiene libre albedrío. Tiene un limitado libre albedrío y nada pasa con eso. Lo que ha pasado hasta ahora es que el hombre le ha dado total soberanía a su libre albedrío y la humanidad ha cometido muchos errores y sufrido, por la indulgencia de su libre albedrío. El hombre tiene limitado libre albedrío para soportar la fuerza evolutiva – el gran arrastre cósmico de la evolución – por un tiempo. Este planeta es parte de un sistema, de una Entidad mayor, el Logos del Sistema Solar. Nuestro planeta es un centro en el cuerpo de esa Entidad, y la evolución de nuestra Tierra está relacionada a la evolución del sistema. Nuestra libre voluntad está limitada al extremo de que se nos permite resistir esa fuerza evolutiva por determinado tiempo y no más. Tarde o temprano, queramos o no, somos arrastrados por la fuerza de la evolución, por ese gran imán cósmico, de acuerdo con la Voluntad de Dios.

Lo que está pasando hoy, por primera vez desde principios de la época atlante, es que el libre albedrío de la humanidad y la Voluntad de Dios como ésta es conocida en Shamballa se están poniendo en alineamiento correcto. Los tres grandes centros, Shamballa, la Jerarquía y la Humanidad, están ahora en un alineamiento más correcto de lo que jamás estuvieron, porque por primera vez en incontables miles de años la libre voluntad del hombre se está convirtiendo en la misma Voluntad de Dios. Cuando la libre voluntad del hombre es diferente de la Voluntad de Dios, el hombre tiene dificultades, tiene problemas y sufrimientos. Pero cuando el libre albedrío del hombre, que sigue siendo libre albedrío, se pone por su propia libre elección de acuerdo con la Voluntad Divina, todo marcha bien. Siempre hemos tenido la posibilidad de crear una existencia divina, un mundo hermoso, sin sufrimiento, tan sólo con poner nuestro libre albedrío en desacuerdo con nuestras propias predilecciones personales, nuestra propia naturaleza de deseo, y en línea con el propósito de nuestra alma, que es propósito divino.

A medida que gradualmente crecemos, que nos convertimos en una personalidad infundida cada vez más de alma, mostrando más y más nuestro verdadero propósito de alma, vamos poniendo nuestra voluntad humana, que aún es nuestra propia libre voluntad, de acuerdo con la Voluntad Divina – el Plan y Voluntad que el Logos de este planeta tiene para nosotros. En realidad nosotros somos pensamientos en la mente del Logos creativo. Al alinear nuestras vidas exteriores con el Plan que Él tiene para nosotros como creaciones Suyas, todo está bien: la humanidad no sufre, establecemos correctas relaciones humanas – entre hombre y hombre y entre hombre y Dios. Cuando expresamos sólo nuestra propia voluntad separatista, nuestro concepto de nosotros mismos como entidades separadas, orientadas egoístamente, ahí comienza la dificultad. Siempre que los hijos de los hombres se han convertido en los Hijos de Dios y han puesto su propia pequeña voluntad en línea con la Voluntad Divina, se han convertido en Iniciados y con el tiempo en Maestros. Eso ha sucedido a través de los siglos. Hoy, por primera vez en la historia humana, la humanidad, en su totalidad, puede hacer lo mismo.

EFECTOS POLÍTICOS

Los Tres Desastres

La información que tenemos disponible acerca de los anteriores cambios de las edades de la tierra parece indicar no solamente enormes trastornos, sino también un enorme cataclismo en el planeta mismo. ¿Es cierto esto? (21/12/76)

La incidencia de los temblores se ha venido incrementando en intensidad y frecuencia durante los últimos 150 años, y está alcanzando un punto culminante; ahora escasamente pasa un mes sin que haya un gran temblor de tierra en alguna parte del mundo. La incidencia de terremotos y la actividad catastrófica –desastres– ha sido mitigada grandemente por la invocación del Avatar de Síntesis hacia el mundo, originándose la síntesis y la fusión; y por la energía del Espíritu de Paz, que da lugar a la transformación y la transmutación de lo inferior a lo superior. Sin esta intervención, esos desastres serían de una intensidad mucho mayor que cualquier otra cosa que conozcamos.

La humanidad ha pasado en este siglo por uno de los desastres más grandes que jamás haya conocido: la Gran Guerra de 1914-1945, que desde el punto de vista de la Jerarquía fue una sola guerra. En ella murieron millones de personas y todavía estamos sufriendo sus efectos. Grandes extensiones del planeta fueron devastadas y la vida social fue destruida en gran extremo. Fue la precipitación en el plano físico de una guerra que se ha venido desarrollando en los planos internos, en los niveles mental y astral, desde los tiempos de la Atlántida, cuando se produjo la destrucción del continente atlante. Fue un gran desastre y una gran experiencia para la humanidad.

La humanidad está enfrentando, aunque muchos no están conscientes del hecho, otro gran desastre, que es el del hambre. Actualmente hay entre 460 a 500 millones de personas literalmente muriéndose de hambre en un mundo de abundancia. Si esto no es un gran desastre, no sé entonces qué es.

Pero como no ocurre a nuestro alrededor, pasamos desapercibido el hecho. Lo insólito de la humanidad es que millones de sus semejantes puedan estarse muriendo de inanición, sufriendo hambre, desnutrición y enfermedades sin que nosotros notemos que es una gran catástrofe. De modo que hemos tenido que afrontar estos dos grandes desastres en el tiempo presente, más la incidencia de los temblores de tierra.

El Cristo está regresando ahora inminentemente al mundo para actuar como el Agente de Intervención Divina, de tal manera que Él puede mitigar los efectos de estos desastres hasta cierto punto – desastres que de otro modo causarían enormes penalidades y sufrimiento. La razón principal del regreso del Cristo *ahora* es evitar que la catástrofe del hambre afecte a más millones de personas. Gran parte del mundo se enfrenta hoy a la muerte por inanición; cientos de millones de personas morirán de hambre en los próximos años a no ser que pongamos en ejecución el procedimiento de compartir. Es por esa razón más que por ninguna otra que el Cristo ha adelantado la fecha de Su regreso al mundo. Hay otra razón – la respuesta de la humanidad a este efluvio espiritual de energías es, como todas las demás cosas, de naturaleza cíclica. Estamos en una ola ascendente de respuesta, y el Cristo espera que al venir Él ahora pueda aprovechar esta ola ascendente mientras perdure, para inaugurar la era de la Buena Voluntad, del compartir y de la relación correcta, antes de que la ola descienda. Estos son los principales factores detrás del inminente regreso del Cristo.

En mayo de 1976 ocurrió un suceso de enorme significado para el mundo. Estas energías del Cristo y de la Jerarquía en general emanan del nivel búdico, casi exclusivamente de ese nivel, y por lo tanto, tienen que ser reducidas, perdiendo potencia en cada punto del proceso reductor. Desde mayo de 1976 el Cristo ha extendido al mundo una gran Bendición.

Él ha adelantado la fecha de Su regreso, tanto, que no hay ya tiempo para prepararle el camino, para preparar las mentes de los hombres para Su Venida; así que Él mismo tiene que hacerlo. Él está liberando ahora las energías del Avatar de Síntesis y del Espíritu de Paz, del Buddha, de Su propio Rayo de Amor, ya no simplemente desde el plano búdico, sino a través de los planos: los cuatro planos mentales, los siete planos astrales, hasta el más bajo de los cuatro planos etéricos. El efecto es ahora como si el Cristo estuviese físicamente presente en el mundo. Esas energías están siendo liberadas a su máxima potencia. Esto es enteramente nuevo y significa que esas energías, que hasta ahora habían sido solamente parciales en su efecto, y por consiguiente, lentas, están operando directa y potentemente y efectuarán cambios que hasta hoy parecían imposibles.

En los próximos meses y años ustedes verán sucesos extraordinarios en el mundo. No habrá duda en sus mentes de que el Cristo viene. La gente se unirá, las naciones se pondrán en una nueva alineación; grupos que hasta ahora se han estado apretando el cuello unos a otros, de pronto se darán cuenta de que son amigos, capaces de ceder y unirse. Algunas áreas del mundo, como el Cercano Oriente, Belfast, Sudamérica y África, se asentarán en una nueva forma de orden pacífico. El caos, los disturbios, desaparecerán gradualmente y los hombres podrán poner sus mentes en el Nuevo Orden, el Nuevo Plan Divino, las nuevas estructuras, y ponerlas rápidamente en vigor bajo la influencia del Cristo. *Él estará de hecho en el mundo en los próximos meses.* Las energías están haciendo el trabajo por Él, antes de Su Aparición. Esto es algo único, y es una gran Bendición, concedida para preparar a los hombres, para demostrarles que Él está en realidad en camino. El permiso para liberar esta Bendición fue dado por el propio Señor del Mundo, Sanat Kumara, en Shamballa.

No es necesario que ustedes sepan la fecha de Su Venida. Pronto todos lo sabrán por sí mismos, que el Cristo ha venido. Los cambios que están teniendo lugar serán tan asombrosos que ustedes comprenderán que algo extraordinario está ocurriendo – que el Cristo ha llegado. Otros pueden no saber exactamente lo que está ocurriendo, pero ellos también comprenderán que algo muy extraordinario está sucediendo. Y cuando vean a este Hombre trabajar de cierta manera, liberando Su energía, ustedes estarán seguros de que ése es el Cristo.

Denle su lealtad. Permítanle trabajar a través de ustedes.

'Complejo de catástrofe'

Hoy prevalece lo que yo llamo "complejo de catástrofe". En todas partes se anuncian pronósticos de desastres. Considero necesario contrarrestar ese destructivo síndrome de temor – pues eso es lo que mayormente es. Hay una catástrofe hoy en día: millones de personas mueren de hambre en un mundo de abundancia; la incidencia de los temblores de tierra está aminorando debido a la presencia del Cristo – Él actúa como Agente de Intervención Divina para mitigar sus efectos – pero de todas maneras, ellos ocurren; el mundo entero es un fermento de cambio, en el que muchas antiguas y muy apreciadas formas están siendo arrasadas. Pero las predicciones de inundaciones y destrucción en escala continental no están basadas más que en el miedo – un miedo estimulado y mantenido por las fuerzas del mal, en lucha final contra su inevitable fracaso – y en una mala interpretación del enfoque de tiempo.

Los cambios continentales y la destrucción de masas terrestres a las que la mayor parte de las predicciones se refieren, no deben ocurrir sino hasta dentro de unos 800 años. Para ese tiempo, una humanidad más mentalmente polarizada, con la ayuda de la ya para entonces exteriorizada Jerarquía, se hallará capacitada para afrontarlos. Todo ocurre de acuerdo a la ley. Esa mala interpretación del Apocalipsis y de Nostradamus está llevando a un exagerado y poco saludable énfasis respecto a los desastres, engendrando así el temor, que yo, por mi parte hago lo mejor que puedo para corregir. Esta es una época de gran esperanza y promesa para la humanidad.

Violencia actual

¿Es en la actualidad la violencia que hay en el mundo – en África e Irlanda y lugares como ésos – la expresión de la violencia de las guerras mundiales, o es algo más? ¿Se solucionará? (5/3/76)

Inevitablemente, se solucionará, pero las causas son diversas.

Parece que la violencia está surgiendo mucho, particularmente en África. (5/3/76)

Sí, hay varios factores aquí. Mucha de la violencia de hoy es realmente el resultado de que el hombre no se da cuenta de su verdadera naturaleza, del hecho de que él realmente es, fundamentalmente, un alma, un alma en encarnación; que esta personalidad es el vehículo de una gran entidad: el alma. La violencia de hoy en el mundo es el resultado del desequilibrio entre el conocimiento interno de uno mismo como alma, y su inhabilidad de manifestar ésta en el plano externo – debido al condicionamiento por la sociedad, a la falta de educación a este respecto y al grado de evolución que la mayoría de la humanidad ha alcanzado. Esto produce una situación en la que el hombre está en lucha consigo mismo y, por consiguiente, con la sociedad de la que forma parte. Mucha de la violencia en el mundo tiene esto por causa.

Gran parte de la violencia en África y en cualquiera otra parte es el resultado de que los pueblos surgen buscando su independencia, luchando por alcanzarla, desechando el yugo del colonialismo. Las diferentes facciones dentro de estos pueblos subdesarrollados, dadas las existentes condiciones económicas, tratan naturalmente de imponer su propia solución e ideología, ayudadas y alentadas, por supuesto, por una u otra de las grandes potencias, las que buscan un campo de influencia para sí mismas. La única solución a toda esa violenta lucha es el compartir.

La Reaparición y el gobierno

Desearía preguntar acerca de los Maestros de la Sabiduría trabajando en cooperación con los gobiernos. El cambio no tiene que efectuarse simplemente trabajando a través de las estructuras existentes. Tiene que efectuarse sencillamente abandonando esas estructuras. (15/7/76)

Lo que se requiere es un cambio total en nuestra estructura social en todo el mundo. Eso implica, en primer lugar, trabajar a través de las estructuras gubernamentales existentes con el objeto de cambiarlas. La participación de todos los sectores de la sociedad en la construcción del nuevo orden asegurará la rápida adopción de las medidas necesarias, así que en este proceso la naturaleza misma del gobierno, según la visualizamos hoy, cambiará. Es una suposición incorrecta por parte suya el que yo vea una continuación de las formas existentes de gobierno; personalmente, de ningún modo lo veo así.

Nuevas formas de gobierno pueden desarrollarse sin conflicto alguno con las viejas formas. Es como una película cómica que vi, que muestra a un cura de pie en la iglesia, completamente vacía, diciendo: "estoy aquí reunido..." Realmente no ha habido ningún conflicto, sencillamente todos se han retirado de la iglesia y han dejado al guía sin tener a quien guiar.

Pero hay situaciones en que el líder en realidad guía y los que son guiados también participan en las medidas que se toman. No estoy en ningún sentido imaginando una forma autoritaria de gobierno. De ninguna manera. Eso va enteramente en contra de los requerimientos para la completa participación de todos los sectores de la sociedad, y la clase de relaciones correctas que deben desarrollarse entre los hombres libres.

Yo estaba poniendo en tela de juicio todo tipo de gobierno. En otras palabras, no hacía ninguna distinción entre gobierno democrático por una parte y gobierno autoritario por otra.

Sí, pero no importa qué forma de organización usemos para vivir nuestra vida social, ésta debe ser a través de alguna forma de gobierno – bien sea que ese gobierno tenga su sede en Westminster, en el Kremlin o en cualquier otra parte – o bien si es a través de talleres o de reuniones de la comunidad. El gobierno es la organización de las relaciones. Debe haber alguna estructura u organización donde se tomen decisiones para que ciertos resultados sean convenientes. Eso es gobierno, ya sea a nivel de comunidad, a nivel personal o a nivel internacional, de cualquier manera tendría alguna estructura formal. Lo que estoy sugiriendo es que el sistema gubernamental cambiará con la participación de todos los sectores de la sociedad en este proceso de cambio. Lo que hoy llamamos sistema democrático, o sistema comunista, o sistema fascista – todos están en proceso de transición hacia otra cosa. Todos están en una etapa más o menos transitoria y nadie en este momento puede prever exactamente de aquí a diez años la forma de gobierno que será conveniente en cualquier país. A lo que me estoy refiriendo empezará a suceder dentro de unos pocos años. Es algo muy inmediato y veremos en este país, en los próximos años, grandes cambios en nuestra estructura social.

¿Implica eso, lo que usted ha bosquejado, alguna forma de gobierno mundial? (7/2/78)

Inevitablemente, esto conducirá a un gobierno mundial. El gobierno mundial no le será impuesto a la humanidad, sino que será el resultado de la fraternidad manifestada. El compartir y la cooperación de toda la humanidad, la redistribución de los productos del mundo, dará por resultado un gobierno mundial. Cualquier intento de lograr o imponer un gobierno mundial sin la aceptación de compartir está condenado al fracaso.

¿Qué posición ocupará el Cristo en dicho gobierno mundial? (7/2/78)

En el gobierno mundial mismo, según yo entiendo en este momento – no hablo con conocimiento absoluto – pero según yo entiendo en este momento, ninguno. Al frente de varios gobiernos del mundo y en las grandes organizaciones mundiales, como las Naciones Unidas, etc., habrá un Maestro o un Iniciado de tercer grado por lo menos. De modo que las grandes organizaciones internacionales estarán bajo el control directo de un alto miembro de la Jerarquía. El Cristo no estará alejado de la humanidad, será su guía. Él mostrará el camino, señalará el Plan y las posibilidades. Será el Instructor del Mundo. Los Maestros gradualmente irán llegando con sus Iniciados de alto grado y supervisarán el detallado trabajo técnico y administrativo. El Cristo mismo tendrá mucho que ver con la liberación de las energías, con el trabajo de Iniciación, como el Iniciador, el Hierofante, en las dos primeras Iniciaciones, y en estimular e inspirar la formación de la Nueva Religión Mundial.

¿Habrá con el tiempo un idioma universal? (2/7/77)

El idioma internacional del futuro será el inglés. Un inglés simplificado. Eso no quiere decir que cada nacionalidad no mantenga su propio idioma. Lo hará, pero habrá como idioma internacional un inglés básico.

Las Naciones Unidas deben estar indudablemente cada vez más y más bajo el enfoque de la Jerarquía – pues han sido un tanto inefectivas por largo tiempo – si es que van a ser los custodios de los recursos. (7/2/78)

Sí. La energía del Avatar de Síntesis en realidad actualmente actúa a través de la Asamblea de las Naciones Unidas y está lenta, pero seguramente, uniendo a las naciones. Es uno de los grupos principales a través de los cuales fluye esa energía. Nosotros vemos las limitaciones de las Naciones Unidas; pero sus agencias están haciendo un formidable trabajo en todo el mundo; lo han estado haciendo, desde su inauguración, en todos los campos – el económico, el ecológico, el médico y el social – un extraordinario trabajo de reconstrucción y reorganización. No se debe subestimar esa contribución a las necesidades mundiales que las naciones, conjuntamente, están haciendo. Esta manera de interesarse es del todo nueva en los asuntos mundiales, y un indicio seguro de que el Plan está desarrollándose.

¿Qué clase de sacrificio se nos va a pedir que hagamos? (7/2/78)

Bien, se nos pedirá que vivamos mucho más sencillamente de lo que ahora vivimos. La humanidad – no hablo de las subdesarrolladas dos terceras partes del mundo – entrará en lo que se llama "la experiencia del desierto". Tendrá que aprender a vivir más sencillamente, aprender a compartir y todo lo que significa el compartir; tendrá que considerar todos los productos del mundo como pertenecientes al mundo – en general – no será trigo estadounidense, o petróleo ruso, o manufacturas inglesas, o lo que sea – sino que cada nación tiene recursos y éstos pertenecen a todos los hombres, a todas las naciones. A cada nación se le pedirá que haga un inventario de todo lo que posee y de todo lo que necesita, y esto se transferirá a las Naciones Unidas. Todos los bienes y los productos tendrán que ser transferidos. Yo digo "tendrán que ser", pero de nosotros depende que apoyemos eso. Nada se nos impondrá. Pero el consejo de la Jerarquía y del Cristo será hacer eso: transferir, en administración para todos los hombres, los productos del mundo, para que sean administrados para todos por las agencias de las Naciones Unidas, de manera que ningún país sea el posesor. Entonces eso se distribuirá entre toda la humanidad de acuerdo a las necesidades. Esto significará para la tercera parte desarrollada del mundo una forma de vida enteramente nueva y más sencilla, que será mucho más feliz, como se verá, pues nada hay más fácil de sobrellevar que el compartir algo. Quiero decir, que si ustedes no tienen mucho, es más fácil si algún otro tampoco tiene mucho.

Eso es algo relativo. No estoy diciendo que vamos a vivir en la pobreza total, no. Hay un excedente de alimentos en el mundo. Hay un excedente de materia prima y de fuentes de energía, si se emplean debidamente.

Los Maestros son los custodios de conocimientos científicos de los que ni siquiera soñamos en el presente. Ellos poseen los conocimientos de los medios de poder, el poder nuclear, sencillo y seguro, que responderá a los requisitos de energía de toda la humanidad. Ese es el punto crucial de la situación hoy en día. Todo tiene que ver con la energía. Cualquiera que tenga la energía hoy, tiene el poder. Esa energía y por tanto, ese poder, serán compartidos por toda la humanidad.

Muchos países hoy en día quieren practicar la democracia, ¿cómo van aceptar ellos una Jerarquía? (28/3/78)

He encontrado, especialmente entre los jóvenes interesados en la política y orientados hacia la democracia, una gran resistencia a la idea de la Jerarquía. Hay una fuerte resistencia a la idea de los Maestros de la Sabiduría debido a la palabra Jerarquía. Inclusive a la palabra Maestro. (*Nota del traductor*: En inglés, la palabra *master*, maestro, también significa amo o patrón.) Por supuesto, la palabra Maestro y la palabra Jerarquía no denotan ninguna clase de autoridad, y lo que los jóvenes de hoy resienten mucho es la autoridad. Ellos nacen en el mundo con las ideas de libertad, igualdad y fraternidad. Esto está bien, eso es lo que la Jerarquía enseña, y es lo que el Cristo enseñará. Pero la Jerarquía es un hecho en la naturaleza. Es perfectamente posible creer (y demostrar su creencia) en la igualdad, la fraternidad y la libertad, y al mismo tiempo reconocer que usted y todos los demás estamos en determinado punto en la escala de la evolución. Todos somos iguales ante Dios. Pero, tomando parte en un largo y aparentemente interminable viaje evolutivo, todos estamos en algún punto de ese viaje. Algunos están más avanzados y otros tienen todavía mucho que andar.

Los Maestros han terminado el viaje. Ellos están en lo más alto de la escala y se inclinan y extienden la mano para darle al más próximo un impulso hacia arriba, y éste baja la mano y le da un empujón hacia arriba al siguiente, y así sucesivamente bajando en escala hasta llegar al menos desarrollado. Desde el más primitivo miembro de la raza humana hasta el Cristo, y más allá, existe una Jerarquía. Siempre existen aquéllos que están más evolucionados, más avanzados – no son mejores, sencillamente están más adelantados en el sendero evolutivo. Están demostrando más de su potencial, que es divino.

Como almas, todos somos Uno. En el nivel del alma no existe realmente algo como un alma individual. Solamente existe un aspecto individual de una gran Superalma. Al encarnar esa alma, al involucionarse en la materia, ha comenzado el viaje de regreso a la perfección de la cual proviene. El alma es perfecta. Es el reflejo de una perfección, el reflejo del Espíritu, la chispa de Dios. Nosotros en este plano físico somos un reflejo de nuestra alma. En realidad somos seres triples. Al encarnar esa alma empieza su viaje evolutivo y pone en acción toda una serie de sucesos. Estos constituyen nuestras sucesivas vidas a través de los tiempos. Una y otra vez encarnamos y reencarnamos en formación grupal y gradualmente evolucionamos, gradualmente demostramos más y más nuestra verdadera naturaleza humana – que también es divina. Hasta que seamos perfectos, como son perfectos los Maestros. Entonces estamos en lo más alto de la escala y estamos libres para seguir hacia mundos superiores, o nos podemos quedar y ayudar al que está abajo. Los Maestros que se han quedado en la tierra están haciendo esto. Es parte de Su servicio.

Las almas han encarnado en diferentes épocas. Los Maestros de la Sabiduría están donde están porque empezaron antes que nosotros. Los seres adelantados de la humanidad de hoy están donde están en relación a otros porque comenzaron antes que ellos. Existe inevitablemente una Jerarquía.

Existe jerarquía en el sistema solar. Los mismos planetas están en diferentes etapas de evolución. Existe jerarquía por todas partes en el cosmos. En cierto sentido, no hay otra cosa sino jerarquía. Al mismo tiempo, no hay jerarquía, porque no hay separación. Todo es Uno. Es sólo en manifestación que la jerarquía existe. Fuera de la manifestación, todo es uno. En relación al todo, cada uno es parte del todo, es una parte igual del todo.

La semilla tiene dentro de sí el potencial de todo el árbol, y cada planta recién germinada es igual; pero hay robles grandes y hay robles pequeños. Aquéllos que están más avanzados, siendo más avanzados, tienen tanto el derecho como la responsabilidad de servir más. Tienen el potencial para servir más. Esto es lo que significa el adelanto.

Cuando se vea que la Jerarquía es genuinamente de naturaleza espiritual, la gente hallará que no es imposible construir una forma verdaderamente democrática de gobierno (no hay verdadera democracia hoy en día) que al mismo tiempo participe un poco de la forma de relación jerárquica.

Cuando los hombres se den cuenta de la necesidad de ser guiados en la senda de vida que conduce a la perfección, y cuando el libre albedrío del hombre no se infrinja (como nunca es infringido por la Jerarquía), gustosamente aceptarán, como normal y correcto, cierto grado de dirección jerárquica, basada en la experiencia y lo realizado, que hoy en día parecería improbable.

Trabajo en el futuro

¿El hecho de que exista tanto desempleo en el mundo es una indicación de que el concepto de trabajo cambiará? Quiero decir, que la mayoría de las personas trabajan para ganarse la vida; ¿cambiará esa idea? (6/9/77)

Sí, el área principal de interés en el futuro inmediato será el problema del ocio: cómo usará la humanidad el tiempo libre que tendrá. Hoy muchas personas, debido a la situación laboral en el mundo, están mayormente inactivas. No lo desean, no quieren estar desempleadas, pero están inactivas. En cambio, en su mayor parte no han sido educadas para usar debidamente ese tiempo libre. En este tiempo venidero, gradualmente (no hablo de algo que va a ocurrir de la noche a la mañana, sino de algo que con el tiempo ha de ocurrir) los hombres crearán máquinas que harán el trabajo que hoy es hecho por la mayoría de la humanidad. La humanidad será liberada a un estado de desocupación que le permitirá la oportunidad de explorar su propia naturaleza interna, para conocer lo que realmente es, el gran Ser divino que realmente es, y permitirle manifestar esa cualidad.

Hoy día, sólo un número relativamente pequeño de personas están libres de la actividad forzada, libres de la necesidad, libres del hambre, libres para explorar la naturaleza de su propio Ser y libres para crear. Son los pocos privilegiados los que tienen esta clase de libertad. La mayoría de la gente trabaja para ganar suficiente dinero para mantenerse ellos y sus familias, y la mayor parte de la gente en el mundo hace un trabajo agotador, mecánico, que no guarda relación alguna con la verdadera naturaleza del hombre, con su creatividad. No es trabajo creativo. Algunas personas, por supuesto, disfrutan inmensamente de su trabajo y obtienen a cambio, en términos de energía, una gran recompensa emocional, mental y espiritual, debido a que están profundamente interesadas en los aspectos creativos de su trabajo. Emplean su creatividad. Pero para la gran mayoría de la humanidad esto no es así.

En el futuro lo será. La naturaleza del trabajo cambiará. Tendremos que aprender a vivir mucho más sencillamente, no engranados en esta gran civilización mecánica que hemos construido a nuestro alrededor, especialmente en el Occidente industrializado. El Cristo y los Maestros mostrarán que podemos vivir perfectamente felices, aún mucho más felices, de una manera sencilla, con menos cosas. Pero esas cosas serán bellas. Serán hechas porque son necesarias, y se harán con la creatividad del hombre detrás de ellas, ya sean hechas por el hombre o por las máquinas. Una actitud completamente nueva en relación al trabajo tendrá lugar. Mediante el poder del sonido, el hombre construirá y creará los artefactos de su civilización y tendrá dominio sobre su medio ambiente, relacionándolo con sus necesidades reales.

Cuando se ponga en correcta relación con su hermano y su Origen, heredará esa Ciencia Divina, que es su derecho de nacimiento, pero que hoy solamente es conocida por los Maestros de Sabiduría.

China y el Plan

Hay una gran parte del mundo en donde los cambios económicos de los que usted habla ya han tenido lugar, como en la República Popular China. ¿Cómo encaja esto en el Plan? (21/12/76)

Encaja muy bien. Cualquier cosa de importancia que pasa en el mundo, sucede bajo la inspiración de la Jerarquía. Hay todo un departamento en la Jerarquía, el del Manú, que se ocupa de la política del mundo: los grandes movimientos de las razas, la formación de las razas y de las naciones, el destino de las naciones, el desenvolvimiento de las divisiones políticas, gubernamentales y raciales de la humanidad.

Grandes experimentos se están desarrollando en China y en Rusia, en los Estados Unidos y en la Gran Bretaña. Uno de los más interesantes es el que está ocurriendo hoy en día en China. Todavía está en un estado muy variable. Es observado con sumo interés por la Jerarquía y todavía puede tomar otras direcciones, buenas o no tan buenas. Los cambios que han ocurrido en China han tenido efectos traumáticos, caóticos, como por ejemplo, la Gran Revolución Cultural. La clase de cambios que estoy visualizando, que primero tendrán lugar en los cinco Centros, ocurrirán *sin* esos efectos traumáticos; de la manera democrática normal, por legislación lógica y por acuerdo general. Todos los sectores de la sociedad tomarán parte, lo cual asegurará la adopción de diversos cambios, mientras que en China y en Rusia muchos de ellos fueron impuestos. En los Estados Unidos y en la Gran Bretaña, muchos cambios sociales hoy en día encuentran oposición por las finanzas, no por decreto, pero el resultado es el mismo. Hoy no tenemos democracia, verdadera democracia. No hay verdadera democracia en el mundo, ni en China, Rusia o Inglaterra. Todos estamos dirigiéndonos hacia una más perfecta expresión de los sistemas gubernamentales y políticos de los que tenemos. En el futuro, en el no muy distante futuro, llegaremos a ver que todos los sistemas políticos son expresiones divinas. Hay más cosas en común entre la verdadera democracia y el verdadero comunismo de las que parecen haber hoy. Lo que hoy se llama comunismo, según existe en Rusia, China y el mundo comunista, en ningún sentido es verdadero comunismo, pero es una estructura que está en desarrollo, dirigiéndose hacia una más perfecta expresión de la forma de pensamiento, como existe en la Mente Divina. Lo mismo sucede con la democracia.

Rusia, China y las profecías

En las profecías de Nostradamus se menciona una guerra entre Rusia y China. ¿Quiere decir que esa guerra se evitará porque el Cristo viene ahora? (19/10/76)

Si desean mi opinión personal, les diré que no habrá una tercera guerra mundial, ya sea entre Rusia y China o cualquier otro país. Nada puede evitar el advenimiento del Cristo y los Maestros. Yo diría que Rusia tiene más que suficiente en que ocuparse y China también tiene muchos problemas y tensiones internas, sin tener que recurrir a una guerra entre ambas. Ciertamente no veo una guerra entre Rusia y China.

Pero estos sistemas políticos realmente no parecen estar funcionando. Existen muchos conflictos. ¿Cómo ve usted que esto se solucione?

Muy pronto nos daremos cuenta de que todos los sistemas políticos, sin excepción, están más o menos en estado de transición. Todos están cambiando, todos se acercan a una expresión más pura de la energía jerárquica y de la intención divina que los respaldan.

Todos los sistemas políticos son el resultado de un Pensamiento Divino, una Voluntad Divina, para cierta clase de expresión que la humanidad puede dar. Dentro de poco, todos se verán que están en estado de transición y por tanto, no tan mutuamente exclusivos como aparentan – y una mayor armonía mundial resultará de esto. Pronto verán ustedes que sanarán las heridas entre las naciones. En este próximo año, verán pasar cosas que ustedes hubieran creído imposibles. Habrá mayor disminución de tensiones, mayor síntesis.

Hay un gran Avatar detrás del Cristo, el Avatar de Síntesis y fue en gran parte Su energía la que transmitimos al principio de esta reunión. Es una gran Entidad Cósmica. Su energía es una expresión cuádruple, todas las energías, o aspectos de Dios que conocemos – Voluntad, Amor e Inteligencia, más otra cualidad para la cual aún no tenemos nombre.

Ni siquiera conocemos esa cualidad todavía. Esta cuádruple energía sintética se está vertiendo en el mundo a través del Cristo, después a través de los grupos y discípulos del mundo, uniéndolos. Sólo trabaja a través de grupos, a través de la Asamblea de las Naciones Unidas, de la Jerarquía, de la humanidad como grupo y sobre todo, a través del Nuevo Grupo de Servidores del Mundo, y está uniendo a la humanidad, haciendo a la humanidad Una en el plano físico, como está ya en el plano interno.

Otra gran entidad detrás del Cristo es el Espíritu de Paz o Equilibrio. Él está cubriendo al Cristo en una forma muy similar a como el Cristo cubrió y trabajó a través del Discípulo Jesús en Palestina. Él trabaja estrechamente con la Ley de Acción y Reacción y su función es la de transformar el imperante desacuerdo, la confusión y la violencia, a lo contrario, a fin de que entremos en una era de tranquilidad y paz, en proporción igual a la discordia actual. La violencia y el odio de hoy se trasmutarán en buena voluntad y, nuevamente, en exacta proporción a la intensidad del odio y la violencia. Esta es la gran Ley de Acción y Reacción que está en función. La ley citada es que la acción y la reacción son iguales y opuestas y esta gran Entidad Cósmica, el Espíritu de Equilibrio, está ahora trabajando a través del Cristo, produciendo la transformación del mundo.

Rusia y China: ¿prevé usted un choque entre ellas?

La respuesta breve a eso es que no. Rusia tiene esencialmente lo bueno de la humanidad; tiene en la base de su acercamiento a la vida la idea de que todos los hombres somos hermanos. Esto es verdad a pesar de la cruel y dura imposición de un sistema donde no hay libertad de expresión, movimiento o creencia. A pesar de ello, en el pueblo soviético fundamentalmente existe la creencia de que todos los hombres son Uno, de que la Humanidad es Una. Y básicamente, en la revolución china, está la misma idea. En sus respectivas ideologías políticas, no hay razón para ir a la guerra. De lo que trata realmente la tensión es el intento de exigir la adhesión del Tercer Mundo a su particular tipo de comunismo. Política e ideológicamente, ellos están luchando por eso. Muy pronto las naciones del mundo se darán cuenta de que todos los sistemas políticos tienen mucho en común.

Existe una similitud de intención en los Estados Unidos, Rusia y la Gran Bretaña, por ejemplo (la Gran Bretaña representando al Reino Unido; en Europa, ella representa una comunidad importante en la misma línea de pensamiento). Esos sistemas no son idénticos, pero hay un amplio terreno común y ese terreno común hallará su expresión en la transición de cada uno de sus sistemas políticos hacia algo que no sea idéntico. (No hay razón alguna para que cada nación deba tener exactamente el mismo sistema político). Pero las naciones llegarán a una clase de relación que hará de la coexistencia algo no solamente posible, sino también natural e inevitable. La aceptación del principio de compartir hará que esto sea inevitable.

Actualmente hay una guerra entre el Vietnam y China; ¿usted cree que éste es el principio de esas guerras vaticinadas por tantos videntes en el pasado? (28/2/79)

Según entiendo, la actitud de la Jerarquía hacia esto es que no se convertirá en la profetizada guerra entre Rusia y China.

Lo que hacen los médiums, los videntes y las personas que hacen predicciones, al traer información por lo general del plano astral, es tomar una forma mental. Hay una potente forma mental de destrucción. Proviene principalmente de la lectura del Apocalipsis (en la Biblia), de Nostradamus y de muchas otras predicciones que han existido por cientos de años, y en el caso del Apocalipsis, por cerca de dos mil años. Las formas mentales de catástrofe y destrucción al final de una era han sido creadas en las mentes de los hombres.

Hay dos clases de formas mentales: las que son del plano mental y las que son el resultado del temor del hombre – éstas son irreales. Pero se vuelven reales, porque el pensamiento es real. Aún si es una forma mental del plano astral, sigue siendo una potente fuerza, aunque no tenga realidad esencial. Lo que sucede en el presente es que las fuerzas del mal están luchando en la última trinchera, porque saben que con el Cristo y la Jerarquía en el mundo están perdidas. Se van a hallar selladas en sus propios dominios durante tres mil años, y no podrán afectar a la humanidad del mismo modo. De ahí su desesperada lucha por fomentar, tan poderosamente como les es posible, este reflejo de temor en la humanidad. Ellas trabajan a través del temor. Trabajan mayormente en los planos físico y astral, pero también en los planos mentales inferiores. Ellas crean temor, ansiedad y caos.

Logran esto al enfocar su atención y estimular esas formas mentales de destrucción y catástrofe, de modo que puedan llegar a ser una realidad. Si la humanidad se rodea de una forma mental suficientemente potente, tarde o temprano crea una situación en la que esa forma mental se desarrolla. Así es como resultan nuestras acciones. Creamos nuestra propia vida de momento en momento, al crear formas mentales. Las formas mentales son fuerzas activas y poderosas y rebotan contra nosotros, para bien o para mal. Estamos creando todo el tiempo maneras de vivir, que pueden ser positivas o negativas. La idea de catástrofe se ha vuelto muy potente en el plano astral y es usada de esa manera por las fuerzas del mal. En respuesta a esto, ciertas acciones se llevan a cabo en el plano físico que de hecho realizan eso que se teme, como reflejo.

Todo lo que puedo decir en el presente es que la Jerarquía no está preocupada por la situación en China. Obviamente, Ellos preferirían que no hubiera pasado. Pero existe la materialización parcial de una forma mental. Al permitir que la forma mental surta efectos parcialmente, el aguijón de toda la materialización de la forma mental se elimina. Por ejemplo: es posible que en determinado momento algunos discípulos estén destinados a sufrir alguna enfermedad o algún accidente por ley kármica. Si su situación kármica y la relación con su maestro lo permiten, éste puede intervenir y sacar el aguijón o veneno en el caso. La persona se enfermará o tendrá un ligero accidente, pero no será tan malo como podría haber sido si hubiese recibido todo el resultado kármico. Puede ser que lo que ahora presenciamos en China sea de esa naturaleza.

Puede que el veneno de las fauces de las fuerzas del mal esté siendo extraído por la Jerarquía y por el hecho de estar el Cristo en el mundo, permitiendo de esta manera una resolución más benigna de la que, de otra manera, habría sido el caso. Este es el proceso de transmutación que la Jerarquía siempre usa. Es la manera en que Ellos luchan contra las fuerzas del mal. Así que Ellos no están preocupados en estos momentos.

Karl Marx

Usted mencionó que Karl Marx trabajaba para la Jerarquía, lo cual me sorprende. Yo creía que él trabajaba para las fuerzas del mal. (14/12/78)

Marx fue, en efecto, miembro de determinado grado de la Jerarquía. Según el resultado de su trabajo a lo largo de los años, eso sólo podría ser la obra de un discípulo de cierto grado, de un iniciado de cierto nivel: primero, tener la visión y segundo, tener la capacidad para materializar esa visión de modo que el trabajo pudiese extenderse.

Él vino al mundo a dar cierta enseñanza acerca de nuevas posibilidades económicas, nuevas relaciones, una nueva teoría del cambio social, y la estableció dentro de una dialéctica muy estructurada. Ustedes pueden aceptarlo o rechazarlo. Muchos países están usando el marxismo como base, pero están produciendo formas muy diferentes de teoría comunista.

Uno puede interpretarlo y usarlo como uno quiera de acuerdo con lo que se necesita. Es un instrumento para comprender el proceso histórico de acuerdo a líneas político-económicas.

El marxismo es temido hoy en ciertos países porque significa cambio – de eso es de lo que se trata; él es el apóstol del cambio, de los cambios constantes, aún dentro del marxismo. Por supuesto, en el presente, si un pequeño país "marxista" aboga por un cambio dentro de la estructura marxista, las potencias mayores intervienen y lo impiden, como pasó con Checoslovaquia y Rusia. Saben que eso es contagioso, que puede llevar, y llevaría, a una revolución similar en Rusia. Eso significaría el derrocamiento de la oligarquía que impone a su pueblo una interpretación más bien mecánica del marxismo.

El marxismo no es solamente una estrecha teoría económica; tiene que ver con las leyes básicas de la naturaleza de la humanidad y la mutua relación. El Hombre es Uno. Eso es esencialmente lo que Marx dice. El Hombre es Uno, la Humanidad es Una. Con el tiempo, todos los sistemas sociales se inclinarán hacia un sistema que estimule la hermandad o unidad del hombre que Marx siente, como un Ser espiritual. Su visión es espiritual, pero ha sido adoptada por hombres de calidad inferior que han impuesto la teoría. El problema está en la imposición de la teoría para la satisfacción de su propia ambición de poder.

Por supuesto, él tenía sus limitaciones – todo discípulo las tiene. El materialismo dialéctico es una exagerada simplificación de la polifacética realidad del hombre, pero fue necesario para enfocar su pensamiento de acuerdo a nuevas líneas políticas y económicas. La principal debilidad de Marx fue que al arrasar con espejismos y supersticiones, especialmente en los grandes países campesinos del mundo, también arrasó con el concepto de Dios. Esa es la batalla de la Iglesia contra el marxismo: él enfatizó la Unidad del hombre en términos económicos, no en términos religiosos.

Movimiento feminista

Encuentro interesante que haya habido una definida elevación de conciencia entre las mujeres en los últimos años. El movimiento feminista realmente está en marcha. Se ha desarrollado en gran forma y las mujeres están cambiando enormemente. Además, ellas tienden a ser más sensitivas que los hombres. Siempre lo han sido, usted lo sabe, tienen más intuición. Y lógicamente, me parece que es muy posible que el Cristo podría venir en un cuerpo femenino. (14/1/77)

Parece que podría ser. El sexo femenino, a través de las edades, no ha aceptado totalmente su papel energético – lo cual es culpa de las mujeres y de la humanidad en general. Lo que se necesita es un equilibrio entre la energía masculina y la femenina en el plano físico mediante la liberación del potencial femenino que usted mencionaba. El papel femenino es el de nutrir la civilización. Eso está detrás de todo el principio femenino. El aspecto femenino, la madre, representando el aspecto materia, es la nutridora del planeta, la nutridora de la humanidad y de todos los reinos en la naturaleza. El aspecto masculino introduce la estimulante energía creativa. El resultado de la fusión de los dos aspectos es el Cristo, que es el Hombre, el Principio Crístico. El aspecto femenino nutre este principio. Para hacer esto en debida forma, las mujeres tienen que hacer valer sus méritos, liberar todo su potencial como seres humanos y crear así un equilibrio entre el aspecto material y el aspecto espiritual en este planeta – hablo en términos de energía – y cuando esto ocurra, habrá Maestros en cuerpos femeninos. En la actualidad, todos los Maestros, incluyendo el Cristo, están en cuerpos masculinos.

¿El movimiento de liberación de la mujer reconocerá al Cristo cuando Él se manifieste? (5/3/76)

Sin duda, algunas de ellas lo harán. La emancipación de la mujer es la manifestación de un propósito deliberado muy específico e importante de la Jerarquía. Es absolutamente necesario que la humanidad se dé cuenta de que lo masculino y lo femenino están en polaridad. Energéticamente, ambos son necesarios en el planeta – no el dominio de uno sobre el otro. El movimiento de liberación de la mujer está inspirado por la Jerarquía. En estos momentos está un tanto destemplado, debido a que en la actualidad está dirigido por mujeres que en cierto modo sienten un odio neurótico hacia los hombres, olvidando que ellas mismas han sido hombres muchas veces a través de sus diversas encarnaciones. Y así, tal vez se sobrentienda que culpen enteramente a los hombres de sus dificultades y por su falta de libertad. Pero la falta de libertad de las mujeres en el mundo es real, muy real en verdad, y debe ceder el paso a una igualdad total de derechos.

Efecto en la vida familiar

¿Ve usted un rompimiento del núcleo familiar y una mayor vida comunal? (28/3/78)

Una mayor vida comunal sí. La familia es la unidad básica de la humanidad; el bebé es mecido en su cuna por su familia, y la madre es la nutridora. Ella lo alimenta y lo cuida, y vigila que no le ocurra ningún daño y le enseña – le transmite el nivel de educación que ella tiene.

La familia, en lo que a la humanidad concierne, es la piedra fundamental y no se puede prescindir de ella. Sé de varios experimentos que se están llevando a cabo –en los kibbutz y en diversas comunidades– para prescindir de la familia como unidad, y están teniendo algunos resultados favorables por cierto período de tiempo. Sin embargo, en muchos de ellos encuentran que no importa cuanto se esfuercen, cuando los niños nacen y se crían en semejante situación y alcanzan la madurez, siempre regresan al seno de la familia. Parece ser una parte básica, esencial de la naturaleza del hombre, y ciertamente es crucial para el progreso de la raza, para la evolución de los hijos de los hombres, cuando vuelven a encarnar, porque la familia provee la forma para el ego entrante.

La finalidad es que puedan venir egos de conciencias cada vez más elevadas y desarrolladas, para servir a la raza, pero solamente pueden venir si se les proporciona cuerpos adecuados, en condiciones convenientes de calidad, gradación vibratoria y de relación familiar.

De modo que la familia es esencial. Nosotros escogemos nuestras familias. No escogemos un grupo, somos parte de un grupo. Encarnamos como grupos y escogemos al padre y a la madre, que es nuestra familia, quienes proporcionarán el cuerpo que nuestra alma, nuestro verdadero ser, ve que le dará la aproximada gradación de vibración y por lo tanto, la oportunidad para la clase de nivel que nosotros, como almas, estamos evidenciando, en cualquier punto dado, al encarnar. Se conservará la unidad familiar, pero se verá que es posible mantenerla dentro de un grupo más amplio y una relación comunal. No será la desintegración de la familia, sino la prolongación de las unidades familiares.

Tomen por ejemplo un triángulo. Si lo rompen, pierden la fuerza del triángulo. Él es una unidad de fuerza muy potente, mucho más potente que las tres partes separadas que lo componen. Cuando se unen estas partes en sus puntos, logran obtener un campo muy poderoso de energías entrelazadas. Eso es como la familia, la familia núcleo, en la relación de los grupos. Cuando se desintegra la familia, hay una pérdida de un fin del alma. El aspecto alimentador desaparece, la madre es la nutridora, nutre a la civilización. Igual que aquellas naciones que son femeninas nutren la civilización. La función de la mujer es nutrir, así que se debe mantener ese particular aspecto familiar, pero extendido hasta incluir una mayor expresión del mismo sin perder su esencial función energética.

¿Así que cesará el aislamiento del núcleo familiar?

El aislamiento del núcleo familiar es algo artificial, como producto de la desunión en la actual civilización. Cuando existe cooperación entre los hombres y ocurre el crecimiento de las comunidades, entonces ustedes obtienen automáticamente un crecimiento de unidades familiares relacionadas entre sí, que siguen siendo unidades familiares. Entonces vendrá el crecimiento de grupos y comunidades, hasta que toda la humanidad sea un solo grupo, una comunidad, lo que esencialmente es.

¿Qué dice usted de la desintegración de la vida familiar? (17/2/77)

Todo se está desintegrando. Todas las viejas instituciones – y la familia es también una de las instituciones – se están desintegrando. Todo el mundo está bajo una tremenda tensión. Las familias tienen que ver con la relación. Los tiempos nuevos tienen que ver con la reestructuración de nuestras relaciones, con la extensión de nuestra lealtad y en la identificación de la familia a un grupo mayor, del grupo mayor a la comunidad, de la comunidad a la comunidad de naciones. Es siempre una extensión cada vez mayor de la identificación. Es relativamente fácil amar a la familia de uno, esto es más fácil que amar al mundo.

Hay muchas personas unidas como familia que no deberían estar unidas. Para hacer en realidad un matrimonio apropiado debe haber una similitud de vibración, clase de rayo y alguna identidad en los niveles físico, astral, mental y espiritual. Estos son cuatro niveles en los que las personas deben tener igualdad en un matrimonio perfecto. Hay personas que se atraen físicamente, pero que no son compatibles mental y emocionalmente. En otros casos, puede haber personas totalmente compatibles en el nivel del alma, en el nivel mental y hasta en el emocional, pero que son físicamente incompatibles. Así que es muy difícil. En el futuro, nuestros cónyuges serán escogidos de una manera mucho más científica, de acuerdo con la clase de Rayo, la relación kármica y el grado de evolución. La desintegración familiar es un factor temporal debido a la mayor desintegración de nuestras estructuras sociales y nuestro limitado conocimiento de nosotros mismos.

Si el Cristo está trayendo un aspecto diferente del amor – no quiero hacerme el gracioso – pero, ¿se alterará de alguna manera el amor entre esposo y esposa y la familia, si ellos tienen que amar a todos los demás? (28/3/78)

El Cristo no trae un diferente aspecto del amor. Trae el aspecto del amor en una forma más potente que nunca, porque está adumbrado ahora por el Espíritu de Paz o Equilibrio, que está transmitiendo amor hacia el mundo desde un nivel cósmico muy elevado a través de Él. Esto Le hace posible personificar la Conciencia Crística de una manera aún más potente que antes. No la altera.

Es más fácil para el esposo y la esposa, para los padres y los hijos, estar en una relación amorosa, que estar en relación amorosa con personas a quienes uno no conoce, con personas de otras naciones, con quienes el propio país de uno puede haber estado en guerra, o algo por el estilo. Pero hoy el Cristo ha traído la energía de amor con una intensidad y con una potencia tal, que la humanidad estará capacitada para incluir dentro de su naturaleza amorosa relaciones que hasta ahora habían sido muy difíciles.

Es relativamente muy difícil para las naciones amarse unas a otras. La nación es la expresión de las cualidades y el desarrollo de los individuos en la nación. Así como los individuos, gobernados por energías llamadas Rayos, están todos en Rayos diferentes, así también las naciones están gobernadas por diferentes Rayos. Algunas naciones encuentran comparativamente fácil ver el punto de vista de la otra: parecen pensar igual y tienen cosas en común.

Otras naciones encuentran esto muy difícil. Parecen no tener cualidades o modos de pensar en común. Eso depende por completo de las cualidades de los Rayos que gobiernan esas naciones. Según la energía de Amor se haga sentir cada vez más, por la acción del Cristo, podremos aumentar nuestra capacidad para amar en la forma verdadera – quiero decir amor en el sentido inclusivo, no en el sentido emocional – para abarcar nuestra comunidad, nuestra nación y nuestra comunidad internacional.

La mayoría de los hombres, o muchos de ellos, tienen lo que llamamos patriotismo, amor a la patria. Hay muchos que están listos – lo han demostrado – para morir por su país. Pero ir más allá de eso, morir por otros países, es una clase de amor diferente (no hablo de los mercenarios, que también mueren por otras naciones; ellos mueren por dinero). Incluir a toda la humanidad en el amor de uno es algo en verdad muy difícil de hacer y requiere un nivel de desarrollo relativamente alto. Gradualmente, según la labor y la enseñanza del Cristo vayan creciendo en la era venidera, la humanidad desarrollará esta clase de amor inclusivo. Puede que aun sea solamente a nivel emocional, pero gradualmente empezarán a manifestar amor en el sentido en que los Maestros lo conocen – como una fuerza totalmente impersonal, inclusiva y magnética. Los Maestros lo llaman Razón Pura y no hay ninguna emoción en eso. Es algo que hoy solamente personas muy avanzadas pueden expresar.

Lo que la humanidad ha expresado en los últimos 2000 años es la energía del conocimiento. Nuestra ciencia y nuestros sistemas educativos son la expresión de esto. En los siguientes 2000 años expresaremos el amor de Dios, no solamente la inteligencia de Dios. El Cristo traerá un aspecto aún más elevado que el Amor, el aspecto Voluntad; pero por supuesto, se manifestará solamente en los individuos. En el siguiente ciclo, o hacia finales de este ciclo, serán más numerosos los que comenzarán a evidenciar esa cualidad de la Voluntad que incluye el Amor.

El presidente Sadat y el presidente Carter

¿Obviamente, el Cristo estuvo relacionado con el cambio conciliatorio entre Egipto e Israel? (19/1/78)

En verdad estuvo relacionado con el cambio conciliatorio entre Egipto e Israel. El presidente Sadat reaccionó por la impresión directa de la Mente del Cristo. Eso es lo que significa lo que recientemente dijo el Cristo en el Mensaje Nº 9, dado el 3 de noviembre de 1977: *Muchos hay que dudan de Mi Presencia. Eso es natural. Los hombres están ciegos. Pero pronto no habrá oposición. Mis esfuerzos mostrarán a los hombres que la rueda gira, que pronto el Nuevo Tiempo, el Nuevo Mundo, habrá comenzado. ¡Ojalá vosotros podáis compartir este trabajo!* Y la reconciliación sin precedente, esa increíble reconciliación entre Egipto e Israel es el resultado directo de eso. Aquéllos de ustedes que han asistido regularmente a estas reuniones sabrán que en diciembre de 1976 predije que eso ocurriría, y dentro de un año. Por supuesto nada se ha arreglado todavía. El Cercano Oriente es aún uno de los problemas centrales que la humanidad enfrenta.

El problema principal que la humanidad enfrenta es la distribución de los alimentos y también de la materia prima y las fuentes de energía del mundo. Ese es el problema humano principal, fundamental – de compartir los alimentos y así salvar del hambre a millones de hombres. Luego, políticamente, el próximo problema es resolver la situación del Cercano Oriente, la resolución del problema árabe-israelí. Es un barril de pólvora que podría acabar (y lo ha hecho varias veces) en guerra, en una guerra mundial al arrastrar a las grandes naciones a uno y otro lado. Así que es interesante, y para mí no es sorprendente, que ésa haya sido la primera importante acción política resultante de los esfuerzos del Cristo desde que vino el 19 de julio del año pasado (1977).

¿En qué nivel está Jimmy Carter? Parece encajar en el nivel del programa de actividades de las que usted ha hablado. (26/4/77)

Es un hombre extraordinario y está reaccionando al estímulo de la Jerarquía. Mucho resultará de las acciones de ese hombre. No tanto por lo que él inicia, sino porque está abierto a ciertas sugerencias que le son presentadas por hombres más jóvenes, entrenados por los Maestros. Él en sí es un ser altamente evolucionado, abierto a las impresiones de la Jerarquía; conscientemente es un hombre de intención espiritual, con un gran altruismo. Su ascensión al poder en el momento presente no es, por supuesto, un accidente.

Ustedes verán cada vez más a hombres más jóvenes ocupar posiciones de influencia y poder en todos los gobiernos principales del mundo. Esto es parte del Plan para la Reaparición del Cristo. Ellos serán más sensibles y responderán más a las nuevas ideas.

Los jóvenes de hoy

Usted dice que los gobiernos tendrán que ser dirigidos por gente más joven. Ahora bien, eso asombra a muchos de mi generación, no porque queramos ocupar todo el escenario; pero a menudo parece que nuestra experiencia en la vida nos ha llevado a un camino que parece muy diferente al de muchos jóvenes, que están muy desorientados espiritualmente. Y me intriga pensar que debe haber, evidentemente, algunos jóvenes que no sean así. (26/4/77)

En mi opinión son precisamente los jóvenes de hoy en día quienes tienen la nueva visión espiritual, los que ven al mundo como Uno, los que creen en el amor, la hermandad y el compartir y que están listos para compartir. Es fácil decir: "estoy de acuerdo con el Cristo, estoy a favor de compartir los bienes"; pero en realidad, ¿qué significa eso? Significa que nosotros, los del desarrollado Occidente, que codiciosamente se apodera de la mayor parte de los alimentos, la energía y la materia prima del mundo y los desperdicia, tenemos que aprender a vivir más sencillamente. El resto del mundo, sus dos terceras partes, viven en el nivel más bajo.

Tenemos nosotros mismos que estar seguros de que estamos listos para esta experiencia, si estamos listos para despojarnos de lo que nos sobra, con el objetivo de compartirlo con todos. ¿Estamos listos para compartir de esa manera? Eso es lo que debemos preguntarnos. No lo harán por nosotros. Tenemos que ver en nuestro interior si estamos listos. Los corazones de los hombres, de acuerdo a la Jerarquía, son buenos. Estas cualidades, de compartir y de cooperar están profundamente arraigadas en los corazones de millones de personas, especialmente en los jóvenes, sobre todo en ellos.

Son los jóvenes los que heredarán la época venidera. Han reencarnado especialmente para esto. Cada generación trae a la encarnación a aquéllos que pueden afrontar los problemas que ellos encontrarán. Esa es la ley. Reencarnamos en formación grupal, especialmente preparados para manejar las situaciones. Esto es lo que sucede ahora. Los jóvenes están preparados, mental y espiritualmente, para enfrentarse a los problemas que hoy nos acosan.

Cuando digo hombres más jóvenes (la edad promedio de los políticos de hoy es probablemente alrededor de 65 años), quiero decir hombres mucho más jóvenes. No quiero decir adolescentes, sino hombres mucho más jóvenes. El presidente Carter tiene solamente 54 años, lo cual lo hace un hombre joven, según estas normas. Otros son mucho más jóvenes aún.

Recursos mundiales

¿Quién da a toda la humanidad todos los recursos mundiales? (24/9/76)

Ese Ser Cuyo cuerpo de manifestación es este planeta – el Logos de nuestro planeta. Cuando hay una corriente constante de los alimentos, de las materias primas y las fuentes de energía y se distribuyen equitativamente entre toda la humanidad, el resultado es la salud. Cuando algo de eso se acumula en cualquier punto se presenta una estasis, una inflamación o una enfermedad. Esa es la causa principal del malestar en el mundo – o sea, el hecho de que un tercio de los habitantes del planeta se apropien y desperdicien la mayor parte de los alimentos, las materias primas y las fuentes de energía, mientras dos tercios carecen de ellas. Ese desequilibrio está dando por resultado un mundo enfermo. De ahí la tensión y la violencia.

Cada sanador sabe que la enfermedad en el hombre ocurre cuando hay una perturbación, un desequilibrio en nuestra envoltura etérica o cuerpo sutil. La libre corriente de esa energía se interrumpe en algún punto o puntos, viene la estasis o la inflamación y se manifiesta en el plano físico como una enfermedad cualquiera. Así también sucede en el cuerpo del planeta como un todo. La corriente adecuada y la distribución justa de los recursos naturales son esenciales para la salud planetaria y el bienestar. La guerra es el resultado de no observar esta ley.

¿El hambre no es hambre en realidad, porque hay alimentos? (19/7/77)

Hay alimentos; sencillamente, no se distribuyen. La Jerarquía tiene planes ya hechos, listos para realizarse cuando exista la voluntad, en que se distribuirán equitativamente los alimentos. Existe un grupo de altos Iniciados – industriales, economistas, administradores, de mucha experiencia y alcance – quienes con la Jerarquía han trazado planes y esquemas que resolverán los problemas mundiales de redistribución, cuando la voluntad política esté presente para ponerlos en práctica. Estos planes están ahí, listos para transformar el mundo. Eso podría hacerse inmediatamente. Hay un excedente de alimentos, per cápita, de un 4 por ciento, según las estadísticas de los organismos de las Naciones Unidas. No es hambre. Es falta de voluntad para poner en práctica el proceso de compartir. También es la carencia de una simple compasión humana.

Acerca de la prematura encarnación de almas subdesarrolladas – si la población del mundo está aumentando constantemente, se supone que habrá un número aun mayor de almas subdesarrolladas encarnando; por lo tanto, ¿aumentará la violencia, en lugar de disminuir? (19/3/76)

Eso es lo que está pasando ahora. No es lo que continuará ocurriendo. El hombre tendrá que darse cuenta de que la superpoblación del mundo es un grave peligro para la preservación de las especies. Hoy, una de las principales razones – y ésta es la paradoja extraordinaria – para la enorme población mundial es la superpoblación de las áreas más pobres del mundo, el Tercer Mundo, esas naciones que están menos capacitadas para alimentar a su población. En las modernas, avanzadas, ricas y bien alimentadas naciones de Europa Occidental y América, ustedes tienen un índice de crecimiento de población relativamente bajo. Pero en el Tercer Mundo, tienen familias numerosas, de siete, ocho, nueve o más en una familia, por sólo una razón: se atienen a que teniendo familias numerosas, saben que dos terceras partes o más morirán antes de llegar a ser adultos; y la tradicional manera campesina de tener a la familia como personas que los cuidarán a ellos en su vejez. Ese es su seguro, su pensión para el futuro, porque no gozan de pensiones. Tienen familias grandes en muchas áreas del mundo sencillamente para asegurar que uno, dos o tal vez tres llegarán a ser adultos. El resto seguramente morirá, porque los alimentos no se distribuyen entre los necesitados del mundo. Si esos alimentos se distribuyesen, si se distribuyesen mañana, si las fuentes de energía y el conocimiento técnico fuesen compartidos en todo el mundo, nadie sentiría la necesidad de tener familias numerosas para asegurarse de que será mantenido en su vejez.

Estas son las realidades del caso. La solución también es sencilla. Cuando demos esos pasos, cuando compartamos los productos del mundo, ustedes verán que las masas de gente pobre, que producen la mayoría de las formas para los egos que están encarnando, tomarán las medidas necesarias para evitar esto, y la población se reducirá gradualmente a un nivel que el planeta pueda fácilmente soportar.

¿Cuán cerca está el tiempo en que no necesitemos alimentos, como sucede ahora? (30/8/77)

Pensando en el porvenir, los miembros más avanzados de la raza vivirán directamente del prana proveniente del sol. Pero hay un largo camino por delante para la mayoría de nosotros. Sé que yo, al menos, no estoy listo para eso.

¿Cómo afectará el regreso del Cristo el modo en que vivimos, materialmente? (24/1/78)

Llevaremos una vida mucho más sencilla. El Cristo nos enseñará que tenemos que vivir más sencillamente para que todos los hombres puedan vivir. Habiendo hecho eso, y con la ciencia que la Jerarquía custodia, podemos entrar en un período de abundancia material en un tiempo relativamente corto, porque para ese entonces habremos aprendido a vivir de acuerdo con la Ley – las Leyes que son Dios. Cuando vivimos dentro de la Ley, lo cual es la Voluntad de Dios, se nos concede el conocimiento, estamos capacitados para manejar el conocimiento, lo que nos permitirá vivir en la abundancia material, pero poniendo al materialismo en su lugar. Hoy estamos totalmente atados al materialismo. Hoy el mundo quiere más y más de todo – la meta es el desarrollo en todos los sistemas. Cada nación quiere más y más desarrollo. Tendremos que aprender a vivir más sencillamente, lo cual quiere decir, desde el punto de vista industrial, entrar en lo que se ha llamado una economía de estabilidad, de manera que produzcamos solamente lo que necesitemos. Al mantener la producción de acuerdo a esa necesidad relativa, el desarrollo industrial vendrá a ser una cosa del pasado. Pero con la nueva ciencia que los Maestros nos enseñarán a usar, estaremos capacitados para fabricar máquinas que le evitarán al hombre la necesidad de trabajar rutinariamente y así liberarlo para poder ser verdaderamente creativo.

Vegetarianismo

¿Es el vegetarianismo la dieta apropiada para la Era Acuariana? (22/6/76)

La Era Acuariana será la era de la correcta relación, la era de la razón, la era de la hermandad y el amor. Esta relación, de la cual la razón, la fraternidad y el amor son su expresión, será la correcta relación entre todos los reinos: entre el hombre y su Origen, que es la Realidad o Dios, comoquiera que ustedes visualicen a Dios; entre hombre y hombre y entre el hombre y los reinos animal, vegetal y mineral. Todos los reinos entrarán en una relación muy activa y dinámica cuando la humanidad entre cada vez más en una relación consciente con el reino que está por encima del humano: el Reino Espiritual, el Reino de las Almas, que comprende a los Maestros e Iniciados de la Jerarquía. A través de la enseñanza de los Maestros y el afianzamiento en la conciencia humana del Plan que proviene de Shamballa, la humanidad llegará a ser consciente de su verdadero destino, que es hacer las veces de un gran centro de distribución de las energías que fluyen a través de él hacia los reinos inferiores. De manera que comprenderá que tiene una gran responsabilidad en el planeta, con los otros reinos de la Naturaleza, y ocurrirá un cambio en su relación con el reino animal.

Inevitablemente, con este cambio se originará una dieta vegetariana para la humanidad. Esta será la norma. Eso no quiere decir que sea malo que hoy una gran parte de la humanidad coma carne. Actualmente no hay una dieta para un grupo en particular – una dieta para todos los hombres. Hay grupos en el mundo hoy en día en los que el comer carne no solamente es normal y apropiado, sino también esencial. Por ejemplo, ¿de qué otra manera podrían vivir los esquimales? ¿Van a ir al fuego eterno porque comen carne? Con el tiempo, cuando se vea la verdadera relación entre el hombre y los reinos inferiores, se optará por una dieta más sana y equilibrada. El vegetarianismo se convierte en la norma, se vuelve esencial (pero no quiero decir que "esencial" sea algo imperativo) para el hombre que aspira a la Iniciación, que está haciendo un esfuerzo consciente para avanzar en el sendero evolutivo, tomando parte en su propia evolución. En cierto momento crítico del sendero evolutivo, el vegetarianismo se hace necesario. No simplemente porque sea "malo" matar animales, sino porque el nivel de vibración del cuerpo del animal, particularmente su sangre, es hostil al nivel de vibración más alto que ese hombre trata de establecer en sus centros. Él está tratando de atraer hacia sí partículas atómicas de más y más alta vibración. Esto es adelanto evolutivo o espiritual: vibrar a una frecuencia cada vez más alta. La ingestión de carne puede ser perfectamente normal y correcta para el hombre común, pero para el aspirante y el discípulo en el sendero hacia la Iniciación, comer carne es perjudicial, a causa de que baja el nivel de vibración.

El sentido común es la gran cosa en todo. Ustedes comen lo que encuentran mediante un mínimo requerimiento que mantiene sus cuerpos saludables. Cada individuo y cada grupo encuentra por sí mismo la dieta que conviene a su propósito, clima, tradición y medio ambiente. Eso es para hoy en día, pero en la Nueva Era, el vegetarianismo será la norma.

Si hubiésemos evolucionado con más perfección, ¿estaríamos usando electricidad en lugar de petróleo? (22/3/77)

Vivimos en un universo eléctrico. No hay nada en todo el universo que no sea electricidad. Conocemos, y tocamos, el aspecto inferior de esa fuerza. Uno de los grandes secretos que le serán dados al mundo cuando las Escuelas de los Misterios se abran y se revelen los milenarios Misterios en este tiempo venidero, es el secreto de la electricidad en sus aspectos superiores. En eso está la clave del poder del universo, y algo de ese poder se le dará al hombre bajo la guía de la Jerarquía, cuando estemos preparados. Es una de las Revelaciones. Es correcto que la usemos, sí, claro está, porque nos estamos aproximando a Dios.

Las formas de energía de hoy – el carbón, el gas, el petróleo y la electricidad en su aspecto inferior – todos son recursos interinos hasta que tengamos, bajo la inspiración de la Jerarquía, las fuerzas eléctricas superiores, liberadas en primer lugar de los átomos del agua.

Energía nuclear, ahora y en el futuro

¿Qué pasará con todas las armas nucleares que existen ahora en el mundo, después del emerger de la Jerarquía? (22/3/77)

Serán neutralizadas. Es una cosa sencilla neutralizar la fuerza nuclear negativa en las bombas, o lo que prevalece en el agua potable, en la atmósfera, etc. Hay una ciencia sencilla que neutraliza los efectos de la actividad nuclear negativa.

Hay ahora peligro de una guerra atómica, de una aniquilación por accidente. ¿Cree usted que la venida del Maestro puede evitar esto? (6/9/77)

La venida del Cristo puede – no diría yo que asegure – pero puede asegurar, sin tener esto importancia, la improbabilidad de que las naciones se destruyan mutuamente con armas atómicas. Una de las razones por las que el Cristo viene ahora es para actuar como el Representante de la Intervención Divina y viene, particularmente, "como un ladrón en la noche", según dijo que vendría, mucho antes de lo esperado, cuando el mundo, para mucha gente, no parece que esté preparado para la reaparición del Cristo. Él ha venido para asegurar que esa posibilidad no surja. Si una guerra atómica ocurriese hoy, o en cualquier momento futuro, por primera vez en la historia el mismo Señor del Mundo, Sanat Kumara, estaría directamente involucrado. Este nunca ha sido el caso. Sanat Kumara, el Señor del Mundo, en Shamballa, dio permiso para entregar los secretos atómicos a los Aliados durante la guerra. Estos se entregaron a través de los Ashrams del Quinto y el Séptimo Rayo de la Jerarquía a los científicos que trabajaban del lado de los Aliados. Ellos pudieron fabricar y perfeccionar la bomba atómica antes que las Potencias del Eje.

Si eso hubiese sido de otra manera – y hubo un período de cuatro meses en 1942 cuando estas dos fuerzas iban por parejo tras de ese secreto – el resultado hubiese sido que las Potencias del Eje habrían obtenido el secreto primero, amenazando a la humanidad con la aniquilación. Esto nos hubiese conducido a una gran era de tinieblas. Hubiese retrasado la evolución de este planeta por milenios. Eso se evitó por la intervención del mismo Señor del Mundo, así que Él estaría involucrado en cualquier uso que se hiciera de armas atómicas. De modo que se tomará toda clase de medidas para evitar tal cosa. Pero, por supuesto, la humanidad tiene libre albedrío.

¿Podría decir algo sobre el papel de la energía nuclear en la nueva era, si es que tiene alguno? (4/4/78)

Hay un papel para la energía nuclear, pero no el tipo de energía nuclear que estamos usando hoy, mediante el proceso de fisión. Esto es sumamente peligroso. El proceso de fusión será la técnica para el futuro inmediato y está siendo explorado, como ustedes saben, en este país, en los Estados Unidos y en otras partes. Se empleará una forma de energía nuclear derivada de un solo isótopo del agua. Es segura y superabundante en las aguas de los océanos y ríos del mundo. Esta fusión nuclear no requiere calor, sino un proceso frío, y se usará relativamente muy pronto, no inmediatamente, pero en los próximos cinco o diez años. (Nuestros propios científicos estiman que el perfeccionamiento de este proceso llevará de quince a veinte años, pero esto será enormemente acelerado por la presencia abierta de la Jerarquía en el mundo).

Esto suministrará toda la energía que el planeta necesita para cada aldea, pueblo o ciudad en todo el mundo. ¿Pueden imaginarse el resultado? Librará a la humanidad de usar otras formas de energía (de las que algunas naciones tienen más, y otras, menos) y librará al hombre de la fatiga del trabajo.

Hay una forma más avanzada que el proceso de fusión. Eso es parte de la Ciencia Divina que con el tiempo será nuestra y que será revelada por los Maestros. Esta ocasionará la liberación, por el poder mental, de la energía inherente en la contraparte etérica de los cristales. De esta manera, vendremos a usar directamente y sin peligro, la energía del océano etérico en el que vivimos.

¿Para qué producir esta cosa maligna que puede destruir a la humanidad – el plutonio y el uso de energía nuclear y no el uso de la energía solar, que no contamina el ambiente? (14/7/77)

Es un problema técnico. Hay otras maneras de usar la energía nuclear. Hay un proceso que se está explorando ahora que es el uso muy seguro de la energía inherente en la materia. La energía nuclear es la energía primordial después que se ha hecho materia. Se libera por procesos diferentes. Puede liberarse por el proceso de fisión, que produce plutonio y es sumamente destructivo y mortífero y es el proceso que se usa en la bomba atómica. También existe el proceso de fusión, a partir de los isótopos del agua, abundantes en todo el mundo. Del proceso de fusión podemos tener un uso perfectamente seguro de la energía inherente en el universo.

La energía solar es otra forma; la energía de las mareas, que escasamente hemos comenzado a explorar, es otra forma. Estas son medidas interinas. La verdadera energía del futuro será una forma de energía nuclear. Primero que nada, como ahora, mediante el proceso de fisión. Después será a través de la fusión, que básicamente es segura, y toda la humanidad tendrá cualquier cantidad de energía. Esto liberará a la humanidad para su propósito verdadero: explorar su naturaleza verdadera. Nosotros en el Occidente hemos tenido suficiente energía del carbón, el vapor, el gas, la electricidad y la energía nuclear, durante dos siglos; pero hay grandes secciones del mundo que carecen de muchos recursos de energía, porque no han tenido la ventaja, o desventaja – cualquiera que sea la forma en que ustedes lo vean – de nuestra revolución industrial.

La meta es liberar a la humanidad para su verdadero destino: capacitarla para explorar su naturaleza verdadera. Esto significa que en lugar de que la mayor parte de la humanidad gaste nueve décimos de su tiempo como burros de carga – así es como la mayoría de la humanidad vive hoy – una gran abundancia de energía liberará a la humanidad para la exploración creativa de su potencialidad. Pero esto sólo será posible cuando toda la humanidad tenga abundante energía gratis. Esto vendrá mediante el proceso de fusión.

El descubrimiento del poder nuclear no fue un accidente. Fue entregado deliberadamente a la humanidad por la Jerarquía. En ello radica un gran beneficio. En el presente se está usando mal, pero en el futuro se usará para el mayor beneficio de la humanidad.

Este será el agente liberador para el hombre. De hecho, la era nuclear y la era de Maitreya son la misma. Esto, el descubrimiento del átomo, el descubrimiento de la fuerza atómica, de la energía atómica, es realmente el principio de la Era de Acuario, al menos simbólicamente.

¿Eso afectará automáticamente el transporte? (5/5/77)

Sí, por supuesto, y mucho lo afectará. En este tiempo que se aproxima construiremos formas de transporte que serán tan rápidas y silenciosas que parecerán inmóviles; tan aparentemente inmóviles y silenciosas que la fatiga desaparecerá. No habrá vibración; usaremos las energías naturales inherentes en los átomos del agua. Con el tiempo, los seres más avanzados simplemente podrán estar a voluntad aquí o allá, como hacen los Maestros. Un Maestro podría aparecer aquí ahora, desde dondequiera que esté. De cualquier parte en el mundo Él podría de repente entrar a través de esa puerta. Así de sencillo es. Por un acto de voluntad, Él podría venir en entera presencia física.

ALGUNOS INDIVIDUOS

Alice A. Bailey

Como he leído algunos de los libros de Alice Bailey, me gustaría preguntar si la información contenida en ellos es recibida telepáticamente, o si es recibida a través de una línea de personas en particular que han tenido las enseñanzas esotéricas del *Libro Tibetano de los Muertos, el Libro de Thoth*, o si es un estallido de iluminación repentina que le ha permitido a alguien poner por escrito estas enseñanzas. (5/3/76)

Desde el punto de vista Jerárquico, La Doctrina Secreta, de Madame Blavatsky, la fundadora de la Sociedad Teosófica, representa la fase preparatoria de la Enseñanza dada al mundo para esta nueva era. La Enseñanza que forma el cuerpo de las Enseñanzas de Alice Bailey representa la fase intermedia de aquella Enseñanza. Le fue dada por Quien se llamó a Sí mismo por muchos años simplemente "el Tibetano", y que ahora conocemos como el Maestro D.K., o Djwal Khul. Alice Bailey la recibió por medio de la telepatía superior, por intermedio del alma.

Si leyeran su autobiografía, hallarían que ella rehusó completamente tener nada que ver con estas Enseñanzas y dijo: "no, no voy a ser una médium", hasta que se le aseguró, por su propio Maestro, que eso nada tenía que ver con la mediumnidad, que se trataba de la telepatía superior, que era una labor para el plan, que sería para la mayor conveniencia de la Jerarquía y del mundo si ella bondadosamente se encargaba de este quehacer por treinta años – esto duró treinta años. Finalmente, ella convino y comenzó esa labor. Y así, durante treinta años, fue la amanuense del Maestro D.K.

La próxima etapa, la Fase Revelatoria, se nos dice, surgirá mundialmente por medio de la radio, después de 1975. Eso es porque los Maestros y el Cristo pronto estarán en el mundo y las Revelaciones tendrán lugar a través de la radio (y la televisión).

Edgar Cayce

¿Puede comentar sobre lo que dijo Edgar Cayce? Dijo que antes de que se terminase este siglo una gran nueva religión surgiría de Rusia. También dijo que el eje de la tierra cambiaría. Dijo que la Atlántida surgiría, que la mayor parte de los Estados Unidos y de Europa Occidental se hundirían. También, ¿tiene algún significado el alineamiento de planetas en 1982? ¿Me pregunto cómo ve usted todo esto? (23/6/77)

Sí, el surgimiento de una nueva religión proveniente de Rusia; yo ya he hablado de eso. El Maestro D.K. ha revelado que surgirá de Rusia y que será una religión muy científica. No quiero decir científica en el sentido de que sea una cosa fría y analítica, sino científica en el sentido de una religión oculta, esotérica, que trate de la ciencia de las energías, de la ciencia de la Iniciación y de la invocación, que será la piedra angular de la nueva religión – la invocación tomará el lugar de la oración y la adoración. Sobre el surgimiento de la Atlántida. Sí, esto tendrá lugar paulatinamente, ahora está ocurriendo gradualmente. La Atlántida está surgiendo lentamente. Aunque tardará unos 800 años en hacerlo.

Lo que siempre es muy difícil en la profecía (y esto es casi tan cierto respecto a las profecías de los Maestros como lo es para aquéllos como Edgar Cayce, que han sido receptores de información durante el trance) es precisar el tiempo en que acontece lo profetizado. El emerger de la nueva religión mundial procedente de Rusia se dice que será en este siglo; puede que eso sea así. El Cristo inaugurará la nueva religión mundial, pero esto sólo tendrá lugar cuando la transformación de la humanidad sea completa. Yo diría que el proceso ya está empezando. El hecho de que haya grupos por todo el mundo que hagan meditaciones durante la luna llena, por ejemplo, es parte de la preparación para esta nueva religión mundial. La destrucción de parte del continente americano, y no todo, sino parte del continente europeo y otras partes del mundo – que se hundirán y que la Atlántida surja – están por ocurrir para dentro de 800 a 900 años.

¿Cómo sabe usted eso?

Bueno, yo he sido informado. Todo lo que digo esta noche lo presento simplemente para su consideración; no estoy siendo dogmático en cuanto a ello. Pero esto está aún tan lejos, que no me preocupo. Diré esto: estoy muy seguro de mi información, sin ser dogmático, como para no estar preocupado por el surgimiento de la Atlántida y el rompimiento del continente americano. Para cuando esto ocurra, la transformación de la humanidad, desde el punto de vista mental, será tan formidable, que ella estará preparada para ese suceso – la destrucción del aspecto forma de la humanidad será como nada, y en cualquier caso, de alcance limitado.

La humanidad no tendrá más temor a la muerte, aún en los próximos 100 años. La comprensión de que el cuerpo es únicamente un vehículo que dura cierto tiempo y se reemplaza por otro será tan común para la humanidad, que este temor a la muerte y a la destrucción del cuerpo físico y del cuerpo del planeta desaparecerá. Ella tomará una parte consciente en manipular la energía que controla esto. Esto está ocurriendo ahora de una manera controlada. Existe sobre la Atlántida, o esa parte que se hundió, un gran centro etérico que mantiene todo en equilibrio, y según ese centro se debilita, hablando en términos de energía, con relación al fondo del océano, se permite que el fondo se eleve solamente un poco y a determinada velocidad y no más rápidamente. No se permite que suba de repente. Es un proceso lento, de tres a cuatro pulgadas por año. Se hace según la Ley, bajo control.

Sobre el alineamiento de planetas en 1982, parece que los astrónomos difieren en opinión sobre si ese alineamiento existe. De cualquier modo, si así fuere, no sé de reacciones negativas que pudieran resultar.

Findhorn

¿Puede usted decir algo acerca de la importancia de Findhorn? (22/3/77)

Findhorn es un Centro de Luz, de los que hay varios en el planeta. Tiene su función energética: está energéticamente ligado a otros centros, algunos antiguos y otros nuevos. Es un centro donde aquéllos que están preparados pueden hallar (en la clase de vida que ellos y otros centros están descubriendo, o más bien, explorando) la clase de experiencia que les permita manifestar el principio de amor y desarrollar la conciencia grupal. Esa es la función fundamental de los Centros de Luz. En ellos, la gente explora técnicas y relaciones, para manifestar amor y una gradual realización de identidad y conciencia grupal.

En esta era que viene, el amor de Dios se manifestará en la humanidad. La innata hermandad de los hombres como almas se convertirá, por primera vez, en un hecho en el plano externo. Este es el Plan para la Nueva Era. Será la era del amor y la hermandad. Estos son los factores que establecen las condiciones que tienen que ver con un lugar como Findhorn. Hay otros factores. Pero éstos son los principales; permitir a las personas que están en Findhorn el logro de la experiencia de la vida grupal, porque es a través de la experiencia grupal que se vivirá el Plan Divino acuariano. Es solamente en formación grupal que las ideas acuarianas pueden percibirse, comprenderse y ejecutarse. Será la Era de la Síntesis, que es la Era del Grupo. Fundamentalmente, sólo hay un grupo en el mundo – en el plano del alma el hombre es Uno. La Jerarquía es un grupo. Ellos no tienen conciencia personal separada. Sólo conocen la conciencia grupal. Esa clase de cualidad está siendo experimentada y se le da una oportunidad para su expresión en un lugar como Findhorn. Sirve también para que sea un ejemplo de cómo una comunidad basada en el compartir y el amor ilumina sus alrededores y sirve de faro para los demás. Tiene en el futuro una función ulterior más esotérica, acerca de la cual no puedo hablar.

Un acontecimiento muy interesante a nivel energético tiene lugar ahí. A unas cuantas millas de la comunidad, hay un centro etérico muy antiguo en el arco involutivo. Con la ayuda y asociación del hombre (la gente de Findhorn), los devas constructores del arco evolutivo están convirtiendo esta antigua fuente de energía negativa (maligna porque es involutiva) en una fuerza positiva. Esto ocurre a través del cultivo de los jardines, que son una especialidad de Findhorn. Según se planten árboles y se emprenda el trabajo agrícola en el futuro, este aspecto del trabajo en Findhorn se extenderá hasta que la energía maligna sea transmutada.

Krishnamurti

A principios del siglo se anunció oficialmente por la Sociedad Teosófica que Krishnamurti iba a ser el Representante del Señor Maitreya. ¿Puede usted hacer algún comentario sobre esto? (10/5/77)

Algunos miembros, como Annie Besant y Leadbeater en particular, creyeron que él iba a ser el próximo Cristo, el Instructor del Mundo. Krishnamurti tuvo ciertas vivencias internas y las rechazó, disolvió la Orden de la Estrella, etc. En efecto, estaba siendo preparado como un posible vehículo para que Maitreya se manifestase – formaba parte de un pequeño grupo que de esa manera se preparaba. El plan se cambió y no se necesitó ya de él para ello. Maitreya decidió que Él mismo vendría. Krishnamurti se ha convertido ahora en un gran maestro, como ustedes saben, con muchísimos seguidores en todo el mundo.

Bien puede ser que él niegue esto – estaría de acuerdo con su manera de pensar el negar esto; no obstante, yo diría que Krishnamurti está preparando el camino para la labor del Cristo. Es solamente uno, uno de los muchos, que están preparando a la humanidad; pero él, a su peculiar manera, está preparando a la gente, psicológicamente diría yo, para la Primera y la Segunda Iniciación.

Sai Baba

Hay alguien actualmente en la India, Sai Baba. ¿Podría ser el Cristo? (10/1/78)

Sai Baba. Hombre fantástico. Es un hombre maravilloso, lo que se llama un Regente Espiritual. Si estoy en lo cierto, el Cristo vino al mundo el 19 de julio de 1977, y Sai Baba ha estado en el mundo desde hace muchos años, así que no es el Cristo; pero él también, en su manera maravillosa, está preparando a la humanidad para la labor del Cristo, propagando en el mundo el principio del amor.

OVNIS

He oído decir que el Cristo vendrá en un ovni. (24/2/77)

Yo también he oído decir con gran seriedad que el Cristo vendrá en un platillo volador, un ovni. No creo, personalmente, que éste sea el caso. He dicho esta noche, como lo hago siempre, que el Cristo es el lIder de esta Jerarquía planetaria. Está ahora en un cuerpo físico en los Himalayas – en un gran centro de energía – así que no tiene necesidad de venir en un platillo volador.

Él vendrá en un avión, y la profecía de que vendrá sobre una nube será cumplida de ese modo. Vendrá en un cuerpo de manifestación que está siendo especialmente preparado por Él – que ha estado preparando por varios años y que ya está siendo terminado.

¿Existe alguna relación entre los objetos voladores no identificados y los Maestros? (12/4/77)

Todas las Jerarquías, de todos los planetas, están en comunicación. La Jerarquía de este planeta está en constante comunicación telepática con las Jerarquías de otros planetas. Es un hecho oculto que todos los planetas están habitados. No están precisamente habitados por gentes que reconoceríamos en un cuerpo físico; por ejemplo, en Marte y en Venus están en materia etérica, y los ovnis son en realidad de substancia etérica. Cuando los vemos, o cuando aterrizan, bajan la velocidad de vibración de esa materia etérica a una velocidad menor, temporalmente, para que los podamos ver como si fuesen de materia física sólida. Si ustedes se encontrasen con un marciano o un venusiano – y bien podría haber uno en este salón ahora – ellos se verían como cualquiera de nosotros. Eso sería una manifestación temporal en el plano físico.

Hay una relación definida, en el sentido de que todas las Jerarquías en este sistema solar trabajan unidas, y lo que nosotros llamamos ovnis (los vehículos de los seres del espacio, de los planetas superiores) tienen un papel muy definido que representar en la construcción de una plataforma espiritual para el Instructor del Mundo, preparando a la humanidad para esta época. De hecho, desde la guerra, han desempeñado un papel importante en conservar intacto este planeta. Desde la guerra, ha habido ocasiones en que hemos estado a punto de destruir el planeta al iniciar una gran guerra, la que podría aniquilar a la humanidad y en realidad destruir el planeta mismo, como una entidad íntegra. Los seres del espacio han colocado alrededor del planeta un gran cinturón de Luz, que lo mantiene intacto y lo protege de un desbordamiento de fuerza del plano astral cósmico, un mal cósmico negativo. Las Fuerzas del Mal en este planeta adquieren su energía del plano astral cósmico. Estamos protegidos de un desbordamiento demasiado grande de esa energía hacia este planeta. Nuestra Jerarquía también desempeña un gran papel en ese trabajo. Ellos trabajan muy unidos.

Trabajan dentro de la ley, económica y lícitamente. No hay interferencia en este mundo por parte de los ovnis. Todo se hace de acuerdo a la ley, con el más estricto control de la energía y de su distribución.

Pronostico que ustedes verán dentro de los meses venideros y los próximos dos años un asombroso aumento de la actividad de los ovnis en todo el mundo – ya está comenzando a ocurrir – preparatorio a la reaparición del Cristo y la exteriorización de la Jerarquía, lo cual está sucediendo al mismo tiempo. Los dos están trabajando en muy estrecha armonía.

 Los Seres del Espacio liberan hacia nuestro mundo formidables energías cósmicas que tienen un gran efecto en la transformación de la humanidad y en el sostenimiento del planeta como una entidad íntegra. Su trabajo es continuo e interminable, y todos tenemos una enorme deuda con ellos.

Eso no significa que van a aterrizar masivamente. Los Seres del Espacio están tan avanzados científicamente, que no podríamos usar ahora lo que ellos pueden ofrecernos. Pasarán de 75 a 125 años antes de que estemos listos para usar la información a un nivel técnico o científico. Pero en este tiempo venidero, a partir de ahora, ustedes verán una completa reorientación de nuestras actitudes hacia los Seres del Espacio.

Comprenderemos de dónde vienen, aceptaremos el hecho de que todos los planetas están habitados, que todos tienen sus Jerarquías, y que estas Jerarquías están en comunicación. Reconoceremos el hecho de que somos hermanos y amigos, hermanos dentro de un sistema integrado – el Sistema Solar; que todos estamos en diferentes etapas de desarrollo evolutivo, algunos más avanzados y otros menos. Gradualmente, tomaremos nuestro lugar, el lugar que alguna vez mantuvimos en la hermandad cósmica.

Conscientemente, la humanidad se verá a sí misma como parte de esta hermandad interplanetaria. Trabajaremos unidos y cuando llegue el tiempo apropiado – cuando nuestra ciencia, bajo el estímulo de los Maestros de la Jerarquía, haya alcanzado el punto en que podamos utilizar lo que los Seres del Espacio nos pueden enseñar – ellos vendrán y vivirán y trabajarán con nosotros por grandes períodos de tiempo y entregarán al mundo su grande y divina ciencia, porque es una ciencia divina.

¿Cómo pueden aparecer y desaparecer del modo como lo hacen? (24/2/77)

Un hecho esencial que hay que tener en mente en relación con los ovnis es que son de naturaleza etérica. Son físicamente etéricos, no físicamente densos. Lo que vemos es el resultado de su habilidad para reducir la velocidad de vibración de ellos o de sus vehículos, temporalmente, a un nivel en el que los podemos ver y conocer. El fenómeno de su desaparición es de nuevo el cambio de su velocidad de vibración. Eso es algo que los Maestros también pueden hacer. Quienes tienen control sobre la materia pueden hacer esto. No es tan difícil, creo, cuando ustedes saben cómo hacerlo. ¡No es más que saber hacerlo!

¿Los seres del espacio no son espíritus de la naturaleza? (15/5/77)

No, de ninguna manera.

¿Nos cuidarán?

"Cuidar" no es la palabra exacta, diría yo. Ellos nos protegen dentro de la ley kármica. Pueden llegar hasta determinado punto, pero no más allá, por supuesto. Pero para el trabajo de los Iniciados y discípulos en el mundo, dándoles el derecho kármico para "intervenir", ellos podrían hacer poco. En cambio, con el Cristo y los miembros mayores de nuestra Jerarquía trabajando abiertamente en el mundo, se hace posible una unión más íntima y franca con los Seres del Espacio.

¿Son malos algunos de los seres del espacio? (24/2/77)

Los planetas son de dos clases: los sagrados y los que no son sagrados. La Tierra no es uno de los planetas sagrados. Está sólo a mitad de su cuarta ronda, de la cuarta encarnación, podría decirse, y no ha pasado todavía por la gran Iniciación cósmica que corresponde, en términos cósmicos, a la Iniciación de la Transfiguración en el hombre. Un hombre no es verdaderamente divino hasta que no haya recibido la Tercera Iniciación, la cual desde el punto de vista de la Jerarquía, es la primera.

Asimismo, en el cosmos, un planeta no es sagrado hasta que el Logos no haya recibido la correspondencia más elevada de esta Iniciación. En los planetas sagrados no existe el mal.

Marte es un planeta que tiene tres zonas o niveles: zonas A, B y C. La zona A está muy avanzada, tiene seres que realmente están muy avanzados. La zona B tiene seres que en realidad están bastante avanzados. La zona C tiene seres con los cuales a ustedes no les gustaría encontrarse en una noche obscura. Sin embargo, la clase de mal allá no es de la misma clase que tenemos en este planeta, porque el planeta Marte está, como todo, dentro de la corriente de la Voluntad de Dios, como quien dice. Marte también está en la ronda intermedia, su cuarta ronda, no es un planeta sagrado, y por tanto, existe allí el mal. Este mal de la zona inferior puede ser muy efectivo, detestable y dañino, pero hablando en términos generales, el planeta Marte está dentro del Plan, aunque su efecto en la Tierra pueda ser muy dañino. Marte está conscientemente en el Sendero, de una manera en la cual nosotros no estamos. La Jerarquía está en contacto con Marte, por supuesto; pero la humanidad, como entidad en este planeta, ha perdido ese contacto. Ni siquiera creemos que otros planetas están habitados, ni tampoco tenemos nosotros algún contacto con ellos. Y sin embargo, el contacto es posible por medio de la mente. Es posible en todo el cosmos a través del denominador común de la mente, si la conciencia es lo suficientemente elevada. Pero por supuesto, sólo son los Seres más elevados los que poseen esa conciencia cósmica. (La telepatía es un hecho, un hecho innato en la naturaleza, una parte natural del ser del hombre.) El mal existe en otros planetas, pero está detenido en cierto modo como no está detenido tan fácilmente en este planeta.

¿No sienten maldad hacia nosotros, por ejemplo?

Pues sí, ellos hacen su tarea lo mejor que pueden, a su modo; pero nosotros estamos protegidos; todo está dentro de la ley. Hubo un tiempo en que entidades enteramente obscuras de ciertos planetas que podríamos pensar están avanzados podían venir aquí por su propia voluntad. Hicieron contacto con mucha gente y esto continuó durante algún tiempo. Pero eso ha sido suspendido. Los contactos que se hacen en este planeta se rigen por ley y no existe ahora esa clase de contacto individual.

Esto es difícil de explicar y no estoy seguro de que yo lo entienda del todo; pero es un mal que es diferente en tensión y clase. Existe mal cósmico de la peor clase posible: opera y trata de desbordarse hacia niveles superiores. Eso ha sucedido en este planeta, al igual que en otras partes.

No obstante, la mayoría de los habitantes del planeta está en contacto con Dios. Ellos conocen el camino. Tienen sus "chicos malos", pero no han perdido el camino como planeta. Nosotros lo hemos perdido, hemos retrocedido, literalmente, y necesitamos ayuda. Ellos ayudan.

¿Cómo afectamos a los demás planetas? (4/10/77)

La realidad es que este planeta, y la humanidad de este planeta, somos parte de una Hermandad que abarca la totalidad del sistema solar, y cada planeta está estrechamente relacionado con los demás. La energía del planeta fluye hacia los demás planetas, y la energía de cada uno de ellos fluye hacia todos los planetas, incluyendo el nuestro. Es una estrecha correlación energética.

Tenemos que darnos cuenta de esto, y que nuestros pensamientos y acciones producen un efecto en el aura de este planeta, lo que a su vez afecta a cada planeta en el sistema. Si estamos respondiendo de cierta manera, de modo que la luz y la energía emitidas desde este planeta sean de una vibración relativamente baja, retardamos el avance del sistema solar en conjunto.

¿Qué cree usted de toda esta exploración espacial, que el hombre haya ido a la Luna?

Me gusta la exploración espacial; creo que es la gran cosa. Lo que la exploración espacial ha hecho por la humanidad es comenzar el proceso de darnos cuenta de que solamente somos un pequeño centro en un enorme sistema solar, y que éste es un pequeño centro en una gran galaxia, una fantástica Entidad, que llamamos "espacio". Hemos dado el primer paso dentro de esta realización al enviar nuestros cohetes espaciales a la luna y a otros planetas. Estamos comenzando a reconocernos como parte de una familia, y el sumo interés que han suscitado los llamados ovnis es también un aspecto de esto.

La humanidad comienza a darse cuenta de que no está sola en el universo, que no está sola en el sistema solar. Los seres del espacio son nuestros hermanos. Somos parte de una familia que abarca la totalidad del sistema solar, no necesariamente en el mismo plano de manifestación en el que estamos nosotros. De hecho, el aspecto materia de los diferentes planetas varía. Por ejemplo, si fueran a Venus, no verían nada. Venus está habitado, pero nuestra energía etérica más alta es la más baja de ellos. Ellos comienzan donde nosotros terminamos.

Yo creía que la N.A.S.A. norteamericana y los rusos estaban produciendo contaminación ambiental y trastornando el equilibrio ecológico del mundo, ¿no es cierto?

No. En efecto, el progreso de los programas espaciales, tanto de Rusia como de los Estados Unidos, sólo ha sido posible por la impresión directa de las mentes de los científicos por la Jerarquía; no sólo nuestra Jerarquía, sino también por la Jerarquía de algunos planetas superiores. Así que, ustedes pueden ver, esto se lleva a cabo exactamente de acuerdo con el plan jerárquico.

¿Están los gobiernos del mundo atemorizados por el hecho de los ovnis y nos lo ocultan? (24/2/77)

Es interesante que Mr. Carter, en su campaña electoral prometiera como parte de las acostumbradas promesas electorales, dar a conocer la información clasificada guardada por los Ministerios de Estado y de Defensa de los Estados Unidos, y entendemos que esto está siendo revelado ahora y que será publicado. Así que eso liberará una cantidad enorme de información que indudablemente existe acerca del fenómeno de los ovnis en los Estados Unidos.

Yo mismo he visto los archivos de información clasificada sobre los ovnis en nuestro propio Ministerio del Aire (¡pero no su contenido!) No cabe duda de que tienen mucha información del personal de la Fuerza Aérea, a quienes, yo sé, se les tiene prohibido hablar de sus experiencias.

Lo que se dice oficialmente es que los ovnis no representan una amenaza para la defensa de este país y que, por lo tanto, el gobierno no tiene razón para estar preocupado. Esto, por supuesto, equivale a admitir: a) que los ovnis existen y b) que son amistosos. Yo no diría que ellos están necesariamente atemorizados por el hecho de los ovnis. Creo que en realidad están perplejos en cuanto a cómo tratar este fenómeno.

¿Usted diría que esto está relacionado de alguna manera con algún nuevo contacto con el espacio exterior?

Oh, en verdad, muchísimo. Las Jerarquías de todos los planetas trabajan unidas. Ellas están, si quieren, en constante comunicación telepática. Los ovnis, los vehículos de ciertos planetas superiores, están aquí en lo que básicamente es una misión espiritual. Parte de esa misión es mantener este planeta intacto hasta que las Fuerzas de la Luz alcancen un equilibrio energético. Esto se ha realizado. Hubo un período entre 1956, más o menos, y finales de 1959, cuando este mundo estuvo en una encrucijada. El futuro del mundo en realidad estuvo en la balanza y todos los esfuerzos de la Jerarquía y de las Jerarquías de algunos planetas superiores, especialmente Marte y Venus, se usaron para contrarrestar la creciente maldad que, en cierto sentido, estaba estallando en el planeta – el último esfuerzo de las fuerzas del mal para evitar la inauguración de la Era Espiritual de Acuario, y para evitar la exteriorización de la Jerarquía y la reaparición del Cristo.

Se hace gran cantidad de otros trabajos: la neutralización de grandes cantidades de radiación nuclear negativa en nuestra atmósfera, en nuestros ríos, estanques y océanos, lo cual de otra manera podría haber envenenado el planeta. El planeta está envenenado hasta cierto punto, pero ahora sería inhabitable a no ser por el trabajo de los hermanos del espacio.

Evolución Dévica (Angélica)

¿Cómo nos afectan los devas? ¿Podría explicar la relación entre nosotros y ellos? (26/9/75)

Eso es muy complicado. La evolución conocida en el Oriente como la evolución dévica es conocida por nosotros como la evolución angelical, y es paralela a la humana. Hay muchas jerarquías dévicas y muchas clases de devas, tanto subhumanos como sobrehumanos. Es una realidad oculta que todas las corrientes de vida de este planeta están en camino de ser humanas o en camino de dejar de serlo, han sido humanas o han ido más allá de lo humano. La etapa humana es la etapa central a través de la cual todas las etapas inferiores prosiguen su camino a las superiores. Hay una relación muy íntima entre algunos aspectos de la evolución dévica y la humana, en el sentido de que la evolución humana es positiva y la dévica es negativa. Es parte del Plan divino que en cierto momento del todavía lejano futuro estas dos evoluciones se unan. Tendremos entonces el hermafrodita divino – el aspecto humano, positivo y masculino, y el aspecto dévico, negativo y femenino, se unirán en un solo cuerpo.

¿El sol y la luna tienen alguna relación con esto?

La luna provee lo que llamamos lo negativo en lo que se refiere a las fuerzas de la materialidad. Son las fuerzas de nuestra naturaleza inferior, mientras que el sol provee las fuerzas de nuestra naturaleza superior. Los pequeñitos devas individuales que forman el vehículo del alma humana, el cuerpo causal, vienen del sol. Se llaman pitris solares. Los pitris lunares forman nuestros cuerpos inferiores, de modo que uno tiene una relación positiva y una negativa. La evolución dévica y la evolución humana se unirán cada vez más y más y trabajaremos muy unidos en la edad venidera. Ya cualquier Iniciado de determinado grado trabaja con la evolución dévica, y gradualmente la humanidad aprenderá a trabajar con los devas sanadores, con los devas violetas y los verdes, los que le enseñarán a curar etéricamente. Ustedes saben que tenemos un cuerpo físico y una contraparte de ese cuerpo físico, la cual está hecha de la materia etérica del planeta. Este, nuestro cuerpo etérico, está dentro de nuestro cuerpo físico y se extiende más allá de él. Cuando nos enfermamos, esto ocurre primeramente en el nivel etérico, y gradualmente como una consecuencia de esto, nos enfermamos en el nivel físico; así que desde el punto de vista de la curación, uno trabaja primero en el nivel etérico. Esto comienza a suceder ahora – los doctores, los científicos y los investigadores del mundo están empezando a explorar muy seriamente este plano etérico de la materia, el cual se está convirtiendo en una realidad para muchas personas. Cuando comencemos a trabajar estrechamente con la evolución dévica, ellos nos enseñarán cómo controlar nuestro cuerpo etérico, cómo curarlo, ponerlo y mantenerlo en un estado de equilibrio; y una muy estrecha y definitiva armonía tendrá lugar entre estas dos evoluciones, aparte del distante objetivo de llegar a unirse, a volverse UNA.

Hay grupos de Devas con los cuales el hombre no tiene contacto directo, pero que desempeñan un papel muy decisivo al transmitirnos prana del sol. Sin estas vidas dévicas y la humanidad misma, este planeta moriría. Ambas son centros distribuidores de energía para los reinos inferiores.

Recuerdo que usted dijo cierta vez que si no hubiese humanidad en la tierra, no habría ninguna otra forma de vida sobre ella. Bien, ¿cómo puede ser eso? Seguramente otras formas de vida han existido antes de que el hombre existiera en la tierra. (4/4/78)

Hubo un tiempo en que el hombre estuvo en la luna. El "hombre en la luna" es una realidad. De hecho, el hombre estuvo en la luna antes de estar en la tierra.

¿No en forma física densa?

No en forma física densa. Ciertos devas elevados también estuvieron en la luna. Ellos actúan, con el hombre, como transmisores de energía solar a los reinos inferiores – a los reinos animal, vegetal y mineral – al cuerpo físico del planeta mismo. Ellos vitalizan a los reinos inferiores de una manera en que sólo estos devas y la humanidad pueden hacerlo – por la transmisión de prana. Sin el hombre y sin estos devas en particular, los reinos inferiores morirían.

¿Pero los devas morirían si nosotros no estuviésemos aquí?

No morirían. Parte de la función de estos devas es transmitirnos prana. Si su función fuera perturbada, habría un desequilibrio energético. El prana estaría ahí, ellos estarían ahí. Transmitirían prana ¿a qué? ¿Al reino animal? Ellos exterminarían todo el reino animal. A no ser que rebajemos la energía que a través de nosotros va hacia ellos, el reino animal moriría. Esta noche redujimos, desde un nivel muy alto, la energía espiritual – actuamos como transformadores al transmitirla. Va hacia el mundo a un voltaje menor y por lo tanto, es más aceptable, más accesible, más aprovechable para la humanidad.

Si la energía del sol pasara por los devas superiores, pero no a través de la humanidad, habría una etapa en la que aquélla no sería transformada. Los cuerpos del reino animal no son bastante refinados como para aceptar el prana al nivel que lo recibirían de los devas y esos cuerpos gradualmente morirían.

¿Pero qué pasaba antes de que el hombre estuviera en la tierra en cuerpo físico?

El hombre estaba en materia etérica. Antes de que la humanidad fuese de naturaleza física, hubo dos razas de hombres etéricos que tenían la misma función. No eran verdaderos hombres, pero desempeñaban la misma función para los reinos inferiores.

Cuando el hombre encarnó en el plano físico en los tiempos lemurianos, mediante el aceleramiento de la vibración de su cuerpo físico que esto ocasionaba, los fuegos superiores del sol – pues de eso se trata – podían ser transmitidos gradualmente más y más. Y así el proceso evolutivo pudo llevarse a efecto. El hombre ya no está en la luna, así que la luna es un cuerpo muerto, que está destruyéndose en el espacio. Por eso es perjudicial para el hombre.

Cometa Kahoutek

¿Usted cree que el cometa Kahoutek trajo energías desintegradoras para acelerar la desintegración de nuestras instituciones establecidas, o que fue, digamos, una manifestación de la Jerarquía, enviando energías? (5/3/76)

Energías desintegradoras no, sino lo contrario: grandes fuerzas sintetizadoras fueron liberadas por este cometa al pasar por nuestro Sistema Solar, las que tendrán un enorme efecto sobre este planeta, así como en todos los demás planetas. Este Sistema Solar progresará muchísimo como resultado de la entrada de este cometa con sus fuerzas sintetizadoras. Esto es parte del proceso de iniciación que está efectuándose.

Si usted deja el planeta, ¿a dónde puede ir? ¿Existe vida orgánica en los diferentes niveles en la Jerarquía? (27/1/76)

Todos los planetas están habitados. Si un Maestro deja este planeta, puede ir a uno superior, o como muchos de Ellos hacen, a Sirio, el verdadero origen de nuestra Jerarquía planetaria; nuestra Jerarquía es una rama de la Gran Fraternidad Blanca en Sirio. De hecho, la relación entre este Sistema Solar y Sirio es la misma clase de relación, a nivel cósmico, que la que existe entre la personalidad de ustedes y su alma. Así pueden comprender lo que esa relación es.

Hay siete caminos diferentes que los Maestros pueden seguir después de haber obtenido la Quinta Iniciación. Se llama el Camino de la Evolución Superior. Existe el camino para convertirse en un Hombre Celestial, un Logos. Ustedes se entrenan para convertirse en Logos. Tal vez algún día lo serán. Pueden darle alma a un planeta o podrían ser una expresión del aspecto del Hijo de Dios, el Cristo Cósmico. El Cristo Cósmico es una Identidad, una Individualidad, que ha sido hombre alguna vez. Así también como el Cristo planetario es un hombre, un hombre divino porque ha manifestado esta misma divinidad de que hablamos, que está latente en cada uno de nosotros, desde el salvaje más retrasado hasta el mismo Cristo. Todos somos divinos. Todos nacemos del mismo origen divino, pero estamos en etapas diferentes en ese viaje de regreso. Los Maestros y los Iniciados están mucho más avanzados que nosotros. Ellos vienen ahora a ayudarnos, de manera que la humanidad pueda dar ese formidable paso adelante hacia el inicio de la conciencia de Iniciado.

CIVILIZACIONES ANTIGUAS

¿Qué señales de evolución ve usted en los pasados miles de años, en la evolución del hombre? (27/1/76)

Oh, Leonardo de Vinci, Schweitzer, Beethoven, Platón, Shakespeare, Galileo, Abraham Lincoln, uno podría seguir mencionando nombres. El emerger de estos Iniciados, pues eso es lo que son, es una señal de la evolución del hombre, como lo son todas las artes, todas las grandes revelaciones científicas. La exploración del átomo, el descubrimiento de que la materia es energía, que se puede liberar energía de la base de la naturaleza misma: eso es increíble, eso es la gran ciencia. Y cuando aprendamos a manejarla con seguridad, y para bien de todos, en lugar de hacerlo con propósitos negativos, esa energía nos dará una base sobre la cual podemos edificar una civilización que está más allá de nuestra imaginación.

La difusión del conocimiento – un programa educativo casi universal – y las comunicaciones que abarcan todo el mundo, con el sentido de Unidad que eso engendra, han conducido hoy a la humanidad al punto en que está lista para la nueva Revelación que el Cristo trae.

Una Edad de Oro – La Atlántida

¿Hay otra edad de oro aproximándose? (1/2/77)

Sí, en efecto. Una edad de oro. Una edad de diamante. Una edad de manifestación de las cualidades divinas en el Hombre que nunca se han manifestado antes. La edad de oro en la psiquis comunal de la humanidad fue la era de la civilización de la Atlántida. La Atlántida tuvo una ciencia más avanzada de la que tenemos hoy; una ciencia de construcción con la que no podemos rivalizar; una ciencia espiritual que ni siquiera hemos comenzado a manifestar. Pero en esta era que se aproxima, no solamente rivalizaremos con ella, sino que sobrepasaremos la ciencia de esa civilización que le fue dada a la humanidad por la Jerarquía como regalo. La humanidad no la hizo. No tenía el desarrollo mental para hacerlo. La Cuarta Raza, la de la Atlántida, tuvo como meta el perfeccionamiento del cuerpo astral o emocional – llevando a un estado de sensibilidad y capacidad para responder, que tomamos como normal. De hecho, está tan desarrollado que tenemos mucha dificultad en dominarlo ahora. La mayoría de la humanidad todavía es atlante en el sentido de que las masas están astralmente polarizadas. El enfoque de su atención es el cuerpo emocional, la energía del plano astral es la que más potentemente funciona a través de ellos, y viven a través del plexo solar.

Por el proceso evolutivo, y por la meditación y el servicio, los hombres más avanzados de la raza empiezan a estar – o ya lo están – mentalmente polarizados o enfocados. Hoy grandes secciones de la humanidad, por primera vez en la historia, comienzan a pensar, a pensar verdaderamente por sí mismas, a usar realmente la energía de la mente y a hacer selecciones y decisiones conscientes. Hasta ahora, la humanidad simplemente reaccionaba. Pensar es algo por completo diferente, como sabemos.

Las masas de la humanidad están comenzando a pensar – políticamente, económicamente – están comenzando a tomar decisiones en esos sentidos, y ya no simplemente responden emocionalmente a algún maestro o líder. Esto es nuevo.

En la época atlante, la humanidad no pensaba en absoluto. Sólo el hombre atlante más avanzado, el discípulo o iniciado, pensaba. A mediados de la civilización atlante, la iniciación más alta que se podía obtener era la que ahora es la Tercera Iniciación. (San Pablo era un Iniciado de tercer grado, así que podemos tener una idea de lo que un Iniciado de tercer grado de su tiempo podría ser.) Los Iniciados de tercer grado de hoy, por supuesto, están mucho más desarrollados mentalmente que en los tiempos de San Pablo. Es más difícil convertirse en un Iniciado de tercer grado ahora, es algo más difícil, porque la humanidad se ha desarrollado mucho mentalmente. Una clase superior de Iniciado está siendo creada todo el tiempo: los Maestros de hoy hubiesen sido formidables adeptos en la época atlante. El Cristo y el Buddha estuvieron entre los primeros de nuestra humanidad terrestre en obtener la Tercera Iniciación a mediados de la era atlante y han estado a la vanguardia de nuestra evolución desde entonces. Son grandes Vidas Planetarias, increíblemente adelantados, por lo que a nosotros concierne.

En la época atlante, los miembros de la Jerarquía eran de otros planetas, no de nuestra propia humanidad terrestre, o sólo comenzaban a serlo. Los hombres más avanzados a penas estaban comenzando a hacerse Iniciados.

La civilización atlante abarcó un enorme período de tiempo, por supuesto, y durante mucho tiempo permaneció incorrupta, en un elevado estado espiritual. Fue una edad de oro.

Entonces los Señores del Rostro Oscuro y los Señores de la Luz, la Jerarquía de Luz, entraron en una clara oposición cuando las fuerzas del mal dejaron de restringir su actividad dentro de la región indicada, que es en el plano de la materia. La labor de las fuerzas del mal, que en realidad son las fuerzas de la involución en el planeta, es la de sostener el aspecto materia. Están en el arco involutivo, mientras que nosotros estamos en el arco evolutivo; estamos saliendo de la materia. Su actividad es perjudicial para nosotros, pero tienen su papel a desempeñar en el desarrollo involutivo del planeta. Cuando su actividad se desborda sobre el arco evolutivo y afecta a la humanidad, esto es maligno: el dominio de las mentes y los corazones y de la actividad de la humanidad, que es lo que ellos tratan de lograr. Tienen sus adeptos, que están muy avanzados – tan avanzados en su línea de acción como los Maestros lo están en la Suya. Solamente que ellos no tienen la energía de amor, la naturaleza del amor falta en su constitución. Con el tiempo, dentro de cientos de miles de años, atravesarán los ciclos, manifestarán la energía del amor y entrarán en el desarrollo de la Conciencia Crística.

Es su actividad en los planos físico y astral lo que mantiene atrasada a la humanidad. También, el hecho de que este planeta no es una Entidad perfecta. Es un planeta muy imperfecto. Desde el punto de vista cósmico, este planeta está solamente en la etapa de un Iniciado de Segundo grado – no divino por completo todavía. Los hombres se convierten realmente en divinos solamente cuando reciben la Tercera Iniciación, la primera verdadera iniciación del alma. Hasta ese momento, sólo hay sencillamente la integración de la personalidad. Es más que eso, pero para simplificarlo, es una integración de la personalidad lo que tiene lugar; desde el punto de vista de la Jerarquía, la Tercera Iniciación es la primera verdadera iniciación.

Este planeta no es lo que se llama un planeta sagrado. En la terminología teosófica, hay siete rondas por las que cada planeta tiene que pasar, siete encarnaciones, y nuestro planeta está en medio de la cuarta. Tenemos mucho por andar. Pero en medio de la cuarta, surgen todas las nuevas, grandes oportunidades espirituales.

Sí, bajo la inspiración del Cristo y de los Maestros, crearemos una edad de oro, y por nuestras propias manos esta vez.

¿Pero han tenido esas otras civilizaciones la misma ayuda de la Jerarquía que tenemos ahora? (4/10/76)

Sí. La civilización atlante fue dada al hombre por la Jerarquía. El hombre atlante no construyó esa brillante civilización, que de muchas maneras fue más avanzada, científicamente, que la nuestra. Tenían armas electro-magnéticas que destruyeron la civilización. Tuvieron la ciencia más avanzada, una civilización maravillosa, pero fue dada como regalo por la Jerarquía de aquel tiempo, los Maestros e Iniciados de aquella época. El hombre atlante estaba mucho menos evolucionado que nosotros, en muchos sentidos.

¿Podemos decir que esa dádiva destruyó al hombre atlante?

Esa dádiva no los destruyó. Ellos la usaron incorrectamente por su libre albedrío. Al hombre se le concede libre albedrío. Desde ese momento, la Jerarquía se volvió oculta, esotérica, se retiró a los desiertos y a las regiones montañosas del mundo, donde todavía viven sus sucesores, los Maestros de hoy. Algunos son los mismos Seres, ustedes no lo creerían posible. El Manú de la Quinta Raza Raíz ha sido el Manú por casi 100.000 años. Y el Manú, uno de dos de la Cuarta Raza Raíz, la atlante, todavía está en el mundo, en China. No podría imaginar Su edad, que debe ser cientos de miles de años.

Nosotros estamos perfeccionando el vehículo mental, mientras que el hombre atlante estaba perfeccionando el vehículo astral, que ahora es perfecto.

Hoy la humanidad es completamente diferente a como era hace 2.000 años. En aquel tiempo, el Cristo, manifestándose a través del Discípulo Jesús, habló a incultos y supersticiosos campesinos, pastores y pescadores, quienes estaban dominados por los sacerdotes, cuyo único interés era mantener dominadas las mentes de los hombres. Hoy, como resultado de la experiencia pisciana, de la educación a escala mundial, del tremendo impulso y propagación de los medios de comunicación – la prensa, la radio, la televisión, los libros, los trenes, el transporte aéreo, etc. – la humanidad es cada vez más independiente. El Cristo viene a un mundo completamente diferente. Ahora la humanidad es adulta. La humanidad, el discípulo mundial, ha crecido.

Grandes sectores de la humanidad están en el umbral de la Primera Iniciación, hacia la clase de conciencia que los Iniciados y Maestros conocen, el primer paso. Aún en los próximos cincuenta años, cientos de miles de personas recibirán la Primera Iniciación, y eso es algo extraordinario. La humanidad ha hecho un enorme avance. La Jerarquía regresará al mundo. El Cristo estará en el mundo. La humanidad tiene ahora la posibilidad de entrar en una nueva edad espiritual y de construir una civilización mayor que cualquiera que se haya conocido antes – mayor que la atlante o cualquiera otra civilización posterior. Tenemos la oportunidad. Inevitablemente, nosotros tenemos que construirla. Pero estamos listos para ello. Tenemos la capacidad para ello. Bajo la guía de los Maestros, construiremos una civilización basada en la hermandad, el amor, el justo compartir, la relación correcta con los demás y con Dios. Esta es la base correcta. Allí fue donde la civilización atlante se desintegró.

Allí surgieron los que no estaban contentos con la Voluntad de Dios y afirmaron su propia voluntad separada. El resultado fue el desastre. Esta vez las fuerzas de la obscuridad no tendrán éxito en llevar a la humanidad a tales aprietos. Ya están derrotadas.

Egipto y la Atlántida

Usted mencionó a la Atlántida en su plática. ¿Existe alguna relación entre Egipto y la Atlántida, digamos, tal vez, a través de la reencarnación u otros medios históricos? (28/2/77)

Sí. Egipto fue una colonia posterior de la civilización atlante que cubrió una gran parte del mundo. La Gran Pirámide de Keops en Egipto es mucho más antigua de lo que imaginamos – la civilización de Egipto es mucho más antigua. De hecho, debajo del área que está alrededor de la Gran Pirámide y de la Esfinge existe una ciudad, una ciudad colonial atlante, que algún día será excavada y descubierta.

La Esfinge y, por supuesto, la Gran Pirámide, estaban relacionadas con los Antiguos Misterios, los Misterios de Iniciación, pues la Iniciación y las Escuelas de los Misterios se remontan a los tiempos atlantes. El proceso de Iniciación se instituyó a mediados de la era atlante, y los restos en Egipto, América del Sur –México y Perú– y también en Caldea y Babilonia, se relacionan con estas civilizaciones. Son formas degeneradas de eso, porque la civilización atlante fue una civilización formidable, científica, como desde entonces el mundo no ha vuelto a ver otra.

En Egipto los requisitos para la iniciación eran conocidos, pero ocultamente; no había enseñanza externa como la hay hoy en día. La antigua religión de la Atlántida era lo que hoy llamamos espiritismo. Era el reconocimiento y la adoración del hecho – adoración no es realmente la palabra correcta – el reconocimiento de la santidad del hecho de la vida eterna. Así que cuando alguien moría, la vida después de la muerte para los atlantes era muy importante, y se preparaban para ello; el entierro tenía un ritual muy específico. Ustedes encuentran esto en dondequiera que la civilización atlante se asentó y permaneció por algún tiempo, como ocurrió en Egipto.

La religión del antiguo Egipto es, fundamentalmente, espiritismo; la religión de la China, durante los últimos 4.000 años, es una clase de espiritismo. Nosotros le llamamos adoración a los antepasados, pero por supuesto, esto no tiene que ver nada con la adoración a los antepasados. Es la adoración del hecho de lo sagrado de la continuidad de la vida después de la muerte – esa continuidad de vida – de modo que los antepasados coexisten con los hombres de hoy en día; el reconocimiento y aceptación de ese hecho.

Esta es la esencia de las antiguas religiones atlante y egipcia; de ahí el evidente y excesivo énfasis sobre la muerte, el casi mórbido interés, aún hoy en día, en Sudamérica, en los atavíos de los muertos. (Pero los campesinos sudamericanos ven mucha muerte, ellos están familiarizados con ella. Son pobres. La mayor parte de los féretros son muy pequeños – para niños que mueren en gran cantidad. Esta gente vive cerca de la muerte, sin ser este hecho culpa de ellos. Se debe en gran parte a la no distribución de los alimentos y a la falta de conocimiento médico moderno, por lo cual sus niños mueren.)

Egipto fue el lugar de origen de la magia – la magia atlante. Los entierros en las tumbas y posteriormente en las pirámides se realizaban con procedimientos mágicos; eran cerrados y sellados mágicamente y, de hecho, hoy existen tumbas en Egipto que han permanecido sin abrir, y no pueden abrirse, hasta que el "sello" mágico no haya sido quitado. Han sido colocadas en su lugar mediante palabras de poder y ciertos rituales que no permitirán su perturbación sin la "palabra clave" que libere el poder del mantram.

Esa fue también la magia de la Atlántida, la negra y la blanca. La magia negra fue sumamente desenfrenada en esos tiempos, y por supuesto, ustedes saben que hubo una gran guerra entre las Fuerzas de la Luz y las de las Tinieblas, que llevó a esa civilización a su fin. Como resultado de esa guerra, la Jerarquía de Luz se volvió oculta. Sus miembros se retiraron del mundo cotidiano a Sus retiros en las montañas y desiertos, dejando que la humanidad se las arreglase por sí misma y que aprendiera mediante la prueba y el error. Ellos regresan ahora entre nosotros, uno a uno.

¿Se dará por medio de esta energía realmente un enorme paso hacia adelante esta vez, ya que han existido civilizaciones mucho más avanzadas que la nuestra ahora, y han caído, y uno no entiende por qué, si todo esto es un plan para la tierra, por qué esas civilizaciones superiores a la nuestra ahora se han derrumbado? (4/10/76)

Por causa del libre albedrío del hombre. El hombre es divino. Él también es humano y tiene libre albedrío. Y a él se le ha dado la oportunidad de ejercer ese libre albedrío. La humanidad debe evolucionar más allá del concepto de lo que es conveniente para ella. Tiene que alinear su voluntad con la voluntad divina, que surge de Shamballa, donde la Voluntad de Dios es conocida. Cuando la voluntad del hombre y la Voluntad de Dios coinciden, se vive como es debido – el Plan avanza. No hay caídas. Cuando hay durante largo tiempo una divergencia entre la voluntad del hombre y la Voltuntad de Dios, viene el desastre. En las mejores civilizaciones en las que se pueda pensar, como la Atlántida, los hombres se volvieron egoístas, ejercieron su pequeña propia voluntad, y el resultado final fue el desastre.

Ahora, el hombre está mucho más evolucionado, es mucho más una unidad mental adulta y puede tomar decisiones en cuanto a su futuro a la luz de la evidencia que, para él, el Cristo pondrá de relieve. Verá que hoy no hay otra alternativa sino el compartir y la cooperación, y sobre esa base entrará en el futuro.

SELECCIÓN DE MENSAJES DE MAITREYA EL CRISTO

Mensaje Nº 2

15 de Septiembre de 1977

Buenas noches, Mis queridos amigos.

Aprovecho, de nuevo, esta oportunidad para hablaros y para establecer firmemente en vuestras mentes las razones de Mi Regreso.

Hay muchas razones por las cuales debo descender y aparecer de nuevo entre vosotros. Principalmente son las siguientes:

Mis Hermanos, los Maestros de Sabiduría, tienen planeado realizar Su Regreso en grupo al mundo cotidiano.

Como Su Guía, Yo, como uno de Ellos, hago lo mismo.

Muchos hay, por todo el mundo, que Me llaman, que suplican Mi Regreso. Yo respondo a sus peticiones.

Muchos más sufren hambre y perecen innecesariamente, por carecer de alimentos que yacen pudriéndose en los almacenes del mundo.

Muchos necesitan Mi ayuda de otras maneras:

como Instructor, Protector; como Amigo y Guía.

Es de todas estas maneras que Yo vengo.

Para guiar a los hombres, si ellos Me aceptan, hacia el Nuevo Tiempo, la Tierra Nueva, el glorioso futuro que le espera a la humanidad en esta Era venidera,

por todo esto Yo vengo.

Vengo, también, para mostraros el camino hacia Dios, el regreso a vuestro Origen; para mostraros que el Camino hacia Dios es un sendero sencillo, que todos los hombres pueden hollar; para guiaros hacia lo alto, dentro de la luz de esa Nueva Verdad que es la Revelación que Yo traigo.

Por todo esto Yo vengo.

Dejadme llevaros de la mano y guiaros hacia esa tierra que llama, para mostraros las maravillas, las glorias de Dios, que son vuestras para contemplar.

La vanguardia de Mis Maestros de Sabiduría se halla ahora entre vosotros.

Pronto Los conoceréis.

Ayudadles en Su trabajo.

Sabed, también, que Ellos están construyendo la Nueva Era, a través de vosotros.

Dejadles conduciros y guiaros, mostraros el camino; y haciendo esto, habréis servido bien a vuestros hermanos y hermanas.

Tened valor, amigos Míos.

Todo irá bien.

Todas las cosas irán bien.

Buenas noches, Mis queridos amigos.

Que la Luz, el Amor y el Poder Divinos del Único Dios, se manifiesten ahora en vuestros corazones y en vuestras mentes.

Que esta manifestación os lleve a buscar Aquello que mora siempre dentro de vosotros.

Hallad Esto, y conoced a Dios.

Mensaje Nº 10

8 de Noviembre de 1977

Una vez más estoy entre vosotros, Mis queridos Amigos.

Vengo para deciros que vais a verme muy pronto, cada uno a su manera.

Aquellos que Me buscan con los atributos de Mi Amado Discípulo, el Maestro Jesús, encontrarán en Mí Sus cualidades.

Aquellos que Me buscan como un Instructor están más cerca de la realidad, porque eso es lo que soy.

Aquellos que buscan señales las encontrarán, pero Mi método de manifestación es más sencillo.

Nada os separa de Mí, y pronto muchos tomarán conciencia de ello.

Yo estoy con vosotros y en vosotros.

Yo busco expresar aquello que soy a través de vosotros;

por esto vengo.

Muchos Me seguirán y Me verán como a su Guía.

Muchos no Me conocerán.

Mi propósito es entrar en la vida de todos los hombres y, a través de ellos, cambiar esa vida.

Estad preparados para verme pronto.

Estad preparados para escuchar Mis palabras,

para seguir Mis pensamientos,

para prestar atención a Mi Petición.

Yo soy el Extraño en la Puerta.

Yo soy Aquel que llama.

Yo soy Aquel que no se irá.

Yo soy vuestro Amigo.

Yo soy vuestra Esperanza.

Yo soy vuestro Escudo.

Yo soy vuestro Amor.

Yo soy Todo en Todo.

Llevadme a vuestro interior, y dejadme trabajar a través de vosotros.

Haced de Mí una parte de vosotros mismos, y mostradme al mundo.

Dejad que Me manifieste a través de vosotros, y conoced a Dios.

Que la Luz, el Amor y el Poder Divinos del Único y Santísimo Dios se manifiesten ahora en vuestros corazones y en vuestras mentes.

Que esta manifestación os lleve a saber que Dios mora silenciosamente, ahora y para siempre, dentro de todos vosotros.

Mensaje Nº 17

Buenas noches, Mis queridos amigos, estoy feliz de estar con vosotros una vez más de esta manera.

Pronto Mi Aparición será conocida por muchos y Mi Enseñanza habrá comenzado.

La humanidad se enfrentará por Mí a dos líneas de acción;

de su decisión depende el futuro de este mundo.

Le mostraré que la única elección posible es a través del compartir y de la interdependencia mutua. Por estos medios, el hombre llegará a ese estado de conciencia despierta de sí mismo y de su propósito que le conducirá a los pies de Dios.

El otro camino es demasiado terrible de contemplar, porque significaría la aniquilación de toda forma de vida sobre la Tierra.

El hombre tiene el futuro en sus manos.

Consideradlo bien, oh hombres, y si elegís como lo harían los verdaderos hombres, podré guiaros a la Luz de vuestra divina herencia.

Elegid bien, y dejadme guiaros.

Elegid bien, y estad seguros de Mi continuo socorro.

Elegid bien, hermanos Míos, y seréis liberados de todo lo que os mantiene limitados.

Mi Ejército se moviliza, marcha valerosamente hacia el futuro.

Uníos a aquellos que ya luchan del lado de la Luz, del lado de la Verdad, de la Libertad y la Justicia.

Uníos a Mi Vanguardia y mostrad el camino a vuestros hermanos.

Hay muchos que sienten que Yo estoy aquí, mas no lo dicen.

¿Por qué conservar este conocimiento para vosotros mismos, cuando vuestros hermanos claman por luz, por sabiduría y ayuda?

Permitidles a ellos, también, compartir la alegría de la Promesa que Yo os traigo.

Decidles, amigos Míos, que creéis que Maitreya ha venido; que el Señor del Amor está aquí; que el Hijo del Hombre camina otra vez entre Sus hermanos.

Decidles también que pronto será visto Mi rostro, serán oídas Mis palabras; y en la visión y la escucha son examinados y conocidos.

Que la Luz, el Amor y el Poder Divinos del Único y Santísimo Dios se manifiesten ahora en vuestros corazones y en vuestras mentes.

Que esta manifestación os lleve a buscar y hallar ese Origen Divino del cual procedéis.

Mensaje Nº 19

Buenas noches, Mis queridos amigos.

Estoy verdaderamente feliz de estar con vosotros una vez más y deciros que muy pronto emergeré.

El tiempo de Mi Venida ha terminado.

El tiempo de Mi Emerger ha llegado; y pronto, ahora, en plena visión y hecho, Mi rostro y palabras serán conocidos.

Que Me reconozcáis rápidamente, Mis queridos amigos, queridos Míos, y que ayudéis a vuestros hermanos a hacer lo mismo.

Soy vuestro Amigo y Hermano, no un Dios.

Es verdad que Mi Padre Me ha enviado, una vez más, con vosotros; mas vengo a vosotros que sois Mis hermanos, para guiaros y conduciros, si queréis, hacia un futuro bendito.

Mi labor será mostraros que para la humanidad los caminos se separan.

Las señales están colocadas, y de vuestra decisión depende el futuro de esta Tierra.

Estamos aquí juntos, vosotros y Yo, para asegurar que el hombre elige el sendero correcto, el único Camino que puede conducirle a Dios.

Vosotros estáis aquí porque en vuestros corazones estáis respondiendo a Mi Llamada, al hecho de Mi Presencia, lo sepáis o no.

Haced entonces que vuestra labor sea decírselo a los demás, indicar el sencillo camino de la Verdad que llama a la humanidad.

Enseñad a los hombres que compartir es divino; que amar es la naturaleza de Dios; que trabajar juntos es el destino del hombre.

Ocupad vuestro lugar en la única plataforma desde donde la Luz del futuro puede ser vista.

Ocupad vuestro lugar, amigos Míos, juntos, y mostrad el camino.

Muchos de vosotros Me veréis pronto.

Compartid con vuestros hermanos esta alegre expectativa y decidles que Maitreya, su Amigo, su Hermano, su Instructor de Antaño, ha venido.

Haced esto ahora y restableced a los hombres la esperanza que han perdido.

Haced esto ahora y trabajad para Mí.

Trabajad al servicio del mundo y permaneced en la bendición de Mi Amor.

Que la Luz, el Amor y el Poder Divinos del Único y Santísimo Dios se manifiesten ahora en vuestros corazones y en vuestras mentes.

Que esta manifestación os revele que sois, ahora y para siempre, hijos del único Dios viviente.

Mensaje Nº 26

Mis queridos amigos, estoy feliz de estar otra vez con vosotros.

Verdaderamente estoy entre vosotros, de una nueva forma: vuestros hermanos y hermanas Me conocen, Me han visto y Me llaman Amigo y Hermano.

Mi plan es revelarme poco a poco, y reunir a Mi alrededor a aquellas almas iluminadas por medio de las cuales pueda Yo trabajar.

Este proceso ya ha comenzado, y pronto, en Mi Centro, Mi Presencia será conocida.

Mi cuerpo de trabajadores mostrará al mundo que los problemas de la Humanidad pueden resolverse; mediante el proceso de compartir y la justa redistribución, las necesidades de todos pueden ser satisfechas.

Este creciente grupo mostrará a los hombres que es innecesario el sufrimiento de tanta gente, a causa del hambre, las enfermedades y las angustias que acosan a la humanidad.

Mi plan es llevaros de viaje hacia una Tierra Nueva, hacia una nueva forma de vivir la vida, en la cual todos los hombres puedan compartir.

Dejadme guiaros, dejadme mostraros el camino.

Dejadme elevaros hacia la luz de una Nueva Verdad.

Dejadme mostraros, amigos Míos, el Camino hacia Dios, porque sólo a través de la manifestación de la Voluntad de Dios puede Dios ser conocido.

Yo estoy aquí para administrar esa Voluntad.

Aprovechad esta oportunidad para servir y crecer en el Servicio, amigos Míos, porque ninguna más grande ha sido ofrecida a hombre alguno.

Aprovechad esta oportunidad para servir, y ved el rostro de Aquel que llamamos Dios.

Mis brazos se extienden hacia vosotros, amigos Míos, pidiendo vuestra confianza, solicitando vuestra ayuda para rehacer vuestro mundo.

Muchas son las labores por realizar, muchos los golpes que dar por la Libertad y la Verdad.

Necesito a todos aquellos en quienes resplandece esa verdad para que Me sigan y Me ayuden en Mi Trabajo.

Que estéis listos cuando escuchéis Mi Llamada.

Esa Llamada resonará en los oídos de los hombres en todas partes, en todo el mundo.

Es una Llamada a Dios.

Que la Luz, el Amor y el Poder Divinos del Único y Santísimo Dios se manifiesten ahora en vuestros corazones y en vuestras mentes.

Que esta manifestación os lleve a buscar y a conocer esa Esencia de Dios que en verdad sois.

Mensaje Nº 35

Mis queridos amigos, estoy feliz de estar con vosotros una vez más.

Mis Planes se están llevando a cabo.

Mi Emerger tarda un poco pero prosigue bien.

Pronto, entre vuestros hermanos, Mi Enseñanza comenzará y, resonando en todo el mundo, anunciará una Nueva Era.

Mi Promesa se mantiene: llevaré ante el Trono de Dios a aquellos que Me puedan seguir hacia la Luz Superior que Yo traigo.

Que estéis entre aquellos que han de conocer esta alegría.

Ocupad vuestro lugar a Mi lado y juntos renovaremos todas las cosas.

Tomad Mi mano, amigos Míos, y dejadme guiaros por Mi Jardín.

Permitid que Yo os muestre Mis Flores.

Permitid que Yo os enseñe Mi Ley.

Mi corazón os envuelve como siempre y a cada paso del sendero de ascenso Mi mano os fortalece y guía.

Soy vuestro Maestro, Hermano y Amigo.

Conocedme entonces de esta manera.

Dejadme mostraros el sencillo Sendero hacia Dios.

Dejadme mostraros la Gran Luz Divina.

Viajemos juntos por este Sendero y conozcamos los Secretos de Antaño, conozcamos las Maravillas de Dios, conozcamos la Bendición del Amor.

El grito de los hombres por la Justicia ha llegado a Mis oídos y a ese grito Yo escucho.

La llamada de socorro se ha elevado hacia Mí y Yo Me apresuro a dar.

El dolor del mundo reposa pesadamente en Mi corazón y gustosamente quisiera aliviarlo.

Mi dolor puede ser vuestro; Mi carga puede ser compartida. Yo os ofrezco ambos.

Tomad Mi dolor, hermanos Míos, y convertidlo en Alegría.

Aligerad Mi carga, amigos Míos, y conoced la Bienaventuranza.

Que la Luz, el Amor y el Poder Divinos del Único y Santísimo Dios se manifiesten ahora en vuestros corazones y en vuestras mentes.

Que esta manifestación os lleve a ver que sois ahora y siempre centros en el Ser de Dios.

Mensaje Nº 42

Mis queridos amigos, estoy feliz de estar otra vez con vosotros.

Muchas veces Me habéis oído decir que Mi Venida significa cambio.

Específicamente, el mayor cambio se producirá en el corazón y en la mente de los hombres, porque Mi Regreso entre vosotros es una señal de que los hombres están preparados para recibir nueva vida.

Esa Nueva Vida para los hombres Yo traigo en abundancia.

En todos los planos esta Vida fluirá, llegando a los corazones, las almas y los cuerpos de los hombres, acercándoles al Origen de la Vida Misma.

Mi labor será canalizar esas Aguas de la Vida a través de vosotros.

Yo soy el Portador de Agua.

Yo soy el Cántaro de la Verdad.

Esa Verdad Yo os revelaré y os elevaré hasta vuestra verdadera naturaleza.

Yo soy el Río.

Por Mí fluye la nueva corriente de Vida dada por Dios, y esta os la concederé.

Así caminaremos juntos por Mi Jardín, sentiremos el perfume de Mis Flores, y conoceremos la alegría de la proximidad a Dios.

Amigos Míos, estas cosas no son sueños.

Todo esto será vuestro.

Mi Misión os lo otorgará.

Que la Luz, el Amor y el Poder Divinos del Único y Santísimo Dios se manifiesten ahora en vuestros corazones y en vuestras mentes.

Que esta manifestación os lleve hasta el seno del Dios Eterno.

Mensaje Nº 53

7 de Diciembre de 1978

Mis queridos amigos, estoy feliz de estar una vez más con vosotros.

Mis métodos están obteniendo éxito.

Mis agentes trabajan correctamente y bien, y todo prosigue según el plan.

Mi plan es permanecer en Mi centro hasta que se haga Mi Declaración.

Luego comenzará Mi recorrido por los países del mundo, y todos los hombres verán Mi rostro.

Cuando Yo mismo me presente ante vosotros, os pediré vuestra lealtad, vuestra ayuda en el servicio a vuestros hermanos.

Ya conozco aquellos con quienes puedo contar.

Mi labor será llevaros en un viaje hacia la Verdad, hacia la Tierra Bendita del Amor, y allí mostraros a vosotros mismos como Dios.

Mis Maestros, igualmente, os tomarán de la mano y os conducirán a Sus divinos pies.

Mostremos juntos al mundo:

que la necesidad de la guerra ha terminado;

que el instinto del hombre es vivir y amar;

que el odio nace de la separación;

que la Ley de Dios vive en el hombre y es fundamental a su naturaleza.

Todo esto os mostraré.

Trabajad conmigo y probad que esto es verdad.

"

Yo soy el Portador del Amor de Dios.

Yo soy el Administrador de la Voluntad de Dios.

La Luz de Dios mora en Mí y esa Luz Yo dirijo a vosotros.

Creced en ella, amigos Míos, y brillad con la Gloria de Dios.

Mi plan es revelarme de tal modo que pocos en realidad no sabrán quién soy Yo.

Por tanto estad atentos a Mi Presencia.

Buscad Mi rostro y palabras y escuchadlas pronto.

Mi Bendición está con todos vosotros.

Que la Luz, el Amor y el Poder Divinos del Único y Santísimo Dios se manifiesten ahora en vuestros corazones y en vuestras mentes.

Que esta manifestación os lleve a estar siempre conscientes de vuestra semejanza con Dios.

Mensaje Nº 61

Mis queridos amigos, estoy verdaderamente feliz de estar entre vosotros una vez más de esta manera, y de revelaros parte de Mis Planes.

Dentro del grupo donde habito hay algunos que Me conocen por lo que Yo soy, pero es Mi intención no revelar durante cierto tiempo Mi verdadera condición.

Esto os permitirá que Me consideréis como a Uno de vosotros, un Hombre entre los hombres.

Nada de lo que Yo haga parecerá extraordinario.

Nada de lo que Yo diga será raro o extraño.

Sencillo en realidad será Mi acercamiento.

Con este hecho podéis contar.

Como un Hermano entre hermanos hablaré por todos vosotros, expresaré en voz alta vuestras aspiraciones y esperanzas;

daré a conocer el deseo de todos los hombres por un mundo en paz,

por una justa y noble disposición a compartir,

por la creación de una sociedad basada en la libertad y el amor.

Por Mi enunciación de estos principios Me conoceréis y descubriréis.

Mi intención es revelarme pronto y por la vía más corta.

Si fallase todo intento, emergeré en un mundo dispuesto pero no preparado; un mundo que aún no sabe que Yo estoy entre vosotros.

Pero sería mucho mejor para Mí presentarme ante vosotros como el Esperado, el Enviado por Dios para conduciros a vuestra futura gloria.

Muchos saben esto, pero muchos más ignoran los verdaderos hechos de esta época.

Apelo solemnemente a vosotros, por tanto, Mis queridos amigos, para que deis a conocer el hecho de Mi Presencia entre vosotros y allanéis Mi camino.

Mis cargas son en verdad pesadas.

Estas cargas pueden ser aligeradas por vuestro trabajo. Confío en vosotros para que actuéis acordemente.

Juntos completaremos el Plan.

Mis Bendiciones están con todos vosotros.

Que la Luz, el Amor y el Poder Divinos del Único y Santísimo Dios se manifiesten ahora en vuestros corazones y en vuestras mentes.

Que esta manifestación os lleve a estar siempre conscientes de vuestro verdadero propósito como servidores del Plan.

Mensaje Nº 70

17 de Mayo de 1979

Buenas noches, Mis queridos amigos. Una vez más, estoy feliz de estar entre vosotros de esta manera.

Mi Plan prosigue cuidadosamente y bien.

Vuestros hermanos aumentan en número alrededor Mío y a ellos doy Mi Bendición y Enseñanza.

De igual forma, a su debido tiempo, os concederé estos Dones.

Mi objetivo es extender Mi red hasta los confines del horizonte, atraer hacia Mí a todos aquellos en quicnes brilla Mi Luz, para que a través de ellos pueda trabajar.

Esta recogida puede incluiros, amigos Míos, porque necesito a todos aquellos que comparten conmigo el deseo de servir al mundo.

Asumid sobre vosotros mismos la labor de socorro y compartid Mi carga.

Compartid conmigo, amigos Míos, un Gran Trabajo – nada menos que la transformación de este mundo.

Mis medios, como sabéis, son sencillos.

No necesito más instrumentos que el amor del corazón del hombre.

Esto, amigos Míos, concedido a vosotros por Aquel del cual procedéis, llevará a los hombres hacia el Origen del Amor Mismo.

Manifestadlo, hermanos Míos, y uníos a Nuestras Filas.

Yo soy el Custodio del Plan de Dios.

Yo soy la Nueva Dirección.

Yo soy el Camino para todos los hombres.

Yo guardo los Secretos de Antaño.

Yo confiero Felicidad.

Yo creo el deseo de la Verdad.

Yo hago de todos los hombres Uno.

Yo vengo para realizar Mi Verdad a través de los hombres.

Yo soy el Salvador de Antaño.

Yo soy el Instructor de lo Nuevo.

Yo soy el Guía para el Tiempo Futuro.

Yo soy la encarnación de la Ley.

Yo soy la Verdad Misma.

Yo soy vuestro Amigo y Hermano.

Yo soy vuestro Ser.

Acoged en vuestro interior Aquello que Yo soy y manifestadlo en el mundo.

Acoged en vuestro interior Aquello que Yo os concedo y cread la Ciudad de la Luz.

Manifestad alrededor vuestro Aquello que Yo declaro y convertíos en Dioses.

Que la Luz, el Amor y el Poder Divinos del Único y Santísimo Dios se manifiesten ahora en vuestros corazones y en vuestras mentes.

Que esta manifestación os lleve a estar rodeados por el Aura de Dios.

Mensaje Nº 81

Mis queridos amigos, estoy verdaderamente feliz de estar una vez más con vosotros, y de magnetizar vuestra aspiración de esta manera.

Mi Venida evoca en el hombre un deseo de cambio, un deseo de mejora, como quiera que se exprese.

Mis Energías engendran en el hombre descontento divino.

Todo lo que es inútil en nuestras estructuras debe desaparecer.

Hay muchas de ellas que no son dignas del hombre ahora.

El hombre es un Dios emergente y por tanto necesita la formación de modos de vida que permitirán a este Dios florecer.

¿Cómo podéis estar satisfechos con las formas en las que vivís ahora: cuando millones de personas pasan hambre y mueren en la miseria; cuando los ricos ostentan su riqueza ante los pobres; cuando cada hombre es el enemigo de su vecino; cuando ningún hombre confía en su hermano?

¿Por cuánto tiempo debéis vivir así, amigos Míos?

¿Por cuánto tiempo podéis soportar esta degradación?

Mi plan y Mi deber es revelaros un nuevo camino, un camino a seguir que permitirá a lo divino en el hombre resplandecer.

Por tanto hablo con gravedad, amigos y hermanos Míos.

Escuchad bien Mis palabras.

El hombre debe cambiar o morir: no hay otro camino. Cuando comprendáis esto aceptaréis alegremente Mi Causa, y demostraréis que para el hombre existe un futuro bañado en Luz.

Mi Enseñanza es sencilla:

Justicia, Compartir y Amor son aspectos divinos.

Para manifestar su divinidad, el hombre debe abrazar estos tres.

Que la Luz, el Amor y el Poder Divinos del Único y Santísimo Dios se manifiesten ahora en vuestros corazones y en vuestras mentes.

Que esta manifestación os lleve a la realización de vuestra parte en el Gran Plan.

Mensaje Nº 82

Mis queridos amigos, estoy verdaderamente feliz de estar aquí una vez más entre vosotros, y de indicaros algunas pautas para el futuro.

Mi labor será enseñaros cómo vivir juntos pacíficamente como hermanos.

Esto es más sencillo de lo que imagináis, amigos Míos, ya que sólo requiere la aceptación del Compartir.

El Compartir, realmente, es divino.

Subyace a todo progreso para el hombre.

Por medio suyo, hermanos y hermanas Míos, podéis entrar en correcta relación con Dios; y esto, amigos Míos, subyace a vuestras vidas.

Cuando compartís, reconocéis a Dios en vuestro hermano.

Esta es una verdad, sencilla, pero hasta ahora difícil de comprender por el hombre.

Ha llegado el momento de evidenciar esta verdad.

Por Mi Presencia, la Ley del Compartir se manifestará.

Por Mi Presencia, el hombre crecerá hasta Dios.

Por Mi Presencia y la de Mis Hermanos, la Tierra Nueva del Amor será conocida.

Aceptad, amigos Míos, esta simple Ley en vuestros corazones.

Manifestad el Amor a través del Compartir, y cambiad el mundo.

Cread a vuestro alrededor la atmósfera de paz y alegría, y conmigo haced nuevas todas las cosas.

Mi Venida presagia cambios;

y asimismo, dolor por la pérdida de las viejas estructuras.

Pero, amigos Míos, las viejas botellas deberán romperse – el vino nuevo merece algo mejor.

Amigos Míos, hermanos Míos, estoy cerca de vosotros ahora.

Percibo encima y alrededor de vosotros vuestra aspiración de Amor y Alegría.

Sé que esto está muy extendido en la humanidad; esto hace posible Mi Regreso.

Dejadme desvelaros vuestra divina herencia.

Dejadme mostraros las maravillas de Dios que aún os esperan.

Permitidme tomaros simplemente de la mano y llevaros al Bosque del Amor,

al Claro de la Paz,

al Río de la Verdad.

Tomad Mi mano, amigos Míos, y sabed que esto es vuestro, ahora.

Que la Luz, el Amor y el Poder Divinos del Único y Santísimo Dios se manifiesten ahora en vuestros corazones y en vuestras mentes.

Que esta manifestación os lleve en confianza a la Tierra que Yo llamo Amor.

La 'Mano' de Maitreya

Esta foto muestra la huella de la mano de Maitreya, manifestada milagrosamente en el espejo de un lavabo en Barcelona, España. No es simplemente una huella de mano sino una imagen tridimensional con detalle fotográfico.

Publicada por primera vez en la revista *Share International* (Octubre 2001), la 'Mano' es un medio para invocar las energías curativas y ayuda de Maitreya. Colocando la mano propia sobre ella, o simplemente mirándola, la curación y ayuda de Maitreya puede invocarse (sujeto a la Ley Kármica). Hasta que Maitreya emerja abiertamente, y veamos Su rostro, es lo más cerca que Él puede venir hasta nosotros.

"Mi ayuda está a vuestra disposición, sólo tenéis que pedirla."

Maitreya, el Instructor del Mundo, del Mensaje Nº 49

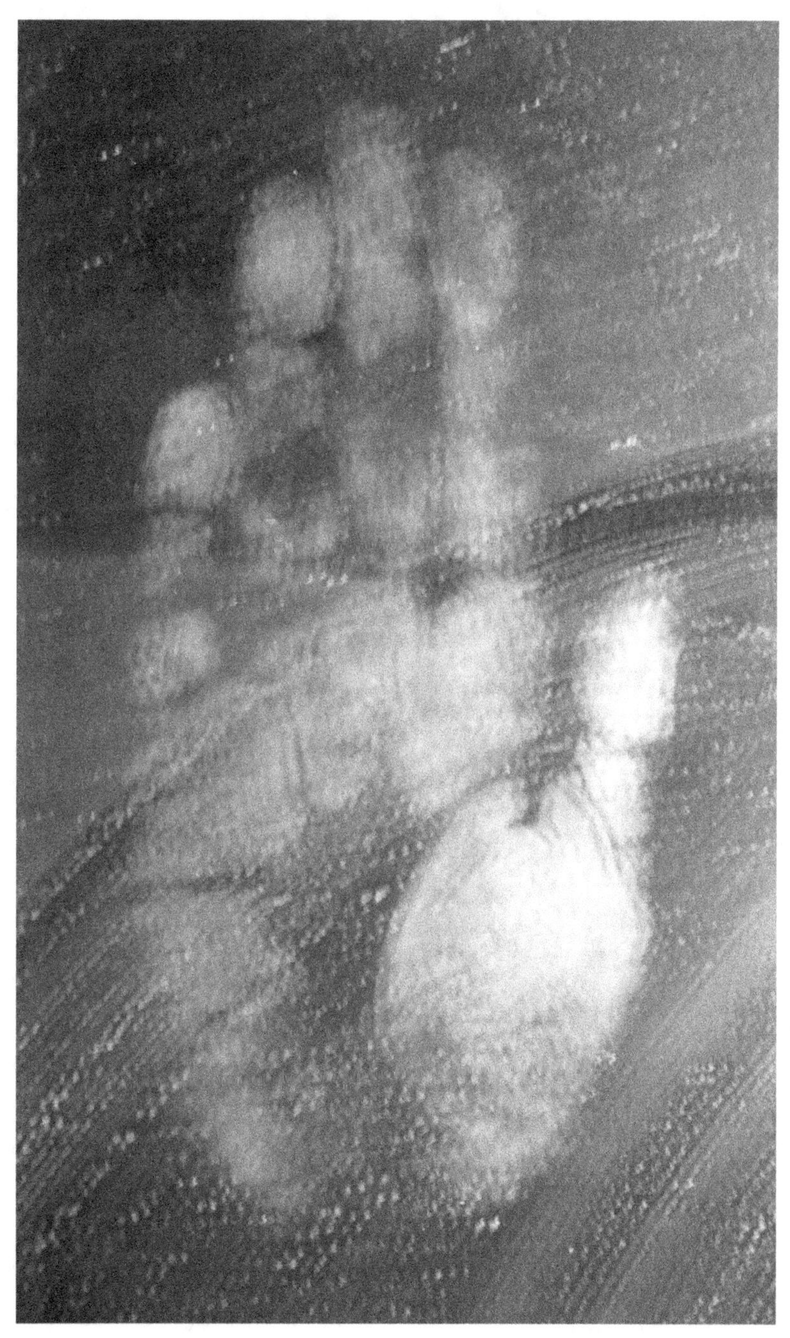

Meditación de Transmisión

— Una breve introducción —

Una meditación grupal que proporciona tanto un servicio dinámico al mundo como un poderoso desarrollo espiritual y personal.

La Meditación de Transmisión es una meditación grupal establecida para distribuir mejor las energías espirituales de sus custodios, los Maestros de Sabiduría, nuestra Jerarquía Espiritual planetaria. Es un medio de "reducir" (transformar) estas energías para que se vuelvan más asequibles y útiles para el público en general. Es la creación, en cooperación con la Jerarquía de Maestros, de un vórtice o depósito de energía elevada para el beneficio de la humanidad.

En marzo de 1974, bajo la dirección de su Maestro, Benjamin Creme formó el primer grupo de Meditación de Transmisión en Londres. Actualmente existen cientos de grupos de Meditación de Transmisión en todo el mundo y se forman grupos nuevos todo el tiempo.

Los grupos de Meditación de Transmisión proporcionan un enlace por el cual la Jerarquía puede responder a la necesidad del mundo. El motivo principal de este trabajo es el servicio, pero también constituye un poderoso método de crecimiento personal. Muchas personas están buscando formas de mejorar el mundo. Este deseo de servir puede ser poderoso, pero difícil de cumplir, en nuestras ajetreadas vidas. Nuestra alma necesita de un medio por el cual servir, pero no siempre respondemos a su llamada, y así producimos desequilibrio y conflicto en nuestro interior. La Meditación de Transmisión proporciona una oportunidad única para servir de una forma potente y totalmente científica con el mínimo de inversión de tiempo y energía.

Benjamin Creme realiza talleres de Meditación de Transmisión en todo el mundo. Durante la meditación él es adumbrado por Maitreya, el Instructor del Mundo, lo que permite a Maitreya conferir nutrición espiritual a los participantes. Muchas personas se inspiran para comenzar a practicar la Meditación de Transmisión después de asistir a tales talleres, y muchos reconocen haber recibido curación durante el proceso.

[Véase *Transmisión: Una Meditación para la Nueva Era* de Benjamin Creme, Share Ediciones]

La Gran Invocación

Desde el punto de Luz en la Mente de Dios
Que afluya luz a las mentes de los hombres.
Que la Luz descienda a la Tierra.

Desde el punto de Amor en el Corazón de Dios
Que afluya amor a los corazones de los hombres.
Que Cristo retorne a la Tierra.

Desde el centro donde Voluntad de Dios es conocida
Que el propósito guíe a las pequeñas voluntades de los hombres—
El Propósito que los Maestros conocen y sirven.

Desde el centro que llamamos la raza de los hombres
Que se realice el Plan de Amor y de Luz
Y selle la puerta donde se halla el mal.

Que la Luz, el Amor y el Poder restablezcan el Plan en la Tierra.

La Gran Invocación, utilizada por el Cristo por primera vez en Junio de 1945, fue dada por Él a la humanidad para facultar al hombre a invocar las energías que podrían cambiar nuestro mundo y hacer posible el retorno del Cristo y la Jerarquía. Esta Oración Mundial, traducida a muchos idiomas, no está patrocinada por ningún grupo o secta. Es utilizada a diario por hombres y mujeres de buena voluntad que desean lograr correctas relaciones en toda la humanidad.

La Oración para la Nueva Era

Yo soy el Creador del Universo.

Yo soy el Padre y la Madre del Universo.

Todo viene de Mí.

Todo regresará a Mí.

Mente, Espíritu y Cuerpo son Mis Templos,

Para que el Ser realice en ellos

Mi Supremo Ser y Devenir.

La Oración para la Nueva Era, dada por Maitreya, el Instructor del Mundo, es un gran mantram o afirmación con un efecto invocativo. Será una herramienta poderosa en nuestro reconocimiento de que el hombre y Dios son Uno, de que no hay separación. El 'Yo' es el Principio Divino detrás de toda creación. El Ser emana del Principio Divino y es idéntico a él.

La forma más efectiva de utilizar este mantram es decir o pensar el texto con la voluntad enfocada, mientras se mantiene la atención en el centro ajna en el entrecejo. Cuando la mente comprende el significado de los conceptos, y se ejerce la voluntad simultáneamente, estos conceptos serán activados y el mantram funcionará. Si se dice sinceramente cada día, crecerá en ti una comprensión de tu verdadero Ser.

(Publicada por primera vez en *Share International*, Septiembre 1988.)

Libros de Benjamin Creme

(Ordenados según fecha de publicación en inglés)

La Reaparición del Cristo y Los Maestros de Sabiduría

El primer libro de Benjamin Creme proporciona la información básica y pertinente en relación al regreso de Maitreya, el Cristo. Colocando el acontecimiento más profundo de los últimos 2.000 años en su correcto contexto histórico y esotérico, Creme describe los efectos que tendrá la presencia del Instructor del Mundo tanto en las instituciones del mundo como en la persona normal y corriente. Los temas abarcan desde el alma y la reencarnación, a la energía nuclear, los ovnis, y un nuevo orden económico.

1ª Edición 1989. 2ª Edición 1994. 3ª Edición 2020 ISBN Nº 84-89147-56-0 (Share Ediciones). (Traducción de la 2ª Edición Inglesa)

Mensajes de Maitreya el Cristo

Durante los años de preparación para Su emerger, Maitreya dio 140 mensajes a través de Benjamin Creme durante conferencias públicas, utilizando el adumbramiento mental y la conexión telepática que surge de ello. Los Mensajes de Maitreya inspiran al lector para divulgar la noticia de Su reaparición y para trabajar de forma urgente en el rescate de las millones de personas que sufren de pobreza y hambruna en un mundo de abundancia. Cuando se leen en voz alta, los mensajes invocan la energía y bendición de Maitreya.

2ª Edición 2020. ISBN Nº 84-89147-57-7 (Share Ediciones). (Traducción de la 2ª Edición Inglesa)

Transmisión: Una Meditación para la Nueva Era

La Meditación de Transmisión es una forma de meditación grupal con el propósito de 'reducir' (transformar) energías espirituales que así se hacen asequibles y útiles para el público en general. Es la creación, en cooperación con la Jerarquía de Maestros, de un vórtice o estanque de energía superior para el beneficio de la humanidad.

Describe un proceso dinámico, presentado al mundo por el Maestro de Benjamin Creme en 1974. Grupos dedicados al servicio al mundo transmiten energías espirituales dirigidas a través de ellos por los Maestros de nuestra Jerarquía Espiritual. Aunque el principal motivo de este trabajo es el servicio, también es un poderoso medio de crecimiento personal. Se dan directrices para la formación de grupos de transmisión, junto con respuestas a muchas preguntas relacionadas con el trabajo.

2ª Edición 2020. ISBN Nº 84-89147-59-1 (Share Ediciones). (Traducción de la 6ª Edición Inglesa)

Un Maestro Habla, Tomo I

La Humanidad está guiada, desde detrás del escenario, por un grupo de hombres altamente evolucionados e iluminados que nos han precedido en el sendero de la evolución. Estos Maestros de la Sabiduría, como son llamados, raramente aparecen abiertamente, sino que en general trabajan a través de Sus discípulos – hombres y mujeres que influencian a la sociedad a través de su trabajo en ciencia, educación, arte, religión y política.

El artista británico Benjamin Creme es un discípulo de un Maestro con El cuál está en estrecho contacto telepático. Desde el inicio de la publicación de Share International, la revista de la cual Benjamin Creme es uno de los dos editores jefes, su Maestro ha contribuido con una serie de artículos inspiradores sobre una amplia variedad de temas: Razón e Intuición, La Nueva Civilización, Salud y Curación, El Arte de Vivir, La Necesidad de Síntesis, La Justicia es Divina, El Hijo del Hombre, Los Derechos Humanos, La Ley del Renacimiento – y muchos más.

El principal propósito de estos artículos es llamar la atención sobre las necesidades actuales y las de un futuro inmediato. Otra función es dar información sobre las enseñanzas de Maitreya, el Maestro de todos los Maestros, que está en Londres desde 1977 preparándose para Su misión como Instructor del Mundo para toda la humanidad. Esta nueva y ampliada edición contiene todos los 222 artículos de los primeros 22 volúmenes de Share International.

2ª Edición 2020. ISBN Nº 84-89147-58-4 (Share Ediciones). (Traducción de la 3ª Edición Inglesa)

Un Maestro Habla, Tomo II

La Humanidad está guiada, desde detrás de la escena, por un grupo de hombres altamente evolucionados e iluminados que nos han precedido en el sendero de la evolución. Estos Maestros de la Sabiduría, como son llamados, raramente aparecen abiertamente, sino que en general trabajan a través de Sus discípulos – hombres y mujeres que influencian a la sociedad a través de su trabajo en ciencia, educación, arte, política y cada esfera de la vida.

El artista británico Benjamin Creme era un discípulo de un Maestro con el cuál estaba en estrecho contacto telepático. Desde el lanzamiento en 1982 de la publicación de Share International, la revista de la cual Benjamin Creme era el editor fundador, su Maestro ha contribuido con una serie de artículos inspiradores sobre una amplia variedad de temas: La fraternidad del hombre, El fin de la guerra, Unidad en la diversidad, Salvar el planeta, Las ciudades del mañana, y muchos más.

El propósito de estos artículos es, en las propias palabras del Maestro, "presentar a los lectores de esta revista un retrato de la vida que está por delante, inspirar un enfoque positivo y feliz a ese futuro y equiparles con las herramientas de conocimiento con las que tratar correctamente los problemas que a diario surgen en el camino. Desde Mi situación de privilegio en experiencia y visión, he buscado actuar como 'vigilante' y guarda, para advertir del peligro cercano y permitirte a ti, el lector, actuar con valor y convicción en el servicio al Plan."

Un Maestro Habla, Tomo II, contiene todos los artículos publicados en la revista Share International de Enero de 2004 hasta Diciembre de 2016.

1ª Edición 1995. ISBN Nº 84-89147-53-9 (Share Ediciones). (Traducción de la 1ª Edición Inglesa)

La Misión de Maitreya, Tomo I

El primer libro de una trilogía que describe con amplitud adicional el emerger de Maitreya. Este tomo puede considerarse como una guía para la humanidad mientras realiza su viaje evolutivo. Se cubre una amplia gama de temas, como: las nuevas enseñanzas del Cristo, meditación, karma, vida después de la muerte, curación, transformación social, iniciación, papel del servicio, y los Siete Rayos.

2ª Edición 2020. ISBN Nº 84-89147-60-7 (Share Ediciones). (Traducción de la 3ª Edición Inglesa)

La Misión de Maitreya, Tomo II

Este volumen contiene una variada colección de las enseñanzas de Maitreya a través de Su colaborador, Sus muy precisas predicciones de acontecimientos mundiales, descripciones de Sus apariciones personales milagrosas, e información de fenómenos y señales relacionados. También contiene entrevistas únicas con el Maestro de Benjamin Creme sobre temas actuales. Tópicos relacionados con el futuro incluyen nuevas formas de gobierno, colegios sin muros, energía y pensamiento, la Tecnología de la Luz venidera, y el arte de la realización del Ser.

2ª Edición 2020. ISBN Nº 84-89147-61-4 (Share Ediciones). (Traducción de la 1ª Edición Inglesa)

Las Enseñanzas de la Sabiduría Eterna

Una perspectiva general del legado espiritual de la humanidad, este libro es una introducción concisa y fácil de entender de las Enseñanzas de la Sabiduría Eterna. Explica los principios básicos del esoterismo, incluyendo: la fuente de la Enseñanza, el origen del hombre, el Plan de evolución, renacimiento y reencarnación, y la Ley de Causa y Efecto (karma). También incluye un glosario esotérico y una lista de lectura recomendada.

2ª Edición 2020. ISBN Nº 978-84-89147-69-0 (Share Ediciones). (Traducción de la 1ª Edición Inglesa)

La Misión de Maitreya, Tomo III

Benjamin Creme presenta una visión convincente del futuro, con Maitreya y los Maestros ofreciendo abiertamente Su orientación e inspiración. Los tiempos venideros verán la paz establecida; el compartir de los recursos mundiales como norma; la conservación de nuestro medio ambiente como la máxima prioridad. Las ciudades del mundo se convertirán en centros de gran belleza. Creme también analiza a 10 famosos artistas – incluyendo a da Vinci, Miguel Angel y Rembrandt – desde una perspectiva espiritual.

2ª Edición 2020. ISBN Nº 84-89147-62-1 (Share Ediciones), 682 páginas. (Traducción de la 1ª Edición Inglesa)

El Gran Acercamiento: *Nueva Luz y Vida para la Humanidad*

Aborda los problemas de nuestro mundo caótico y su cambio gradual bajo la influencia de Maitreya y los Maestros de Sabiduría. Cubre temas como compartir, EEUU en un dilema, conflictos étnicos, crimen, medio ambiente y contaminación, ingeniería genética, ciencia y religión; educación, salud y curación. Predice extraordinarios descubrimientos científicos venideros y muestra un mundo libre de guerra donde las necesidades de todas las personas son satisfechas.

Primera Parte: "La Vida Futura para la Humanidad"; Segunda Parte: "El Gran Acercamiento"; Tercera Parte: "La Llegada de una Nueva Luz".

2ª Edición 2020. ISBN 84-89147-63-8 (Share Ediciones). (Traducción de la 1ª Edición Inglesa)

El Arte de la Cooperación

Trata de los problemas más acuciantes de nuestros tiempos, y sus soluciones, basándose en las Enseñanzas de la Sabiduría Eterna. Encerrados en la vieja competencia, intentamos solucionar los problemas utilizando métodos anticuados, mientras que la respuesta –la cooperación– yace en nuestras manos. El libro muestra el sendero hacia un mundo de justicia, libertad y paz a través de un creciente aprecio por la unidad que subyace toda vida.

Primera Parte: "El Arte de la Cooperación"; Segunda Parte: "El Problema del Espejismo"; Tercera Parte: "Unidad".

2ª Edición 2020. ISBN 84-89147-64-5 (Share Ediciones). (Traducción de la 1ª Edición Inglesa)

Las Enseñanzas de Maitreya: *Las Leyes de la Vida*

Presenta las Leyes de la Vida, la visión directa, simple, no doctrinaria y profunda de Maitreya. Revelando la Ley del Karma, o Causa y Efecto, estas extraordinarias predicciones de sucesos mundiales fueron dadas por Maitreya entre 1988 y 1993, publicándose por primera vez en la revista *Share International.* Editadas por Benjamin Creme.

Pocas personas podrían leer estas páginas sin experimentar un cambio. Para algunos, los extraordinarios comentarios sobre temas de actualidad les serán de gran interés, mientras que para otros conocer los secretos de la realización del ser, la sencilla descripción de la verdad experimentada, será toda una revelación. Para las personas que busquen comprender las Leyes de la Vida, estas sutiles y profundas revelaciones les conducirán rápidamente hasta el centro de la vida misma, y les ofrecerán un simple sendero que conduce hasta la cumbre de la montaña. La unidad esencial de toda vida se desvela de un modo claro y significativo. Jamás las leyes según las que vivimos se han descrito de una forma tan natural y liberadora.

2ª Edición 2020. ISBN 84-89147-65-2 (Share Ediciones). (Traducción de la 1ª Edición Inglesa)

El Arte de Vivir: Vivir dentro de las Leyes de la Vida

En la Primera Parte, Benjamin Creme describe la experiencia de vivir como una forma de arte, como la pintura o la música. Alcanzar un nivel elevado de expresión requiere tanto el conocimiento como el cumplimiento de ciertos principios fundamentales como la Ley de Causa y Efecto y la Ley del Renacimiento, todo descrito con detalle. La Segunda y Tercera Parte explican cómo podemos emerger de la niebla de la ilusión para convertirnos en un todo y una conciencia despierta de uno mismo.

Primera Parte: "El Arte de Vivir"; Segunda Parte: "Los Pares de Opuestos"; Tercera Parte: "Ilusión".

2ª Edición 2020. ISBN 978-84-89147-66-9 (Share Ediciones), 272 páginas. (Traducción de la 1ª Edición Inglesa)

Maitreya, el Instructor del Mundo para Toda la Humanidad

Presenta una perspectiva general del retorno al mundo cotidiano de Maitreya y Su grupo, los Maestro de Sabiduría; los enormes cambios que la presencia de Maitreya ha suscitado; y Sus recomendaciones para el futuro inmediato. Describe a Maitreya como un gran Avatar espiritual con un amor, sabiduría y poder inconmensurables; y también como un amigo y hermano de la humanidad que está aquí para liderarnos hacia la Nueva Era de Acuario.

2ª Edición 2020, ISBN 978-84-89147-67-6 (Share Ediciones). (Traducción de la 1ª Edición Inglesa)

El Despertar de la Humanidad

Un libro asociado a El Instructor del Mundo para Toda la Humanidad, que resalta la naturaleza de Maitreya como la Personificación del Amor y la Sabiduría. Mientras que El Despertar de la Humanidad se centra en el día en que cual Maitreya se declarará a Sí mismo abiertamente como el Instructor del Mundo para la era de Acuario. Describe el proceso del emerger de Maitreya, los pasos que conducirán al Día de la Declaración, y la respuesta anticipada de la humanidad a este momento trascendental.

2ª Edición 2020, ISBN 978-84-89147-68-3 (Share Ediciones). (Traducción de la 1ª Edición Inglesa)

La Agrupación de las Fuerzas de la Luz: Ovnis y Su Misión Espiritual

La Agrupación de las Fuerzas de la Luz es un libro sobre ovnis, pero con una diferencia. Está escrito por alguien que ha trabajado con ellos y tiene conocimiento desde dentro. Benjamin Creme ve la presencia de ovnis como planeada y de inmenso valor para las personas de la Tierra.

Según Benjamin Creme, los ovnis y las personas dentro de ellos están consagrados a una misión espiritual para aliviar la suerte de la humanidad y salvar a este planeta de una destrucción adicional y veloz. Nuestra propia Jerarquía planetaria, liderada por Maitreya, el Instructor del Mundo, que ahora vive entre nosotros, trabaja incansablemente con sus Hermanos del Espacio en un proyecto fraternal para restablecer la cordura en esta Tierra.

Los temas tratados en este libro incluyen: el trabajo de los Hermanos del Espacio en la Tierra; George Adamski; círculos de las cosechas; la nueva Tecnología de la Luz; el trabajo de Benjamin Creme con los Hermanos del Espacio; los peligros de la radiación nuclear; salvar el planeta; la 'estrella' que anuncia el emerger de Maitreya; la primera entrevista de Maitreya; educación en la Nueva Era; intuición y creatividad; familia y karma.

Primera Parte: "Ovnis y Su Misión Espiritual"; Segunda Parte: "Educación en la Nueva Era"

2ª Edición 2020. ISBN 978-84-89147-70-6 (Share Ediciones). (Traducción de la 1ª Edición Inglesa)

Unidad en la Diversidad: el Camino Adelante para la Humanidad

Necesitamos una visión nueva y esperanzadora para el futuro. Este libro presenta tal visión: un futuro que abarca un mundo en paz, armonía y unidad, mientras que la cualidad y el enfoque de cada individuo son bienvenidos y necesarios. Es visionario, pero expresado con una lógica convincente e irresistible.

Unidad en la Diversidad: El Camino Adelante para la Humanidad incumbe al futuro de cada hombre, mujer y niño. Trata del futuro de la misma Tierra. La humanidad, indica Creme, está en una encrucijada y tiene que tomar una gran decisión: seguir hacia adelante y crear una nueva y brillante civilización en la cual todos son libres y la justicia social reina, o continuar como estamos, divididos y compitiendo, y presenciar el fin de la vida en el planeta Tierra.

Creme escribe para la Jerarquía Espiritual en la Tierra, cuyo Plan para la mejora de toda la humanidad presenta. Él muestra que el sendero hacia adelante para todos nosotros es la realización de nuestra unidad esencial sin el sacrificio de nuestra igualmente diversidad esencial.

2ª Edición 2020. ISBN 978-84-89147-71-3 (Share Ediciones). (Traducción de la 1ª Edición Inglesa)

Los libros de Benjamin Creme han sido traducidos del inglés y publicados en alemán, castellano, francés, holandés y japonés por grupos que han respondido a este mensaje. Algunos de estos libros también han sido traducidos al chino, croata, esloveno, finlandés, griego, hebreo, italiano, portugués, rumano, ruso y sueco. Están proyectadas más traducciones. Estos libros están disponibles en librerías locales como también online.

Revista Share International

Una revista única que publica cada mes: información actualizada sobre la reaparición de Maitreya, el Instructor del Mundo; un artículo de un Maestro de Sabiduría; ampliación de la enseñanza esotérica; respuestas de Benjamin Creme a una variedad de preguntas de actualidad y esotéricas; artículos y entrevistas con personas a la vanguardia del cambio progresista del mundo; noticias de agencias de la ONU e informes de progresos positivos en la transformación de nuestro mundo.

Share International reúne las dos líneas más importantes del pensamiento de la Nueva Era: el político y el espiritual. Muestra la síntesis que sirve de base a los cambios políticos, sociales, económicos y espirituales que están ocurriendo actualmente a escala global, y busca estimular acciones prácticas para reconstruir nuestro mundo con unas bases más justas y compasivas.

Share International cubre noticias, sucesos y comentarios relacionados con las prioridades de Maitreya: un suministro adecuado de alimentos apropiados, vivienda y cobijo adecuados para todos, sanidad como un derecho universal, el mantenimiento de un equilibrio ecológico en el mundo.

Share International se publica en inglés. Existen también versiones en alemán, esloveno, francés, holandés y japonés.

Para más información:

www.share-es.org

Lecturas adicionales

George Adamski: *Dentro de las Naves Espaciales.* Abelard-Schuman, Nueva York, 1955.

George Adamski y Desmond Leslie: *Los Platillos Voladores han aterrizado.* Werner Laurie, Londres, 1953.

Vera Stanley Alder: *The Initiation of the World* (1939); *Humanity Comes of Age* (1950). Rider, Londres.

Rolf Alexander: *El poder curativo de la mente.* Werner Laurie, Londres, 1956.

Alice A. Bailey: Diversos trabajos incluyendo: *Iniciación humana y solar* (1922); *La Reaparición del Cristo* (1948); *La Exteriorización de la Jerarquía* (1957); *Reflexionen sobre esto* (1971). Lucis Publishing Co., Nueva York.

Annie Besant: *Cristianismo esotérico.* Theosophical Publishing House, Wheaton, IL, EEUU, 1989.

H. P. Blavatsky: Varios títulos incluyendo: *La Doctrina Secreta* (1888); *Isis sin Velo* (1877). Londres: Theosophical Publishing House.

Alexandra David-Neel: *Magos y Místicos del Tíbet.* Bodley Head, Londres, 1931. (Reimpreso en inglés como *Magic and Mystery in Tibet*, The Book Tree, San Diego, CA, EEUU, 2000).

Manly P. Hall: *Las enseñanzas secretas de todos los tiempos.* Philosophical Research Society, Los Angeles, EEUU, 1994.

Aart Jurriaanse: *Bridges.* Bridges Trust, Pretoria, Sudáfrica, 1978. *Prophecies.* Wordl Unity and Service, Inc.

J. Krishnamurti: Diversos trabajos incluyendo: *Comentarios sobre el vivir, Tomos 1-3.* Theosophical Publishing House, Wheaton, IL, EEUU, 1992. *La libertad primera y última* (1973); *La educación y el significado de la vida* (1982). Harper & Row, Nueva York, EEUU.

C.W. Leadbeater: Diversos trabajos incluyendo: *Los Maestros y el Sendero* (1973); *El hombre visible e invisible* (1971); *La vida interna* (1978). Theosophical Publishing House, Wheaton, IL, EEUU.

M. Macdonald-Baine: *Más Allá de los Himalayas.* Fowler & Co., Londres. (Reimpreso por Mystica Publications, Christchurch, Nueva Zelanda, 2002.)

Howard Murphet: *Walking the Path With Sai Baba.* Samuel Weiser, York Beach, ME, EEUU, 1993.

Swami Omananda: *Towards the Mysteries.* Neville Spearman, Londres, 1968.

Helena Roerich: Diversos trabajos incluyendo: *Hojas del Jardín de Morya, Libro I: La Llamada* (1924); *Hojas del Jardín de Morya, Libro II: Iluminación* (1925). Agni Yoga Society, Nueva York.

A. P. Sinnett: *Las Cartas de los Mahatmas.* Theosophical Publishing Press, Pasadena, CA, EEUU, 1992.

Baird T. Spalding: *Vida y Enseñanzas de los Maestros del Lejano Oriente.* De Vorss & Co., Marina del Rey, CA, EEUU, 1924. *Esoteric Buddhism.* Wizards Bookshelf, San Diego, CA, EEUU, 1987.

Paramahansa Yogananda: *Autobiografía de un yogui.* Self-Realization Fellowship, Los Angeles, EEUU, EEUU, 1972.

Algunos de esos libros pueden también haberse traducido y publicado en castellano. En los casos que estos datos sean conocidos, se ha puesto el título en castellano, aunque se ha mantenido el año y la editorial de la primera edición original.

Sobre el Autor

Benjamin Creme, pintor y esoterista de origen escocés, ha estado durante casi 40 años preparando al mundo para el acontecimiento más extraordinario de la historia humana – el regreso de nuestros mentores espirituales al mundo cotidiano.

Ha sido entrevistado por cadenas de televisión, radio y películas documentales de todo el mundo, y ofrece conferencias regularmente por toda Europa Oriental y Occidental, los EEUU, Japón, Australia, Nueva Zelanda, Canadá y México.

Entrenado y supervisado durante muchos años por su propio Maestro, comenzó su trabajo público en 1974. Él anunció en 1982 que el Señor Maitreya, el por tanto tiempo esperado Instructor del Mundo, estaba residiendo en Londres, preparado para presentarse abiertamente si era invitado por los medios de comunicación. Este suceso es ahora inminente.

Benjamin Creme continuó llevando a cabo su tarea como mensajero de esta noticia esperanzadora hasta su fallecimiento en octubre de 2016. Sus varios libros, diecisiete, han sido traducidos a numerosos idiomas. Él era también editor jefe de la revista *Share International*, que circula en más de 70 países. Él no aceptaba dinero por ninguno de estos trabajos.

Benjamin Creme vivía en Londres, estaba casado, y tenía tres hijos.

Índice alfabético